未完のオリンピック

変わるスポーツと変わらない日本社会

石坂友司
井上洋一 編著

未完のオリンピック　――変わるスポーツと変わらない日本社会■目次

第3部 現代スポーツの行方 187

序章　オリンピックに託された震災復興とは何か

石坂　友司

２０２０年7月24日、東京オリンピック・パラリンピック競技大会（オリパラ、特にオリンピックについて論じる本章では東京大会と記す）が開幕する予定だった。２０１３年9月に招致を決めてからの、7年にも及ぶ準備がどのように結実するのかが検証されるはずだったが、周知のように、新型コロナウイルスの全世界的な感染拡大はこの大会の開催を許さず、オリンピック至上初めての延期が決まった。ちょうど一年後の２０２１年に延期が決まったオリパラは、再び別の物語を含み込む様相を見せ始めている。すなわち、「ウイルスによる社会的ダメージからの復興」である。ここには20年の大会開催とともに検証されるはずだった大きな物語＝「震災復興」が欠落してしまっている。本章では東京大会に託されてきた震災復興というメッセージが、どのように生み出され、大会開催を迎えようとしていたのかについて振り返りながら、延期された一年後に向けて何を考えておくべきかについて論じていきたい。

大会招致への道のり

大会延期をめぐって見られたＩＯＣ、日本政府、東京都、組織委員会の対応をめぐる混乱ぶりは、この大会にたどり着く道のりが決して平坦なものではなかったことを改めて思い起こさせる。それが２０２１年に十分な評価を得て開催されるのかは未だに定かではない。そもそも２０１６年に開催された第31回オリンピックの招致に失敗した東京都は、20年大会への再招致を目指して再び招致の歩みを始めた。国内外に正式な立候補を宣言する機会として選ばれたのが、２０１１年に行われたスポーツ界におけるある重要なイベントだった。

１９１２年のストックホルムオリンピックへ日本が初参加するにあたって、嘉納治五郎が設立した大日本体育協会の創立が１９１１年、２０１１年はその１００周年にあたり、国際オリンピック委員会（ＩＯＣ）会長のジャック・ロゲが招待され、シンポジウムと記念式典が催されることになっていた。ちなみに、国内4箇所で1年をかけて開催されたシンポジウムの登壇者には、現ＩＯＣ委員で日本オリンピック委員会（ＪＯＣ）会長の山下泰裕、オリンピック担当大臣の橋本聖子の姿があり、最後の司会を務めたのは東京大会組織委員会会長の森喜朗（当時は日本体育協会会長）であった。２０１１年7月16日に予定されていた記念式典は、日本体育協会（現日本スポーツ協会）とＪＯＣの共催で、大日本体育協会の血筋を分けた二つの組織が１００年を振り返り、これからの未来に一歩を踏み出す場と位置づけられていた。

天皇臨席の下、ＩＯＣ会長の前で行われる予定だったオリンピック再招致の宣言。スポーツ界にとって千載一遇のイベントは、3月に起きた未曾有の災害、東日本大震災によってその目論見を変更せざるを得なくなっていた。3月11日に発生したマグニチュード9・0の大地震は地震の被害のみならず、沿岸部へ津波による壊滅的なダメージをもたらし、電源喪失を起こした福島第一原発の爆発という取り返しのつかない大事故を引き起こした。そこからわずか4ヶ月しか経過していないにもかかわらず、オリンピックの再招致を掲げることに対して、人びとの理解を得ることは難しかった。それと同様のことが、21年への延期発表でも引き続き見られたことはぜひ記憶しておきたい。このことは後述する。

オリンピックどころではなかった2011年当時、招致のために作られた委員会が掲げたのが「復興オリンピック」というテーマだった。復興とオリンピックがなぜ結びつくのか、現在では疑念を持たれる両者の関係は、震災直後の東京がオリンピック招致に向かう大義名分として必要なものだったのである。では、そこまでして実現に漕ぎ着ける必要があったオリンピック開催の理念や目的とは何だったのだろうか。

東日本大震災の翌月、4月10日に投開票された都知事選挙において4選を果たした石原慎太郎は、その所信表明で「次代を担う若者に夢と希望を贈るためにも、日本開催を目指すたいまつを消さずにともし続けることは、我が国の将来にとって大きな意義があると思います」として、オリンピック招致に向けた再立候補の意思表明を行った。ところが、翌2012年10月には都知事の座から降りていることからもわかるように、石原自身は招致への熱意を失っていたと言われる。その8年後、「俺が言い出したんじゃない」（『毎日新聞』2019・3・13）と責任逃れのコメントを発することになる。

では誰がオリンピックを望んだのか。20年の東京大会招致に向けては、前回大会の招致から関わってきた政財界やスポーツ関連企業の関係者、スポーツ界の思惑が反映されていることは疑いないが、日本国内の低調な支持率（延期前の調査結果ではあるが、開催を控えて、大会への関心層が多数になってきている）とともに、強力な推進主体は姿を現していない。それが理念なきオリンピックと呼ばれ続けてきたこの大会の本質を示しているように思われる。2012年のロンドンオリンピックがイースト・ロンドンの再開発を掲げ、レガシーを生み出すと宣言して招致を勝ち取ったように、開発への期待すら十分には見えてこない。この大会は初めから、向かうべき方向が定まっていなかったのである。

消された「復興五輪」

図は、オリンピック招致の表明以後、テーマに掲げられた「復興オリンピック（震災オリンピック）」が新聞紙上でどれほど語られたのかについて、朝日新聞のデータ検索サイト「聞蔵Ⅱビジュアル」を用いて、「復興オリンピック（五輪）」と「震災オリンピック（五輪）」の記事数を検索した結果である。２０１１年に15回報道されたこれらの言葉は、意外にも２０１２年には一度も登場しない。収束不可能な福島第一原発の存在と、そこから放出され続ける放射能物質が重大な社会問題であり続けたことから、オリンピック招致に震災や復興を掲げることが、これらのネガティブな要因への接近を意味することになり、東京での開催を懸念するＩＯＣ委員に対して不利になると判断されたからである。このことは、立候補の第一段階でＩＯＣに提出した申請ファイルに記載された復興の文字が、立候補ファイルで消去されたこ

「復興五輪」（震災五輪）の語られた数

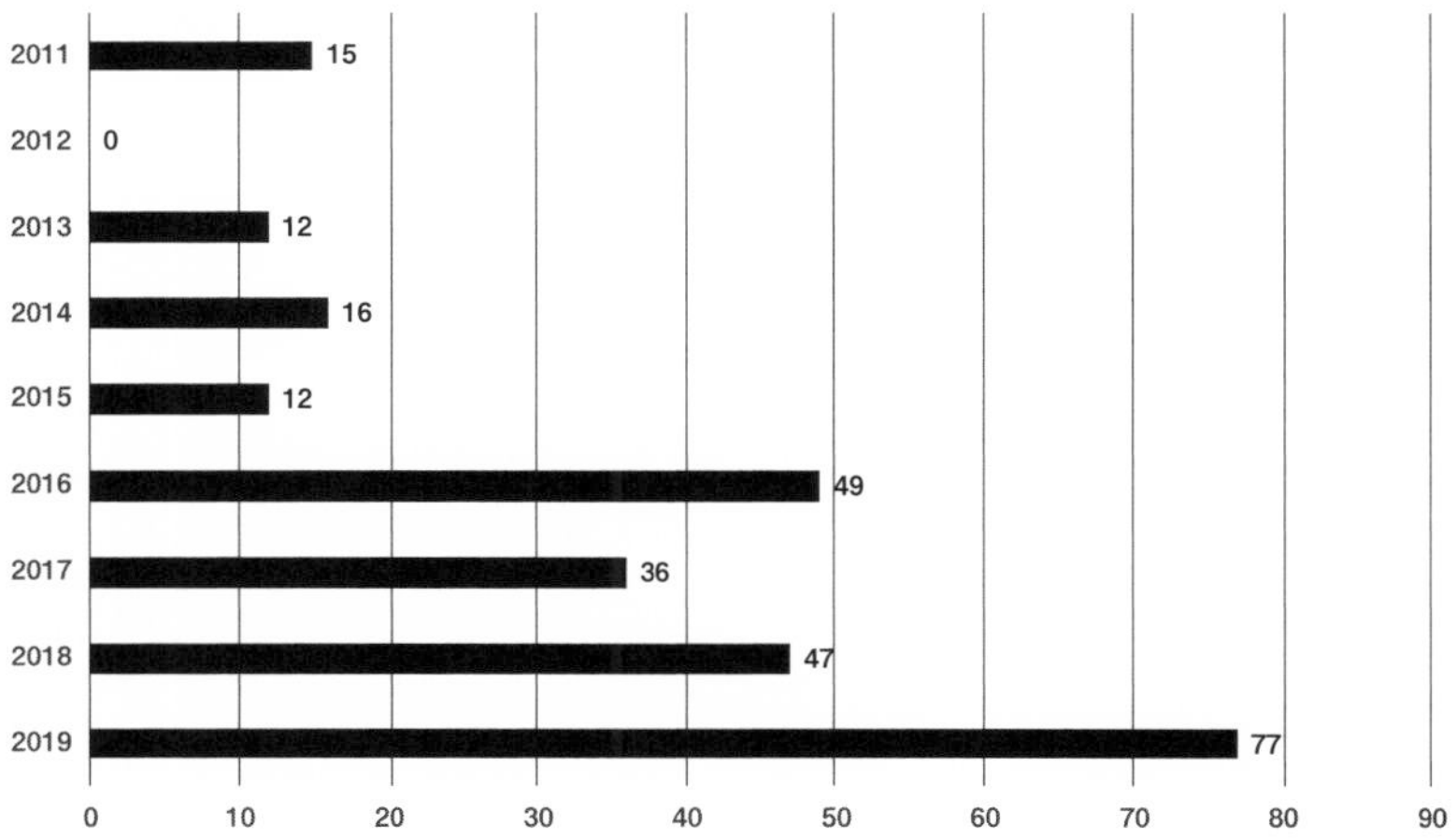

朝日新聞「聞蔵Ⅱビジュアル」を用いて、「復興オリンピック（五輪）」／「震災オリンピック（五輪）」の記事数を検索

とからも確認できる。申請ファイルでは以下のように開催目的が語られていた。

私たちはスポーツの力を信じている。夢、希望、目標、前向きな変化を生み出せる力を信じている。……スポーツ界の強い熱意と被災地の支持を得て、東京は２０２０年オリンピック・パラリンピック競技大会の招致を決意した。大会を開催することは、復興を目指す私たちにとって、明確な目標と団結をもたらし、支援を寄せてくれた全世界の人々への感謝を示す機会となる。大会の開催は、スポーツの持つ大きな力が、いかに困難に直面した人々を励まし、勇気づけるかということを世界の人々に示すことになるだろう。[1]

しかしながら、２０１３年9月のＩＯＣ総会で行われる最終選考を目前にして、開催地の座を激しく争っていたイスタンブールやマドリードに対して、東京で二度目の開催を行うことの理念や意義の希薄さが指摘されていた。そこで、東京大会の招致の正当性を示す言葉として、再び復興という言葉が浮上したのである。それでも復興を再び掲げることは諸刃の剣であった。ＩＯＣ総会で福島原発事故の影響を問われた竹田恆和ＪＯＣ会長（当時）は、「東京は福島と２５０キロ離れている」と言い放ち、最終プレゼンに登場した安倍晋三首相は原発事故が管理下にあるといった虚偽の発言、いわゆる「アンダーコントロール」発言を行った。

Some may have concerns about Fukushima. Let me assure you, the situation is under control. It has never done and will never do any damage to Tokyo.（フクシマについて、お案じの向きには、私から保証をいたします。状況は、統御されています。東京には、いかなる悪影響にしろ、これまで及ぼしたことはなく、今後

とも、及ぼすことはありません。）[2]

改めて解説するまでもなく、原発事故が収束しているわけではなく、状況は制御などされていない。事態は全く逆で、溶融した核燃料は取り出すことなどできず、未だに冷却水を注ぎ続けるしか手立てがない。現在ではその汚染水が行き場を失い、海洋放出を検討するところまで追い詰められている。オリンピックを呼び込むためには必要な方便だったという解説も時折耳にするが、そうであるならばなおさら、こうして引き寄せたオリンピックとは何のためなのか、今一度考えておかなければならない。

後述するように、２０２０年７月の大会開催に向けて、政府や組織委員会は聖火リレーをはじめとする復興イベントを大々的に展開する予定であった。その準備の一環でもあるＪＲ常磐線の全線開通などを視察するため、３月７日に福島を訪れた安倍首相は、今でも第一原発は「アンダーコントロール」だと考えるかとの記者からの問いかけに、「色々な報道がございました。間違った報道もあった。その中で正確な発信を致しました。そしてその上においてオリンピックの誘致が決まったものと思います」と答えた（三浦英之「Twitter」２０２０・３・８）。首相の認識は未だに改まっていないことを端的にあらわすやりとりである。

復興とオリンピックはどのように論じられてきたのか

オリンピックと復興という、一見して全く関係のない両者がどうしてつなぎ合わされたのかはすでに述べた。では、この両者がどのように論じられてきたのか、あるいはどのように論じなければならないのかについてみていくことにしよう。

復興に対する感じ方は被災の有無や状況、被災地との距離、そして時間を経ることによって、人それぞれに変化する。震災が起こった2011年の段階で、オリンピックを現実的な課題として受け入れられた人はほとんどいないだろう。この後検討する「スポーツのチカラ」という言葉は、このような状況において、スポーツ界からの一種の弁解＝エクスキューズとして機能するものとして生み出された。

オリンピック招致に向けた立候補について、こんな時にスポーツの祭典を開いている場合か、被災者の人たちのことを考えているのか、復興を妨げるのではないか、という批判を当時私たちはよく耳にした。少しずつ時間が経過していくに従い、私たちはオリンピック開催に向かって引き起こされる喧噪に巻き込まれ、その事象をめぐる論争に加わるようになったが、次第に復興について考えることをしなくなっていったのではないだろうか。そこには今井信雄が論じたような、震災に対する記憶の風化をめぐる問題が横たわる。[3]

一方で、復興について言及される場合でも、復興すらできていないのにオリンピックを開催することなど間違っている、というように、オリンピック批判の文脈で復興はしばしば語られてきた。そもそも復興と一口に言っても、東北の被災三県においてもそれぞれ状況は異なる。特に原発事故を抱えた福島は未だに帰還困難区域に指定されている場所もあり、復興の見通しなど立てられない地域もある。それがオリンピック批判の文脈では被災地と一つにまとめられ、東京と対置させられている。また、第1部1の山下論文が示すように、東日本大震災と原発事故からの復興政策はそもそも失敗に終わっていたということを考え合わせれば、オリンピックだけに批判を背負わせることは公平ではないかもしれない。

当然のことだが、達成の手段については意見が分かれるにしても、復興を成し遂げることに反対する人はいないだろう。一方で、オリンピックとの関係性を問われたとき、復興への思いはさまざまに交錯する。このことは後で検討するが、オリンピックが復興に何らかの役に立つとする人から、あまり役に立たないとする人、逆に復興の邪魔をする存在であるとする人もいる。また、ここにはオリンピック開催への賛否が絡んでいる。これ自体も複雑で、賛成の人にはオリンピック開催を手放しで喜ぶ人から、賛成ではあるものの、さまざまに生じる問題を憂慮している人がいる。一方で、反対の人にはオリンピックそのものは否定しないし、見るのも好きだが、東京、日本で開催するのには反対という人もいれば、そもそもオリンピックの存在自体が不必要、悪だという人もいる。筆者はオリンピックには正負の影響が生じうることを認めたうえで、そのネガティブな側面をいかに減じていくのかについて検討する立場をとっているため、オリンピックそのものは否定しないが、そのあり方には批判的である。

NHK放送文化研究所の調査（「東京オリンピック・パラリンピックに関する世論調査」）が明らかにしているように、東京大会に対しては、開催3年前の時点ですでに8割の人が関心を持っている状況である。[4] 前記のように、いくつかの向き合い方、感じ方がある中で、私たちは「オリンピックに賛成か、反対か」のような、大雑把な二分法で議論をしてしまいがちだ。そのことが消去してしまう問いがあり、復興問題もその一つである。

典型的なものに経費問題がある。例えば、オリンピックを開催することで3兆円の経費が浪費されるという批判は根強くある。しかしながら、そこには大会を開催することで生み出される一定額の収入によってまかなわれる経費が含まれるほか、インフラ整備やバリアフリー化などを含む都市開発に投資される経費は一概には無駄とは言えない。もちろん、そこに投入される額の投資が教育や医療、社会福祉に向けられたときに、機会費用（他のことをすれば得られたかもしれない最大の利益）が発生する可能性はある。ただし、3兆円全てが無駄になるわけではない。オリンピック経費を判断材料にして無駄か否か、という単純な二分法的思考によって裁断すると、批判のために事象を簡略化して論じる傾向が出てしまい、そこに見落としが生じる。例えば、オリンピックが無駄であるとしか語らない主張は、招致とともに呼び込もうとしている開発の論理や復興との関係はどのようなものなのか、経費がどのようなものに使われているのか／いくべきかの検証や議論、オリンピックと都市／地方の関係を取り巻く構造そのものについて考察する問いなどを消去してしまう。もちろん、こう書いたからといって、招致プランに掲げられていた開催費用が膨張していることは紛れもない事実であるし、オリンピックに日本の命運を託したかのような構造が築かれてしまっていることには批判的であらねばならない。

同じように、復興問題をオリンピックの賛否にからめると、多くのことが見えなくなる。2020年を迎えた現在、東京に住まう人、東日本大震災で被災しなかった人たちの多くにとっては、復興をめぐる問題は身近なものではなくなっているのではないだろうか。そもそもオリンピック批判に都合良く顔を出す復興とは、何をもってそう呼ぶのかが不明確なまま展開される概念であり、いまだに首相の「アンダーコントロール」発言が引き合いに出される批判からは、復興の進み具合、課題が見えてこない。

そこで、次のような問いを立ててみたい。オリンピックがなければ復興は加速したのかと。山下祐介が言うように、復興費の多寡が問題なのではなく、復興に対するアプローチ＝方法論が間違っていたとすると[5]、オリンピックの有無はさほど関係ないことになる。もちろん、人やモノ（資材）が東京大会の準備に動員されたことや資材の高騰によるマイナス効果は当然あるだろうが、復興予算の膨張によって、ある時期までは東北地方の復興需要が起きていたことを私たちは知っている。

齊藤誠は経済学の立場から、東日本大震災というネーミングのつけ方や、震災復興予算規模が過大なものになったことからみて、震災復興政策を大きく構えすぎたと指摘する。例えば、5年間の集中復興期間の予算は26兆円、2020年度まで32兆円がつぎ込まれることになるが、国民が納得する額を提示するという政治的な判断の前に、建物ストックの被害額（毀損額）[6]を遥かに超える推計を導き出すなど、復興予算の規模は妥当性を欠いていたという。

最適な復興水準どころか、震災前の水準さえ上回ってしまうことは、以後の建物賃料の支払いにおいて建築費用や更新費用をまかなうことができないことになり、結果として補助金支出に頼らざるを得なくなる。その結果、新築の建物であっても老朽化が急速に進む危険性を齊藤は問題にしている。復興予算がそれとは全く違う目的で使用されていることが度々問題になってきたが、それこそ本当の意味での無駄である。

復興とは何をもって語られるのかについては、不思議なことだがオリンピックと復興をめぐる議論にはついぞ登場しない。また、仮にオリンピック招致がなかったとして、私たちは満足のいく復興が成し遂げられたはず、と自信をもって言うことができるだろうか。そこにはオリンピックをわかりやすい批判の対象として祭り上げ、復興とは何かを問うことをやめるばかりではなく、復興に真摯に向き合わない、社会そのものに内在する問題を遮断して見えなくするはたらきがある。そもそも復興が進まない、あるいはそのことを考えられないのはオリンピックのせいではなく、私たちの社会の側に問題があるのではなかろうか。もちろんそうは言っても、復興に資源が必要なときにオリンピックを開催すべきではないとする意見に全く異論はない。

一方で、復興とオリンピックの結びつきを論じる議論が決定的に見落としている点がある。山下論文で詳しく論じられるように、オリンピックは復興施策の姿をゆがめながら、最終的に大会の開催とともに復興を終わらせる存在になりうるということだ。それはどういうことか。2020年の夏に向けて、多くの地域で避難指示解除が進むとみられている。すなわち、大会の開催が復興を完了するゴールに設定され、避難元に戻った人びとに心からオリンピックを楽しんでもらう、そのような目標が与えられてしまったのである。その結果として、復興は成し遂げられたと高らかに宣言されることになるのではないかと、山下は早くから指摘していた。[7] すなわち、オリンピックは復興の足を引っ張るだけではなく、復興そのものを終わらせる存在として使われる可能性があるのである。しかしながら、この状況は新型コロナウイルスの蔓延によって宙づりにされてしまった。復興を宣言する大会そのものが延期されてしまったからである。復興も延期となってしまうのか、もう少し議論を続けよう。

復興とスポーツのチカラ

ところで、被災地の人びとにとってオリンピックと復興の関係性はどのように考えられているのだろうか。[8] 2018年2月24日から25日にかけて、朝日新聞と福島放送が共同で福島県の住民（有権者）を対象に実施した世論調査[9]がある。「震災や原発事故から7年がたち、福島の復興への道筋がどの程度ついたと思いますか」という問いに対しては、大いについた（3％）、ある程度ついた（42％）と肯定的に評価した人が45％、あまりついていない（44％）、全くついていない（8％）と否定的に評価した人が52％となった。また、復興五輪が「被災地の復興にどの程度役に立つと思いますか」という問いに対しては、大いに役立つ（9％）、ある程度役に立つ（34％）と肯定的に評価した人が43％、あまり役に立たない（41％）、全く役に立たない（16％）と否定的に評価した人が57％となった。内容までは明らかではないが、肯定的評価を与えている人が4割程度いることをここでは確認しておきたい。

もう一つのアンケート調査を示すと、NHKが2018年12月から2019年1月にかけて、被災三県に行った『被災者アンケート』[10]がある。こちらのデータは被災者や避難者が対象となっている。「復興五輪の理念が実現される」（そう思う5・4％、ややそう思う14・4％）、「被災地でも経済効果が期待できる」（そう思う3・8％、ややそう思う11・5％）、「被災地への関心が高まる」（そう思う3・5％、ややそう思う12・9％）、「被災地の復興を後押しする」（そう思う2・8％、ややそう思う11・5％）といった問いに対して、肯定的な評価をしている人が少なく、批判的評価をしている人の割合はおおよそ5割を超えている。そのように否定的に感じる意見では、「復興五輪は誘致名目にすぎない」（53・9％）、「経済効果に期待が持てない」（51・6％）、「復興のための工事が遅れる」（51・3％）などが上位に来ている（複数回答）。

ただ、一方で、「五輪の開催を楽しみにしている」という問いに対して、そう思う（18・7％）、ややそう思う（19・3％）と肯定的に評価した人の割合が38％、あまりそう思わない（14・1％）、そう思わない（14・6％）と否定的に評価した人の割合が28・7％と、現実的な効果に対する否定的な見解に比べ、大会自体には期待度が高いと言えそうである。

水出幸輝の分析によると、メディア報道はオリンピックに対する否定的な見解、発言を被災地や福島などに代表させ、被災地以外に住む「われわれ」と「被災地・福島」という震災物語を紡ぎ出そうとしている。[11] 毎年巡ってくる3月11日という日、そして選挙の争点やオリンピックの進捗を伝える報道において、そのような定型化されたラベリングが行われ、私たちは知らず知らずのうちに、被災地を他者の問題として定型化して語ってしまってはいないだろうか。

また、オリンピックと復興との結びつきによって、震災以降にスポーツ界で生み出された言葉が「スポーツのチカラ」である。スポーツのプレーやスポーツ選手が被災で苦しむ人たちに勇気を与えることができるという含意をもち、最近では被災の状況を離れて、日常生活においても使われるようになった言葉だ。この言葉が生み出されるに至った背景を見ていこう。

震災後はいくつかのスポーツイベントが中止を余儀なくされ、あるいは開催されるにしても被災地への配慮を行った上で、規模を縮小するものがほとんどだった。そこには、こんな非常時にスポーツなどの娯楽をして楽しんでいるべきではない、という規範的な意識が働いている。いくつか事例を見ておこう。震災直後の3月23日に開幕した選抜高等学校野球大会（春の甲子園野球、センバツ大会）は、開催／中止すべきかの議論が直前まで続けられたが、「がんばろう!! 日本」を掲げて開催された。

被災地の仙台に拠点を置く二つのプロチーム、サッカーのベガルタ仙台とプロ野球の東北楽天ゴールデンイーグルスの対応は分かれた。開幕を迎えていたサッカーJリーグは震災翌日の全試合を中止し、4月23日まで延期措置をとった。ベガルタはホーム開幕戦を行うことができず、活動を停止した。この間主力となる外国人選手が契約解除するなど揺れ動いたが、選手たちは被災地でボランティア活動を行いながら練習を継続した。シーズンのベガルタの成績は前年の14位から過去最高の4位に躍進した。

他方のプロ野球は開幕前で、オープン戦の中止が相次いだ。選手会は開幕延期を要請し、セ・リーグは開幕予定を4日後の3月29日に延期としたが、仙台を拠点とする楽天を含むパ・リーグは4月12日に延期と決めた。その後、電気不足が社会の懸念事項となる中、セ・リーグの早すぎる開幕は批判を受けることになる。結局セ・パ両リーグとも開幕は4月12日と決められたが、4月中はナイター試合を自粛することになった。楽天は球団創設後初めて本拠地での開幕戦を予定していたが、球場が損壊し使用不能となったため、関西で開幕を迎えた。震災時に楽天は遠征中であったため地元に戻ることができず、そのまま遠征を続けたチームが仙台に戻ったのは4月7日であった。楽天のシーズン成績は、前年の6位から順位を一つあげて5位だった。

また、女子サッカー・チームのTEPCOマリーゼは、2004年に東京電力に移管された後、2005年から福島県楢葉町及び広野町にまたがるJヴィレッジに拠点を置いたチームとしてなでしこリーグに所属してきた。マリーゼは福島第一原発事故の影響によって活動自粛に追い込まれ、その後休部となり事実上解散した。なお、選手の大半はベガルタ仙台レディースに移籍し、活動を継続している。

震災とスポーツのつながりが強調される事態は今回に始まったことではない。1995年に発生した阪神・淡路大震災のときには、神戸に拠点を置くオリックス・ブルーウェーブ（現在のオリックス・バファローズ）が「頑張ろうKOBE」を掲げて躍進し、リーグ優勝を果たすと、翌年には日本一になり、優勝への願いを復興の足取りに重ねる言説がメディアで紡がれた。高橋豪仁は、被災者がオリックスの活躍に勇気づけられたという語りは、メディアの報道を通して被災を経験した人びとの集合的記憶（モーリス・アルヴァックス）を形成したと指摘している。[12] 一方で、高橋はオリックスの優勝と被災地の復興は関係ないとする被災者の語り（ズレ）を紹介しているが、ここには復興とスポーツをつなぐ物語が過剰に生産されてしまう問題が垣間見える。例えば、東日本大震災のケースでは、いち早く被災地支援に駆けつけたベガルタが苦難をものともせず躍進したのに対して、被災地への帰還が遅れた楽天の成績が振るわなかったといった語りや、「がんばろう東北」を合い言葉に、被災地を勇気づけたという語りが見られた。

東日本大震災において、「スポーツのチカラ」という言葉が意識的に語られ、震災とスポーツ界の関係性を強力に結びつけたのが女子サッカーの日本代表「なでしこジャパン」の活躍である。なでしこは、震災からわずか4ヶ月後の2011年7月17日に、ドイツで行われた女子サッカーのW杯（FIFA・女子W杯）の決勝戦において、アメリカを破り初優勝を遂げた。この快進撃とともに、被災で打ちひしがれる日本の人びとを勇気づける言葉として「スポーツのチカラ」は生み出され、使われていったと言ってもよいだろう。なでしこは、これまで圧倒的な力の差を見せつけられてきたアメリカチームに対して、粘り強く闘ってPK戦に持ちこみ、初めての優勝を勝ち取ったのである。奇しくもオリンピック招致への再挑戦が宣言された日本のスポーツ100周年記念式典の翌日の出来事だった。

明るい話題すら口にできない当時の日本にあって、連日のなでしこの活躍はそこから気をそらす存在であったと言える。稲葉佳奈子が論じるように、なでしこは次第に震災と結びつけられる存在になっていった。[13] 例えば、準々決勝を前にした試合前のミーティングで、選手たちは東日本大震災の映像を見、佐々木則夫監督が「私たちのプレーが被災者の方のパワーにつながる。苦しい時は被災者の方のことを思って頑張れ」（『朝日新聞』2011・7・11）と言葉をかけたというエピソードが、被災地出身選手への注目とともに語られていった。この試合の決勝点をあげた丸山桂里奈は2009年までTEPCOマリーゼに所属した選手であり、被災地との関係を強調される格好の存在であった。初優勝したなでしこは被災地から勇気をもらい、被災地に勇気をもたらした存在として賞賛され、国民栄誉賞を授与されることになった。ちなみに、このことを決めた首相の菅直人は、日本のスポーツ100周年を祝う記念式典を欠席したことからもわかるように、スポーツ界に特段の思い入れがあるわけではなく、なでしこ人気にあやかった政治的パフォーマンスであると考えてよいだろう。

このようにしてつくられた「スポーツのチカラ」は、さまざまな事象に適用されていく。例えば、選手が被災地を訪れて炊き出しやスポーツ指導をしたり、チャリティマッチなどを通じて募金や物的支援をしたりすることなどが被災者を勇気づけるものとして語られるようになった。しかしながら、吉田毅が指摘するように、それはあくまでもスポーツに特有な価値ではなく、ましてや震災直後の壊滅的な状況においては機能する余地をほとんど持っていなかったのである。[14]

このことを実感できる出来事が2019年に起こっている。オリンピックからは離れるが、この年はラグビー・ワールドカップの日本代表の活躍に日本中が沸いた年であった。予選プールの最終戦、決勝トーナメント進出をかけたスコットランド戦の前日に、台風19号が試合会場のある関東を襲った。この台風によって各地で河川の氾濫による浸水や住宅の全半壊など甚大な被害がもたらされた。横浜で行われる予定の試合は開催が危ぶまれたものの、9時間前に開催が決定し、予選プール最多の6万7666人が詰めかけた。ここでもスポーツのチカラが語られ、被災した人に元気を取り戻してもらいたいという発言が選手から相次いだ。もちろん選手の立場からはこのように発言し、試合が決まれば全力でプレーする以外にはない。ところが、被災した人からすれば、テレビを見ることはかなわず、生きるか死ぬかの瀬戸際に追い込まれていた人も多くいただろう。つまり、ここで語られたスポーツのチカラはあくまでも、自然災害の被災地、被災者に対して、被災していない側がこの状況下でスポーツを行うためのエクスキューズとして機能する言葉になっている。ここには栗原彬が指摘するような、被災地と被災地以外の場所に存在する分断線が垣間見える。[15] このことは、ウイルスの蔓延で社会全体の生活がままならなくなった2020年の春、Jリーグやプロ野球、甲子園野球センバツ大会までもが開催できない状況に置かれる中で、スポーツのチカラという言葉が全く語られていないことからも明らかだろう。

もちろん、なでしこの活躍のように、時間を経て多少なりとも余裕が出てきた、あるいは被災状況から精神的に離れたい被災者に対しては、勇気づけたり、安らぎを提供したりすることは十分考えられるだろう。すなわち、スポーツのチカラが機能するためには、栗原が「復興というならば、まずは人間の復興、生活の復興が先」と述べているように、[16] 日常生活の回復が必要なのである。

また、森田浩之は被災地と日本（人らしさ）を結びつける「絆」という甘美な言葉の登場を警戒する。[17] 先に示したなでしこの活躍と被災地の接合は、過剰な物語を供給するメディアとスポーツ、そしてそのことによって安心感を得たいとする人びとの共犯関係によってつくられていた。絆に代表される一体感を演出する言葉は、被災地の実情を見えなくし、被災地と非・被災地の間に横たわる分断を覆い隠すことに加担しているのではないかと森田は問う。

東京大会ははじめから、そのビジョンの一つに「全員が自己ベスト」という言葉を掲げ、批判を受けていた。すでに見てきたように、オリンピックにはさまざまな賛否や向き合い方が存在する。それらをひとまとめにして、オリンピックを成功に導くために全員が自己ベストを尽くす（べきという言葉が隠れている）という標語に違和感が表明されていたのである。加えて、いよいよ開催が秒読みに入った２０２０年、ＪＯＣが「頑張れ！ ニッポン！ 全員団結プロジェクト」を展開し始めた。ＪＯＣのサイトによると、全員団結プロジェクトは「日本中が心をひとつに、東京２０２０オリンピック日本代表選手団を全力で応援するためのアクション」[18]であることが示されている。そのサイトには「オリンピックに向けて、国民が全員団結し、アスリートを応援していくためのページ」とまで記されていて、オリンピックの開催が国民全体の問題と同義にされてしまっているのである。

このように、国民に絆や団結をうながすナショナリズム的な側面は、オリンピックのようなメガイベントにはいつも顔をのぞかせる。スポーツ・ナショナリズムについて論じた拙稿で指摘したように、スポーツは熱狂を生み出し、その存在意義を高めるツールとしてナショナリズムを必要とし、ネイションもまた国民をまとめるツールとして、ナショナリズムを喚起するスポーツを必要とする関係にある。[19] そのような契機に抗いながら、オリンピックについて思考することを続けていかなければならない。

東京大会は何を見せようとしているのか

最後に、復興オリンピックをうたった東京大会は、どのような大会となるよう準備されてきたのだろうか。すでに見てきたように、ウイルスの影響によっていくつかのイベントが中止に追い込まれているが、その決定には多くの時間を要し混乱が引き起こされてもいる。

オリパラ組織委員会は、大会を通じて生み出されたレガシー（遺産）を未来へと向けるための取り組みとして、「アクション&レガシープラン」を進めている。この「アクション&レガシープラン」は5本の柱から構成されていて、その中の一つに「復興・オールジャパン・世界への発信」がある。これを見ると、彼らが考えている復興とオリンピックの関係性がわかる。ここで展開されているものをいくつか列挙すると、ホストタウンの推進、事前キャンプ誘致の推進、スポーツの力で被災地に元気を届け復興へ歩む姿を世界に発信するためのスポーツによる被災地支援事業の実施と障害者スポーツを通じた交流、復興へと歩む被災地の姿を継続的に映像で世界に発信すること、海外メディア対象の被災地取材ツアーの実施、早期復興に向けて被災地を支援するためのアートプログラムの実施、都立高校の被災地訪問、復興支援ボランティア、スポーツイベント等の開催、競技会場の改修・整備、そして聖火リレーの実施などである。また、復興イベントとして、さまざまなアスリートが被災地に足を運んでいる。

加えて、復興オリンピックの柱とされたのが被災地での競技種目の開催で、野球・ソフトボールが福島県の福島あづま球場で、サッカーが宮城県の宮城スタジアムで行われることになっていた。すべての競技に先駆けて、２００８年北京大会を最後にオリンピックの正式種目から外された野球・ソフトボール競技の開幕戦が7月22日に行われる予定だったのである。なお、野球・ソフトボールは今回限りの正式種目復帰となり、２０２４年パリ大会では除外されることが決まっている。

もう一つ、復興オリンピックの目玉として準備されていたのが聖火リレーである。聖火リレーを「震災復興の象徴」とするべく、被災地をスタートして全国を巡る計画が立てられた。まず聖火リレーが到着したのが航空自衛隊松島基地（3月20日）である。平和の象徴でもある聖火が、自衛隊基地に到着し、それを大々的にアピールするというのは異例のことであろう。内海和雄がまとめるように、日米安保闘争の余波が残る中、１９６４年の東京大会は自衛隊がさまざまなかたちでかかわり、その存在をアピールする格好の場とされた。[20] 開会式でブルーインパルスが国立競技場の空に描いた五輪のマークは、今でもこの大会を物語る象徴的な場面である。

松島基地は第4航空団「第11飛行隊」（通称、ブルーインパルス）が配備された基地で、1964年大会との関係性の連続を強調する意図があった。ちなみに、ブルーインパルスは1998年長野オリンピックでもパフォーマンスを披露している。松島基地は東日本大震災の時に津波によって甚大な被害を受けたが、ブルーインパルスはこのとき福岡県に展開していて被災を免れた。東京オリンピックと被災、これらいくつかの関係性をつなぎながら、聖火は松島基地に到着した。この日は寒気団の影響で強風が吹き荒れる中、56年ぶりに上空に描かれた五輪のマークは、早々にかき消されてしまった。

その後「復興の火」として3月20日から25日まで被災三県で展示された後、聖火はJヴィレッジからリレーされる予定になっていた（グランドスタート）。この時すでに、ウイルスの世界的蔓延が止めようもなく、オリンピック開催に邁進する東京都や政府への批判が高まりを見せていたこと、聖火を見ようと多くの人たちが感染リスクを冒して集まってしまったことなどを受け、IOCのバッハ会長と安倍首相の会談によって、大会の延期と聖火の中止が正式に決まった。

2020年には幻となってしまった聖火リレーは、どのようにスタートを切る予定だったのだろうか。Jヴィレッジといえば、震災前はサッカー日本代表の合宿拠点であり、1997年7月に日本初のサッカーのナショナル・トレーニングセンターに指定された場所である。天然芝8面、人工芝2面を備え、サッカーの国内強化拠点となってきたこの施設は、東京電力が地域振興を目的として整備し、県に寄付したものだ。

東日本大震災では、Jヴィレッジからわずか20キロメートルの距離で稼働していた東京電力福島第一原子力発電所が爆発事故を起こした。東京電力の福島復興本社が置かれることになったJヴィレッジは、サッカーの拠点から一転して原発の収束拠点として位置づけられていくことになる。事故を境にして、Jヴィレッジの写真を見比べてみると、芝が映える緑の施設から、駐車場に変わった灰色の施設へと転じたことが象徴的に映る。

先行きの見えない、廃炉に向けたロードマップが構築される中で、東京電力が原状復帰するかたちでＪヴィレッジは２０１８年に一部営業を再開、２０１９年４月から全面営業を再開した。ホームページには「福島復興のシンボルへ」と題し、「スポーツのチカラ」で復興を実現するというメッセージが表記されている。しかしながら、合宿などの宿泊者を近隣で支えてきた宿泊施設のネットワークは崩れてしまっており、再び元のような拠点に戻すことは簡単ではない。加えて、原発事故の収束拠点となっていたことからもわかるように、放射能による影響が解消されたわけではない。今もホームページには放射線量が表示されているように、モニタリングを続けながらの活動再開となっている。

２０１９年10月にグリーンピース・ジャパンが行った放射線量の測定では、地表面接触で毎時71マイクロシーベルト（トレーニングセンター付近の駐車場）、高さ1メートルで1・7マイクロシーベルトにものぼる高い放射線量、いわゆるホットスポットの観測が報告されている（除染の目安は毎時０・23マイクロシーベルト）。同時期のＪヴィレッジのホームページには、正面玄関が０・１１１マイクロシーベルト、２番フィールドで０・０８５マイクロシーベルトと表示されていて大きな開きがある。グリーンピース・ジャパンはオリパラ会場の即時、かつ広範囲の放射線調査の実施と汚染除去を訴えた。福島県は聖火リレーのコースと沿道の空間放射線量を測定する措置をとったが、そのうち一部で除染目安を超えたものの、開催には問題ないとして追加の除染は行わなかった。さらに、その後の報道では、東京電力がこの施設を返還するとき除染を行わなかったことが判明している（『中日新聞』２０２０・３・23）。

このような先行き不透明な場所が復興の象徴として、聖火リレーのスタート地点になっていたことをどのように考えれば良いだろうか。被災地の問題を考える上で、原発との関係性は特別な問題をはらむ。開沼博が書いているように、Ｊヴィレッジは東京電力が原発推進を図り、原発をムラの文化としてブランド化するための、いわば「プレゼント」として地元に作られた施設である。[21] サッカーの日本代表が訪れ、合宿や練習を行い、それを見に来る人たちの活気が一時的に生み出される、そのような中央からの文化を再現するメディアとしてこの施設は存在した。ここにはその恩恵に依存し、サッカー界の拠点として位置づけてきたスポーツ界と、原発を支えてきた社会的な構造との共犯関係を読み取らなければならない。すでに見たように、なでしこジャパンの躍進で注目を浴びた丸山が所属していたTEPCOマリーゼは、この地に拠点を置くチームでもあった。なお、聖火リレーの第一走者になるはずだった川澄奈穂美（なでしこジャパン）は、このイベントが中止になる前にウイルスの影響から辞退を申し出て話題となった。

復興の象徴として位置づけられたこの地は、原発事故の被害を受けた地としてだけではなく、原発推進に利用された拠点の一つとして、そして、未だに原発事故の収束がままならない避難区域に隣接する場所としても記憶されなければならない。

一方で、原発を推進してきた社会的構造については第1部2の内山田論文で詳述されるが、原発に依存した地域社会のあり方からも考察を加えなければならないだろう。福島県広野町と楢葉町にまたがるJヴィレッジのある双葉郡は、大熊町、双葉町に福島第一原発、楢葉町、富岡町に福島第二原発、そして広野町に広野火力発電所が立地する、いわゆる電源地帯である。Jヴィレッジから海沿いに目をやれば、広野火力発電所が目に入る。Jヴィレッジを見学した後に、福島第一原発をめぐり、安全神話を確認するのが事故前定番の見学コースでもあった。

双葉郡は福島第一原発の事故により、大半の地域が帰還困難区域、居住制限区域、避難指示解除準備区域に指定された。双葉郡における原発建設とそこで生み出される雇用への依存を統計的に振り返った高岡裕之は、そこに原発との特別な関係を読み取るべきではなく、高度経済成長期に生じた著しい産業間・地域間格差を背景として、大都市への人口流出と過疎化、その課題への対策としての地域開発の問題があるとする。[22] 高岡は原発に依存した地域社会を生み出した日本社会そのものを問い直すべきと主張する。東京大会における復興の象徴としてのJヴィレッジという語りは、原発推進とスポーツ界との蜜月関係に加え、原発をめぐる日本社会の構造を再び見えづらいものにする可能性がある。さらに、復興オリンピックという構造が、施設が集中する富める中央＝東京と、一つ二つの競技を行ってもらう貧しい地方＝東北といった、これまでの地域開発と同じ構造に帰着していることも問題にしていかなければならない。

おわりに――本書が明らかにすること

ここまで、オリンピックが利用し、意味を付与してきた震災復興との関係性について論じてきた。オリンピックと震災復興が結びつけられたのはあくまでも招致のための方便であったこと、この両者が容易に接続しないことを確認してきた。しかしながら、オリンピックは福島での競技で開幕し、聖火リレーをつなぐことで、復興を言祝ぐ存在となることが期待されていた。

オリンピックの開催は被災地に配置されたいくつかの施設を復興の象徴として整備することで、復興とは何かを考える問いそのものを消しつつ、復興を言祝ぐ方向に誘導されようとしている。大会の開催が、復興を終わらせる存在になりかねないことも指摘してきた。

そのような問題に立ち向かうため、オリンピックに反対することが被災地の復興につながるとする言説も確認してきた。ただ、本章で示してきたように、オリンピックがなくなれば、すべての問題は雲散霧消し、復興が加速するわけではない。「アンダーコントロール」と語られた首相による虚偽のプレゼンテーションや、立候補ファイルにつづられた環境に関する虚偽の説明はそれ自体に多くの問題をはらみ、商業主義化されたオリンピックの醜悪な姿は時に目を覆いたくなる。しかしながら、だからといって、オリンピックを手放すことが、すべてを解決すると考えることは恐らく間違いだろう。震災下においてオリンピックを招き入れたことに加え、私たちは原発事故を含めた震災からの復興という課題に、どれだけ真摯に向き合ってきたのかということを改めて問わなければならない。オリンピックそのものを唯一の悪者に仕立て上げても、復興はなしとげられないからである。

ただ一方で、新型コロナウイルスの蔓延は、その創られた復興ですら、宙づりにし、復興の意味をオリンピックから根こそぎ奪い取ろうとしている。大会開催までの一年で、改めて復興とは何か、オリンピックとの関係では見えてこない社会的状況について考えておく必要がある。そこには記憶の風化という問題以上に、これまで復興に十分に向き合ってこなかった、あるいは復興に向き合えない社会の構造的要因が見いだせるだろう。[23] 再び山下の言葉を借りれば、復興政策ははじめから失敗していたのである。それはオリンピックのせいではない。ただし、オリンピックが復興を掲げてしまった以上、これを契機として今一度復興とは何かを見つめ直すことが必要ではなかろうか。そのことが復興オリンピックを掲げたことの社会的な責任である。

最後に、本書の構成を記しておこう。第1部「オリンピックを迎える日本社会」ではオリンピックの開催とそれを受け入れる日本社会の関係性についてアプローチする。本章で示してきたように震災復興、原発問題を抱えながらも、オリンピックは開幕を迎えようとしていた。山下論文では、本章と逆に、被災地の復興からオリンピックをながめることで、この相容れない両者が結びつけられた理由を明らかにしている(第1部1)。オリンピックとはまた違った意味で、復興政策・事業も深く考えられないままに準備され、進められてきた。それがオリンピックと結びつけられたことで、被災地にオリンピックが終わるまでという我慢を強いることになる。そして最終的に待つのは中途半端なかたちでの復興収束宣言である。この一件相容れない両者は、ある失敗を認めることができず、無理を重ねることで成立してきたという意味において、実は同じ道を歩んでいるのではないかという日本社会の特性がえぐり出される。

内山田論文は、収束の見えない原発問題、廃炉をめぐる問題が、復興という名のもとにオリンピックと結びつけられたことの意味を、人類学者の彼が「原子力マシーン」と呼んだ巨大で強固なシステム（ウラン鉱山から精錬所、濃縮工場、再処理工場、核燃料工場、原子力発電所、核兵器工場、核兵器と核エネルギーの研究機関、核廃棄物の保管所と処分場からなる）の記述を通して分析される。メルトダウンを起こし、半減期に何億、何十億年を必要とする核燃料物質と廃炉工程は、4年に一度の、17日という短期間のイベントであるオリンピックとは、その時間性、場所性において意味ある関係を持ち得ないことが示される（第1部2）。

仁平論文は準備期においてずっと中心的課題であり続けたオリンピックとボランティアをめぐる問題を取り上げる。大会期間中8万人が携わるボランティアは、動員（「やりがい搾取」）なのか、一生に一度のやりがいのある活動なのか、という間でつねに線引きが揺れ動いた。商業主義的なオリンピックの体質と、無償の活動の意味論を対比しながら分析することによって、この大会はなぜ行われるのかといった、オリンピックを支える物語の不在が横たわっていることが明らかにされる（第1部3）。

第2部「オリンピックがもたらす近代スポーツの変化」では、クーベルタンが理想とした「より速く、より高く、より強く」という標語に示される近代スポーツが、オリンピックの高度化を通してさまざまに影響を受けて変化していく様相が示される。美馬論文では、近代スポーツが行き着いた一つの帰結でもある合理的で直線的な「進歩」が、トレーニングによるパフォーマンスの「最適化」を通して、自らの心身を手段ないし介入対象として扱うことの意味を明らかにする。中でもドーピングを含めた「エンハンスメント（増強）」と「トリートメント（医学的治療）」との境界は曖昧で、「アチーブメント（努力による達成）」と比べて生得的な資質は皆に平等ではないにもかかわらず、それがスポーツにおける「フェア」の概念に位置づけられたとき、人間の尊厳とは何かという哲学的な問いをも呼び寄せる。そのことは「エンハンスメント」が技術的に可能になった時代において、改めて近代スポーツの再考を促すことになる（第2部1）。

新倉論文は、デジタル化する社会とオリンピックの関係性についてマラソン競技と市民ランナーの増加を背景にして解き明かす。64年の東京大会以降に広がったランニング文化は、「個人化」や「消費社会化」といった単なる趣味の問題としてではなく、時間と身体に関する感覚の変容、すなわち、「情報化」や「デジタル化」といった社会変容の具体的な内実から説明する必要がある。また、現代のランナーがスマートフォンやGPS付腕時計を携帯して走る行為は、時間と身体を管理する規律という問題を越え出て、「健康」を実現するための身体をあたかも「機械」のように測定することで、精密度の世界へと突入しつつあることが指摘される（第2部2）。

中田論文は、科学技術の発達が行き着いた地点として、スポーツ競技者の「フェア」を揺るがすドーピンクが、さらなる「遺伝子ドーピング」、「脳ドーピング」と呼ばれる事態にまで及んでいることを、先行研究のレビューから説明する。tDCS（経頭蓋直流電気刺激法）と呼ばれる、頭皮上に微弱な直流電流を流すことで大脳皮質の興奮性を変化させ、スポーツにおける身体的パフォーマンスに影響を生み出そうとする方法（「脳ドーピング」）が、一流競技者のみならず一般人にも適用される現状と未来について、脳科学の領域から明らかにしている（第2部3）。

第3部「現代スポーツの行方」では、東京大会を契機にさまざまな課題が生み出される中、スポーツが持ちうる多様性や可能性に焦点を当てて論じる。浜田論文では、第1部で批判的検討をした東京大会におけるボランティアとは位相が異なる活動のあり方について、フィールドでの実証的な研究から問い直す。鳥取県皆生で行われている全日本トライアスロン大会を事例に、過酷なスポーツに挑む競技者をボランティアとして支える地元の人びとが、〈自発的〉に関わっていく様子を記述し、分析している。そこでは〈自発的〉であることの意味を問いながら、東京大会のボランティアが何を得ることができるのかについて考える契機が与えられる（第3部1）。

西山論文では、オリパラ大会の開催が競技スポーツ、ひいてはスポーツ文化をどのように変えうるのかについて考察している。例えば、第2部でも検討する近代スポーツの特徴をなす公平性（フェア）という考え方が、それを実現するために設けられたスポーツルールの変化によって競技者の公平性を揺るがすこと、さらには、公平性の強調が逆に、ジェンダーや健常者／障がい者という境界を確固たるものにし、そこからはみ出す競技者を排除していくことにつながることが示される。そして、それを乗り越えるために、近代スポーツが想定していなかった「ユニバーサルスポーツ」へと歩を進めていく可能性についても言及される（第3部2）。

岩瀬論文は、オリパラの開催をきっかけに、特に障がい者（スポーツ）への理解や、パラアスリートへの注目を集める言説が増加している中で、「単独性」のある〈つながり〉（代替不可能で反復のきかない行為や出来事から生成される関係性）を創り出しながら、「共生」（社会）について考えていくことはどのようにして可能かを問う。これまでのオリパラにおける開閉会式に託されたテーマを分析しながら、東京大会に過剰に託された「共生」のありかを探る一方で、もはや私たちの手に負えなくなりつつある巨大化したオリパラにくさびを打ち込むためのヒントを提示している（第3部3）。

以上のように展開する3部の議論を通じて、最終的には、私たちがこれまで理想として語ってきたスポーツのあり方が、オリパラの開催準備を通じてずいぶんほど遠いものへと変化してきたことが描き出されるだろう。終章の井上論文では、スポーツ文化を支える人びとの「生の表現としてのスポーツ空間」を今一度引き戻すために、この大会からどのような問題提起を行えるのかについて、準備段階から開催に至るまでの経緯を踏まえて、改めてまとめられる（終章）。

　本章でも触れてきたように、賛成すること／反対することだけがオリンピックやパラリンピック、スポーツへの向き合い方ではない。乏しい想像力に支配されたオリパラの開催を通じて、いかに私たちの社会のくびきを可視化し、変えていく契機とすることができるのかということが、本書がオリパラ後の社会を見据えて設定した問いである。オリパラの外在的批判に留まるのではなく、それらが喚起するさまざまな問題を検証しながら、大会後に向けて私たちは何を考えるべきかについて、共に考えていきたい。

注

1 東京2020オリンピック・パラリンピック招致委員会 2012：1
2 IOC総会における安倍総理プレゼンテーション（総理官邸HP、2020年2月9日取得、https://www.kantei.go.Jp/Jp/96_abe/statement/2013/0907IOC_presentation.html）
3 今井 2009
4 鶴島・斉藤 2018
5 山下 2017
6 建物ストック毀損額の計算方法は齊藤（2015：66–69）を参照。
7 山下 2018
8 すでにみたように、このような被災地、被災者を一括りにする書き方が多くのものを見えなくしていることには留意が必要である。詳しくは山下らの論考（山下ほか 2013）を参照。
9 福島県の住民に対する「世論調査」（『朝日新聞』2018・3・3、並びに同日のデジタル版を参照した）は、2018年2月24日、25日の両日、固定電話に対する無作為・RDD方式で1、888件を対象にし、1、004人が回答した（回答率は53％）。
10 『東日本大震災8年　被災者アンケート』（NHK NEWS WEB、2020年2月9日取得、https://www3.nhk.or.Jp/news/special/shinsai8portal/questionnaire/）、被災者や原発事故の避難者4、400人に対面と郵送で実施し、1、608人が回答した（回答率36・2％）。
11 水出 2016

12　高橋２０００
13　稲葉２０１５
14　吉田２０１２
15　栗原ほか２０１２：27
16　栗原ほか２０１２：27
17　森田２０１２
18　ＪＯＣが東京大会のアスリート応援のために作成したサイト「応援団結　がんばれ！　ニッポン！」（２０２０年２月９日取得、https://danketsu.jp/）より。
19　石坂２０１５
20　内海１９９２
21　開沼２０１１
22　高岡２０１９
23　もちろん、本書に寄稿している山下の研究をはじめ、オリンピックとは無縁に震災復興をめぐる課題に対峙している研究は筆者の専門領域である社会学をみただけでも数多く存在する。

文献

・Ichii, Yoshifusa, 2019, "'Creative Reconstruction' and the 2020 Tokyo Olympic Games: How Does the 2020 Tokyo Olympic Games Influence Japan 's Neoliberal Social Reform?," International Journal of Japanese Sociology, 28: 96-109.
・今井信雄、２００９「死者と記憶――震災を想起させる時間、空間、そして映像について」大野道邦・小川伸彦編『文化の社会学――記憶・メディア・身体』文理閣、９０－１０６
・Halbwachs, Maurice, 1950, La Mémoire Collective, Paris: PUF（＝１９８９、小関藤一郎訳『集合的記憶』行路社）
・稲葉佳奈子、２０１５「なでしこジャパンと『日本』はどのように結びつくのか」石坂友司・小澤考人編『オリンピックが生み出す愛国心――スポーツ・ナショナリズムへの視点』かもがわ出版、１４８－１５８
・石坂友司、２０１５「スポーツ・ナショナリズムの現代的特徴――商業主義・グローバル化時代の３つのメガイベント」石坂友司・小澤考人編『オリンピックが生み出す愛国心――スポーツ・ナショナリズムへの視点』かもがわ出版、43－74
・――、２０１８『現代オリンピックの発展と危機１９４０－２０２０――二度目の東京が目指すもの』人文書院
・開沼博、２０１１『「フクシマ」論――原子力ムラはなぜ生まれたのか』青土社
・栗原彬・苅谷剛彦、杉田敦・吉見俊哉、２０１２「座談会　津波被災地から考える」栗原彬／テッサ・モーリスースズキ／苅谷

剛彦／吉見俊哉・杉田敦・葉上太郎『3・11に問われて――ひとびとの経験をめぐる考察』岩波書店、23―61

・亀山有希、2017「東日本大震災からの復興と2020東京オリンピック・パラリンピック」『オリンピックスポーツ文化研究』2：57―73

・小路田泰直・井上洋一・石坂友司編、2018『〈ニッポン〉のオリンピック――日本はオリンピズムとどう向き合ってきたのか』青弓社

・町村敬志、2007「メガ・イベントと都市空間――第二ラウンドの『東京オリンピック』の歴史的意味を考える」『スポーツ社会学研究』15：3―16

・水出幸輝、2016「2020年東京オリンピック・パラリンピック開催決定と他者――テレビ報道を事例に」『スポーツ社会学研究』24（1）：79―92

・森田浩之、2012「3・11とメディアスポーツ――物語の過剰をめぐって」『スポーツ社会学研究』20（1）：37―48

・鶴島瑞穂・斉藤孝信、2018「2020年東京オリンピック・パラリンピックへの期待と意識――『2017年10月東京オリンピック・パラリンピックに関する世論調査』の結果から」NHK放送文化研究所編『放送研究と調査』68（4）：58―85

・齊藤誠、2015『震災復興の政治経済学――津波被災と原発危機の分離と交錯』日本評論社

・高橋豪仁、2000「新聞における阪神淡路大震災に関連づけられたオリックス・ブルーウェーブ優勝の物語とあるオリックス・ファンの個人的体験」『スポーツ社会学研究』8：60―72

・高岡裕之、2019「原子力発電所と地域社会――福島県双葉地域に関する統計的考察」大門正克・岡田知弘・川内淳史・河西英通・高岡裕之編『「生存」の歴史と復興の現在――3・11 分断をつなぎ直す』大月書店、152―169

・東京2020オリンピック・パラリンピック招致委員会、2012『申請ファイル 2020年オリンピック・パラリンピック競技大会』

・内海和雄、1992「『スポーツ基本法』の研究（II）――戦後スポーツの行政と法（2）」『一橋大学研究年報　自然科学研究』28：1―142

・山下祐介、2017『「復興」が奪う地域の未来――東日本大震災・原発事故の検証と提言』岩波書店

・――、2018「この国はもう復興を諦めた？　政府文書から見えてくる『福島の未来』」現代ビジネスWEBサイト、（2020年2月9日取得、https://gendai.ismedia.jp/articles/-/54781）

・山下祐介・市村高志・佐藤彰彦、2013『人間なき復興――原発避難と国民の「不理解」をめぐって』明石書店

・吉田毅、2012「東日本大震災で被災したスポーツ集団の復興プロセス――被災の様相と復興への力」『スポーツ社会学研究』20（1）：5―19

第1部

オリンピックを迎える日本社会

1 復興オリンピック——なぜ、相反するものが一つになったのか？

山下　祐介

復興とオリンピックは相容れない——なぜつながったのか

２０２０年東京オリンピックは、「復興オリンピック」なのだという。

だがそれは何からの復興なのだろうか。むろん、東日本大震災・福島第一原発事故からの復興だということは間違いない。でも、では誰の、何に向けた復興なのだろうか。

東日本大震災・福島第一原発事故からの復興に対し、東京オリンピックがいったいどう資するのかについては広く疑問視されてはきた。

政府は「復興の迅速化」をスローガンにしてきた。

しかしながら、オリンピックは、その復興の迅速化と抵触することは当初から明らかであった。

そもそも被災地ではまず、土木建設部門での業者が不足していた。すでに工事費が暴騰しており、その費用拡大が懸念されたが、問題は金目のことだけではない。土木建設業界における人材の不足、資財の不足があり、さらに事業を発注する側の公共部門の人材にも限界があった。こうした復興資源の絶対的な不足状況に、さらにオリンピックが重ねられれば、被災地の復興が停滞するのは火を見るよりも明らかだった。

30兆円超の巨大復興事業が進行しているところに、さらに大土木事業を伴うオリンピックを導入するなど、現実的な選択肢ではない。復興に資するどころか、復興を妨げるようなオリンピックの導入を、なぜ政府は遂行したのだろうか。そして、これほどまでに矛盾した復興とオリンピックの関係に私たちは気付きながらも、なおもその矛盾を指摘する声があがらなかったのはなぜだろうか。

ここには国内外の様々な作用が関わっている。とともに、オリンピックという一見純粋なスポーツの祭典が、国内および国際政治の様々な思惑や力学を入り込ませているという問題設定を必要としているということでもある。

本稿では、東日本大震災・東京電力福島第一原発事故からの復興政策と、オリンピックとの関係について、なぜこの相容れないはずのものが一つになったのかを社会学的に分析する。

その分析のためにもまず前提となるのが、今回の震災・原発事故からの復興政策がどのように推移してきたのかである。この点について筆者はすでに、いくつか論じたことがある。ここではその議論を振り返るところから論を始めることにしたい。

この9年間の原発復興政策の推移、とくにその転換

２０１１年3月11日に生じた東日本大震災とそれに伴う福島第一原発事故。

拙著[2]でかつて筆者が主張したように、今回の東日本大震災・原発事故からの復興政策は、そもそもが失敗である。大規模防潮堤や、巨大な宅地造成をいれれば、それだけで復興プロセスはパンクする。津波被災地では震災発生からすでに9年がすぎている。一般に復興は2年、少なくとも3年で完了しなくてはならない。長引けば長引くほ

ど被災地に人が戻れなくなり、復興できなくなる。

他方で、原発事故被災地については、復興を急いではならなかった。放射能汚染はふつうの災害ではない。いったん汚染され、総員待避がなされれば、その状況からの回復は簡単ではない。まして放射能はなおも漏れており、それどころか廃炉作業はつづいていて、再事故の可能性は廃炉完了までつづく。政府の帰還一辺倒の政策は誤りである。[3]だが、こうした政府への批判的な指摘も、その政策展開を細かく見ていくと、単純にはじめからおかしなものであったとはいいきれないことにも気がつく。

東日本大震災と原発事故からの復興政策の内容の推移をたどると、目につくのが第3次安倍内閣（2014年12月24日）発足前後からの変化である。とくに2016年に「復興・創生期間」に入る前あたりから明らかに異様な展開が注目される。いくつか代表例を示してみよう。[4]

（1）「原子力災害からの福島復興の加速化のための基本指針について」（2016年12月20日）では、それ以前に、原子力規制委員会が示した「帰還に向けた安全・安心対策に関する基本的考え方」（2013年11月20日）とは異なるものが現れている。原子力規制委員会では、被ばく管理、継続的な健康調査の実施、疫学研究の検証による住民の健康管理体制の維持こそが国の責務であるとしてきた。それがこの基本方針では、帰還にともなう被ばくは自己責任でというものに置き換わっている。政府の避難者政策は、当初の避難政策から、2011年12月の事故終息宣言以降に帰還政策へと転換していたが、その帰還政策の質がさらに大きく変わったのがこの2016年末である。

(2)そしてこれを受けて、リスクコミュニケーションのあり方も変わっていった。「風評払拭・リスクコミュニケーション強化戦略」(2017年12月12日、原子力災害に対する風評被害を含む影響への対策タスクフォース)が示す論理はそれまでの政府の立場からすると奇妙である。「原子力災害に起因するいわれのない偏見や差別が発生している」が、それは、「検査結果等が十分に周知されていないことに主たる原因がある」のだとする。そして「このことを国は真摯に反省し、関係府省庁が連携して統一的に周知する必要がある」という。要するに、国の責任は原発事故を起こしたことではなく、その事故がたいしたものではないことを国民にきちんと教えていないことだというのである。政府は「風評払拭」という言葉を使う。しかし「風評」といっても放射能汚染は現実であり、実害がともなう。そしてそれまでの政府の風評対策も、現実の汚染の元を絶つ必要が認識されていたのだが、この頃からそうした表現が消え、被害も汚染もないのだから、風評を「払拭する」という強引な主張が始まった。

(3)こうした形で進んでいる復興だが、その目玉事業がイノベーション・コースト構想である。イノベーション・コースト構想とは、この被災地である福島県浜通りに、廃炉産業の集積とともに、そこで進めなければならない新技術の確立(とくにロボット技術やエネルギー関連産業)をもって新たな産業の基軸とし、そこで生まれた雇用によって帰還する人々が働く場を作ろうというものである。

この計画は、第3次安倍内閣発足(2014年12月24日)前の「福島・国際研究産業都市(イノベーション・コースト)構想研究会 報告書」(2014年6月23日、経済産業省)によってスタートするのだが、ここでは「今後は、新たに移り住んでくる住民を積極的に受け入れ、帰還する住民と一体で、地域の活性化を図っていくことが必要」(2頁)となっている。住民は入れ替わってもよい。復興政策の受け手・担い手は被災者でなくてよいとされた。

そしてまさにこれを受ける形で、「福島12市町村の将来像に関する有識者検討会提言」（２０１５年７月30日）では、イノベで流入人口が増えるので、「震災前の人口見通しを上回る回復の可能性」があるとまで主張している（提言のポイントより）。

これらの背後には、並行して避難指示区域の解除とそれに伴う賠償の終了という見逃せないプロセスがあるのだがここでは省略する。ともかく、こうした各種事業の中で被災者や復興の扱い方が変質したことで、国の支援は、これまでの事故に対する社会的責任による被災者の支援から、復興から落ちこぼれた敗者への支援へとかわっていくこととなった。今回の原発避難による過酷な事態を作り出したのは原発事故であったにもかかわらず、その対策は「かわいそうな被災者のために国が支援してあげましょう」というものに変わり、しかも政府の文書によれば、「住民の方々が復興の進展を実感できるようにするために」（「原子力災害からの福島復興の加速のための基本方針について」、5頁）、さらなる対策を充実させて、「心の復興」（「「復興・創生期間」における東日本大震災からの復興の基本方針」２０１６年3月11日、3頁など）をはたしてもらうのだという。「復興は進んでいるのだから、それを「心の復興」で実感せよ」というわけである。

しかもまた他方で、「福島第一原発の廃止措置に向けては、安全確保を大前提に、長期的にそれぞれのリスクが確実に下がるよう、優先順位を下げていく」（「原子力災害からの福島復興の加速のための基本方針」、20頁）のだといい、廃炉にともなう様々なリスクがあの場所には長期にわたって存在することを認めている。放射性廃棄物処分に関しても「中間貯蔵施設」を現地につくりながら、その最終的な行き先が決まっていないことを認めており（同5頁）、現実には容易に帰ることのできない場所であること（被害はなおも持続していること）も十分にわかった上でこれらの文書は作成されているのであった。

しかもこうして一方的な内容を被災者に（つまりは国民にも）押しつけながら、「双方向のコミュニケーションを強化し、信頼関係の強化につなげる」とまで言い切っている（「原子力災害からの福島復興の加速のための基本方針について」、22頁）。少なくとも、2013年度までの文書にはこんな内容はなかった。

こうした政策の転換、理念や考え方の変化はいつどのように生じたのか。当然そこには政権交代が絡んでいそうだが、ことはそう単純ではない。

2011年3月の東日本大震災・原発事故当時の民主党・菅直人政権は、国家消滅規模の危機的状況下での避難政策のオペレーションに必死だった。変化はまず、同年9月に発足した民主党・野田政権でおき、ここで避難から一転、帰還政策がはじまった。その象徴が2011年12月の事故収束宣言であった。

2012年12月に発足した自民党・第2次安倍政権もそれを引き継ぎ、そこに大きな断絶はなかった。[5] しかし、その2年後の2014年12月発足の第3次政権成立前後に大きな変化が現れることになる。変化の起点はこの2012年から2014年の間にある。

そしてどうも、その変化の源泉をたどっていったときに気がつくのが、第2次安倍政権で決まったオリンピック招致（2013年9月）なのである。その後、「東京オリンピック2020」の文字が政府の復興文書にやたらと登場するようになり、そのあたりから復興政策の内容がおかしなものへと変化していった。オリンピックがそのすべてではないにしても、何かを変えるきっかけになったことは間違いない。

そのことを示すものが、例えば先に引用した福島イノベーション・コースト構想研究会が提出した報告書「福島・国際研究産業都市（イノベーション・コースト）構想研究会 報告書」（2014年）である。ここまで復興とオリンピックとは何の関係ももっていなかったのに、ここではやたらとオリンピックが強調されている。「福島12市町村の将来像に関する有識者検討会」でも繰り返しオリンピックと福島復興との関係が強調されて、この会議がとりまとめた提言（２０１５年７月）では、避難指示解除が進むことで皆が避難元に帰ることができることになり、「家族そろって２０２０年東京オリンピック・パラリンピック競技大会を応援することが可能となる」（17頁）と強調している。

むろん現実には、今も被災地に住民はきちんとは帰れていない。帰還を進める人びとは「通う」こともふくめて相当な無理をしてそれを進めている。そのことを知りながらここで、「オリンピックをみんなで応援する」と書き込んだこの報告書の執筆者の意図とは何だろうか。

誤魔化しで実現したオリンピックがもたらすもの――オリンピックまでは仕方ない

東京のものである東京オリンピックになぜわざわざ「復興」の名がつけられ、またなぜ東北での一部開催が義務であるかのように動いたのか。

その契機としてまず思いつくのは、被災地への「贖罪」感である。

最初に確認したように、復興とオリンピックは相容れない。招致側にオリンピックを進めたことに対しての罪悪感が（国民もふくめて）あったとすれば、その罪悪感はなんらかの形で払拭せねばならない。そのためにも、オリンピックの効果をきちんと被災地にも振り向けねばと、そういう配慮が復興オリンピックであったと、とりあえず考えることはできる。

だが、ではそうしたオリンピックの開催効果を被災地に直接つなげる努力が行われているかといえば、そんなことはない。

むしろ、ここに現れているのはどうも、ある種のアリバイである。オリンピックを被災地に関わらせることで、オリンピックには復興を妨げる意図はないのだと見せかけているのではないか。

この誤魔化しは、先の贖罪と表裏一体であり、多くの人が漠然と感じているものであろう。そしてとりあえずは、オリンピックと復興が一体になっていることの理由はこれらで説明できそうである。

だが、こうした被災地への誤魔化しと贖罪では説明のつかないことが、この招致の過程で生じていた。それが、2013年9月のオリンピック招致演説の際に安倍首相が述べた、原発事故の「状況はアンダーコントロール」発言である。そしてどうもオリンピックと復興は、この発言によって何かもっと別の関係へと転換していったように見えるのである。

ふつうに新聞やテレビ、ネットで情報を得ている人で、この首相の発言を字義通りに受け取る人はいないだろう。事実、いまだに事故プラントの廃炉工程は明確に見えておらず、それどころか放射性物質の漏出は続き、とくに事故プラント周辺の汚染水が大量すぎてコントロールできず、その限界が目前に迫っており、トリチウムなどを含む大量の汚染水の海洋放出が避けられない状況が生まれている。次の地震や津波、さらにはテロも含めて再事故の可能性は今も残っており、しかもよく考えれば、この事故がなぜ起きたのか、どうしてここで止まったのかについての、十分な調査も結論も得られておらず、さらにはその責任の所在さえも確定されていないのであった。誰かの瑕疵ならばまだ次は防げるかもしれないが、裁判の結果によれば「誰も悪くない」し、悪意や過失もない。なのに事故が起きたとすれば、再事故の可能性は依然として高いということになる。

では、なぜ政府はこのような状況を認識していながら、世界的な舞台で、「状況はアンダーコントロール」などと発言したのか。考えられることの第一は、政府にとってオリンピックの日本開催は絶対に獲得したかったものだったということである。世界を誤魔化してでもほしかったものという解釈である。

だが、もっと単純にこういうことだったようにも思うのである。オリンピック開催の候補者として日本が名乗りを上げていく中で、東京電力福島第一原発事故のことが問題にされた。国内で（それも避難指示区域内においてさえ）その影響はないかのように説明している政府は、国際社会でも同じように説明するしかなかった。

とはいえ、わざわざ海外からアスリートを招いて開く大会である。オリンピックを誘致しておいて、なおも汚染は続いているという真実を正直に明かせなかった政府は、さらに踏み込んで「アンダーコントロール」といわざるを得なかったという解釈である。

ともかく現実として、日本はこの東京オリンピックを、原発事故の状況はコントロール下にあると主張して獲得した。国内どころか世界を誤魔化したことになる。だが、この世界という経路をたどることで、オリンピックは被災地・被災者にとって、ただ結びつけられたというだけではないものになっていく。

原発事故の現実を世界に誤魔化したことによって得たオリンピック開催が被災地にもたらしたもの。それは「我慢」である。

被災地はそれまでは、この国の土木事業実施体系の中の最優先地だった（それが現実の被災地復興においてどういう現実をもたらしたかは別として）。オリンピック開催が決まったことによってその序列は大きく変わる。被災地ファースト、復興ファーストは、オリンピックファーストへと切り替わった。しかもそれを誤魔化すために、「東京オリンピック」は「復興オリンピック」にされてしまった。

オリンピックはあくまでスポーツの祭典であり、復興途上の被災地で行うべきものではない。まして原発避難実施中の被爆国で行うべきものではない。「復興オリンピック」というものがあるとすれば、それは「復興が一定程度実現し、原発事故が処理済みであり、被曝の危険が払拭されており、その復興を祝し、復興した姿を世界の人々に見てもらうための「オリンピック」であるはずである。それ以外のものは考えられない。[6]

ところが現実には、津波被災地では大規模防潮堤と高台移転による（無理な）復興が長期化して計画は破綻し、被災地に人が帰っていないという現実が生じている。まして福島第一原発の事故プラントではいまも放射性物質が漏れ出ており、無防備で事故の核心に近づけば確実に死ぬ。コントロールどころか、事故の実態さえ不明な状態で、帰るに帰れない（無理な）帰還政策がつづいている。[7]

だがそこに「復興オリンピック」が押しつけられれば、被災地はもはや、「いや復興はできてません」とか、「事故プラントが不安で帰還することはできません」とか、そうしたことは表だってはいえなくなる。それどころか、実際にオリンピックが始まれば、日本を訪れる海外の人たちに対して、「復興できました、ありがとう」とか、「原発事故、心配ありませんよ」とか、そう説明せざるを得ないではないか。ただし、このタイミングで巨大地震やテロさえ起きなければ、たしかに誤魔化せるものではあるが（そして汚染水もオリンピックまで耐えれば、あとは流すことが可能になるともいえる）。

そもそもオリンピックを望んだのは誰なのか。被災地ではもちろんない。原発事故の避難者・被害者にはこんなものを望んだ経緯はない。いつの間にか上の方で決められ、気がつけば「アンダーコントロール」発言までおこなわれて、次のオリンピックの開催国に仕立て上げられていたというのが実情である。

そしてこのことは、被災地外の国民にとっても同じであった。我慢はおそらく、被災地のみならず、国民全体にも押しつけられたものであるが、被災地では、本来復興に尽力すべき政府が別の方にいってしまったことによって、さらなる我慢を強いられているということになろう。

しかしながら――ここが肝心だが――それが望んだものではないにしても、日本が開催国として選ばれた以上、国民にも被災地にも、これをきちんと実現する責務が生じる。少なくともまじめな日本国民はそう考える。とはいえまた、国民がこのオリンピックに積極的に関わろうというのでもなく、関係者以外は開催が迫るオリンピックに、ただ反対したり批判することだけはやめておこうと、そういう我慢がつづいている。

もしかすると、オリンピックの開催がなければ、別のことができたかもしれない（すべきだった）のにもかかわらず。そうした他のありえた可能性には目をつぶって、ただ２０２０年がやってきて、それが過ぎ去るのを思考を停止して待っている。

「オリンピックまでは仕方がない」という発言を、この数年よく聞き、また筆者自身もしてきた。オリンピックが終われば復興が始まるのかといえばそんなことはないが、ともかくオリンピックまでは復興を云々しても仕方がない、という雰囲気の中でいま２０２０年を迎えている（かつそれが1年延期になった）。[8]

重要なことは、この思考停止は被災地復興の問題だけではないということである。人口問題、過疎・過密、少子高齢化、そして経済も景気もみな同じ状態になっている。オリンピックまではとりあえずは景気は続くだろう。世界が日本を見る目も好意的であり続ける。そこまではなんとかなるだろう。

国民もオリンピックが終わるまでは政府批判をあからさまには行わない。何もしなくてもともかくそこまでは持続できる。この間には新たな天皇の即位もあった。ビッグイベントには、たしかに何かを誤魔化し、社会統合を一時的にも実現する効果がある。

だが問題はその先にある。オリンピックが終わって何が起きるのだろうか。その裏で進行している本当のこととは何か。誤魔化し、隠してきたものが露呈したとき、一体何が出てくるのだろうか。

安易な無理が多数重なってできた復興オリンピック

もっとも、オリンピックがまだ行われてもいない現時点では、そうした議論をするには早すぎる。他方で、あと少しで現実化してくることでもある。しかしまたそのときには、新たなイベントが用意されて、さらなる目隠しが続いていくだろうという予感がある。すでに2025大阪・関西万博が仕掛けられている。そして今触れたように、どうも誤魔化されているのは復興だけでなく、人口問題や社会保障問題、さらには経済・アベノミクス政策の効果、周辺各国との外交問題等などについても同様な仕掛けになっている可能性がありそうだし、[9]現行の安倍政権には、公式文書改ざんをともなう森友・加計問題や、2019年末から噴出した桜を見る会の問題やIR贈賄事件もある。

まずは次のように考えるところから今回の件の検討を始めるのが適切だろう。

日本でのオリンピックの開催は——少なくともオリンピックが今のように開催国/開催地に大きな負担と責任が生じる運営方式である以上は——現時点では本来、無理だったということである。2013年時点での日本の経済財政・社会状況と、2011年東日本大震災・原発事故の現実を踏まえれば、この国の内政維持を優先する限り、オリンピック開催は無理だったはずである。

だが政府はその無理を通した。そのことで、無理なオリンピックを無理にでも実現していかなくてはならない事態が生じた。

オリンピックの開催と被災地復興は同時進行できない。二つは相容れない。無理を押し通し、本来できない、やるべきでないものを実現しようとしたために、さらにその過程で新たな無理が生じていった。その新たな無理が、あの「アンダーコントロール」発言を生んだということではないか。

ここで最初の問いに戻ろう。最初の問いはこうだった。

なぜ、復興とオリンピックという、相容れないはずの二つのものが、一つになってしまったのか。

ここまでは、この問いに対して、「オリンピックに復興をつなげることで、国民を誤魔化しているのだ」とか、「政府が復興政策を自分に都合のよいように転換するためにオリンピックを持ち込んだのだ」とか、要するにオリンピックと復興の二つをつなげることで政府がやりたいことを無理矢理やり遂げようとしていると、そういう謀略論的な分析をして答えとしているように思われたかもしれない。あるいはまた、近年の政治が選挙で勝つことを最優先するようになったために、政府がビッグイベントの獲得による人気取りと、それを復興に結びつけることでの正当化を狙ったのだと論じているように聞こえたかもしれない。

が、少なくともこの国のこの9年間の復興政策の推移を見ている限り、そこに用意周到な謀略を見る必要はなく、先々を見据えた知的な戦略を想定する必要もなく、最初に決めた帰還政策が、それが正しかろうが間違っていようが、変えることも修正することも考えずに、ただただ突き進むしかなかったということにすぎないと考えるべきである。そしてそれはおそらくオリンピック誘致についても同じであり、むしろ、ここで確認してきたのはこういうことになる。

それほど深く考えないままに(ただし、異論は廃しつつだが)復興政策・事業は進み、ともかく早く終わらせることだけを目指して政策転換も進められた。他方で、これもまたそれほど深く考えられないままにオリンピックの招致が進展し(やはり、異論は排しつつ?)、気がついたら招致実現の目前まできてしまった。

だが、原発復興は本来(廃炉だけでも)30年以上かかるものであり、10年で終わらせるのには無理がある。そしてオリンピック招致も日本の経済財政状況をふまえれば当然無理であった。

が、その無理をそれぞれに押し通していたら二つの無理がくっついて「アンダーコントロール」になり、「復興オリンピック」というものができあがっていたということなのだろう。

一つ一つの決定は緩く、それほど深くは考えられていない。そもそも深く考えていれば、どこかでこの無理は止めることになったはずだが、その無理が押し通されたところに、これらが「深く考えられて進められたものではない」ことの証左がある。

しかも面白いことに、この日本という国では、そうして政治が無理を通しても、国民はそれを我慢して遂行し、場合によっては思ってもみないほどの大きな効果をあげたりもするのだった。それは一つの国民性といってもよいかもしれない。そしてこの国では無理を我慢するのは美学でもあり、「なんとかなる」もまた国民文化といえそうだ。

しかしまた無理は無理であり、現実には勝てない。無理は必ず我慢を強いて、どこかでそれは限界に達する。限界は当然、何らかの崩壊を引き起こす。そして例えばその崩壊の一つが、２０１１年３月の東京電力福島第一原発事故だった。原発という無理を押し通して、出た答えがこの事故である。

だがこの日本という国は、この失敗を認めることをせず、さらなる無理を重ねてその先の道をそのまま突き進んでいる。復興もオリンピックも、ある意味ではその同じ道中に現れた現象である。似たもの同士がくっついたともいえる。

ではこの先におきる崩壊とはいったいどんなものだろうか。

無理が限界を超えるとき――近代の理念とその超克？

オリンピックの基本理念とは何か。

井上洋一によれば、オリンピックとは、「人間教育、国際平和、人権に重きを置く思想」を根本原則に組み込んだものであり、[10]それは知性・理性を尊重し、平和を願い、実現し、人々の自由や平等の実現を当然のものとする民主主義に基づいている。一言でまとめれば、オリンピックとは、近代の（ポジティブな）理念の実現を目指したものだということができよう。

これに対して、ここまで見てきたように、今回、日本で開催されるオリンピックはこの原則から大きく外れている。政府が勝手に決めてきたことを（もはや印象としては、東京都が主催であることさえ認識されなくなっている）国民に強要するものであり、被災地との関係では、国の復興政策に文句が言えないような回路を確立した上で、なおもこの状況を我慢させて復興の実現と原発事故地の安全をアピールさせ、海外からのアスリートや参加者、訪問者、観光客たちへのおもてなしを実践させようとしている。そのように見える。

しかもその我慢はどうも、この国のメンツや、経済効果という実利のためであり、日本国が世界の中で優位に立つためであって、国際平和を目的とするものではない。いや国際平和は必要なのだが、それは経済を優先し、そのことによって日本国家を保全するためという認識になっている。[11]

そしてここには知性は見られず、ともかく決められてしまったので、それが終わるまではなんとかしよう、なんとかなるだろうという態度が突出している。こうして無理なオリンピックは、オリンピックの理念からも大きく外れたものになっている。

とはいえ、おそらく、２０２０年のオリンピックが始まれば多くの国民は参加し、熱中し、世界の人々にも「日本でやってよかった」という感動を生むのに違いない。それが実現できる国民であることは間違いない。そしてオリンピックは、理念はともかく技術として、失敗することの少ないエンターテイメントなのであった。だからこそ、誤魔化して持ってきても「なんとかなるだろう」という計算が政府の方にもあったのに違いない。

だが、今回の無理がそうしてなんとか通ったとしても、こうした無理がこの先いくつも繰り返されれば一体何が起きるだろうか。いやそもそもなぜ、こんなに無理がいくつも重ねられるような事態がこの国に起きているのだろうか。

明治、大正、昭和、平成と、順に時代が進むごとに、社会は複雑化し、技術は進展し、仕組みが巨大になって、21世紀までには、誰かがすべてを見通すということができなくなっている。だからこそ、現実に何が起き、どうやって現実が構成されているのかを知る知性や理性の役割が重要になる。[12]

他方で国家の役割が増大し、その権力が巨大化し、政府による決定の力が増しており、その中で、その決定を担うのはごく一握りの人間集団になっている。地域社会や組合のような中間集団の力は後退し、かつての将軍家や天皇とは比較できないほどの権力と影響力をもつ現在の政府の決定には、高度に習熟した情報の集約・処理能力が必要である。だが、実態としては旧態依然とした社会体制の枠組みのままで、一定の個人のパースペクティブからの決定に、大量の人間の運命が委ねられている。[13]

しかもまた、こうもいわねばならない。そもそも国家の決断を適切に行うことが難しい政治状況が生じてしまっている。それはグローバリズムという言葉で表現される。私たちは、いまや国家を超えた人類全体の相互作用の中にいる。私たち人間は、とりあえず国家単位までは秩序を確立し、社会集団を方向付けていく技術は身につけているが、国家を超えれば（現実には国家の中でも）秩序や調整は難しい。そうしたグローバルで不確定な状況の中で国家の決定を下さねばならない事態が多くなってきた。政治的決定は国内だけを見てできるものではなくなっている。

要するに、私たちはあまりにも巨大で複雑な乗り物に乗っており、かつその環境は不定形なのだが、そのハンドルを全体が見えているわけでもない一部の特定の個人たちに委ねてしまっている。このことによって、政治リーダーたちの曖昧な判断で重大な決定がなされることが多くなり、しかもいったん決まればその決定が、無理とわかっていても押し通されることが増えている。

このことがもたらすリスクとは何か。

それは、政治的決定が失敗を犯すことによる体制崩壊や大量死の可能性が高まっているということである。[14]

そしてこれこそが、この東日本大震災・原発事故で垣間見えたものだった。先ほど「原子力利用の無理」の現れとして今回の事故をとらえたが、この事故から私たちはそれ以上の現実や教訓を引き出さなくてはならない。

巨大で複雑な原子力技術は、結局、人間にはコントロールなどできず、永遠の無事故は達成できないことがわかった。それどころか、今回の事故は、国家崩壊により、1億2千万人の暮らしを奈落の底に突き落とす可能性さえ秘めていた。3・11の官邸の避難政策はそこからはじまっている。[15] 現実に原発避難者の中には、津波や地震ではなく、避難によって命をおとした人々が大勢いた。そして生き残った避難者のほとんどが家や職や人間関係や財産やふるさとを失った。[16] 数としてはこの人数ですんだが、このリスクはこの国の国民全体に及ぶものだったのである。

だがこうした、ふだんは便利で私たちに豊かさや便利さをもたらすが、実は複雑で扱いが難しく、限られた人にその操作を委ねなくてはならない、しかもその操作が適切に行われるとは限らない装置（道具）というものは、原発だけではない。

ここでついでにこうした装置の性格付けを正しく行うなら、この装置の管理を任されている者は、それだけで巨大な権力や利得を獲得し、装置がもたらすものをただ利用する者たち（数多くの一般庶民）の上に、まさに王のように君臨できる者でもある。しかもその王はかつての王以上の力を持ちながら、その力は庶民の幸福や共同体の維持にとってあまり役立たないところにこの新しい事態のユニークさもある。そしてこの王と庶民の関係は、限りなく近代畜産業者と家畜の関係に似ていることにも注意したい。

こうした装置の典型に近代国家があると、これまではそう議論されてきた。が、今やこうした国家の方が秩序安定装置として働いており、むしろそうした国家からの統制を外れた、国家に似た装置が私たちの暮らしに入り込み、世界社会に君臨しはじめていることにもっと注意しなければならないのではないか。それは例えば石油や穀物の交易網であり、現在ではＩＴや世界金融網にも展開されている。原子力産業もこうした装置の一つであった。そしてこれらに比べれば小さく見えるが、間違いなく同様の性格を持つものに、オリンピックなどの文化・スポーツ産業装置がある。

オリンピックもまた原発によく似ているのである。

原子力は本来、人間の永遠のテーマであるエネルギー問題を解決し、平和をもたらすべく開発されたものだ。だが、仕組みが複雑で巨大で、しかもさまざまに応用可能であり、そこにこれを操作する人々の思惑や欲望が複雑に入り込んで、軍事利用を含めてもはやそれを上手にコントロールすることなどできない化け物になってしまった。

１２０年ほど前に成立したオリンピックもまた本来、当時の世界社会にすでに生じていた今触れたような現実を前にして、それを解決する手段として発案されたものである。だが、２０２０年の今になって見えてくるのは、オリンピックはこうした世界危機を解消するものであるどころか、オリンピック自身が、その目的であるオリンピズムを破壊していく化け物になっているのかもしれないということである。そして我が国の首相の「アンダーコントロール」発言も、首相が主体的に言ったというよりも、オリンピックという妖怪に言わされたものだと理解した方がよいのかもしれない。

このことについて、オリンピズムがもつ理念は未熟なものであり、それを貫徹する条件がまだ不足しているのだと、そういうふうに議論する筋があるかもしれない。「未完の近代」（Ｊ・ハーバーマスなど）[17]はそうした形でオリンピックを見る視角を用意する。

だが、そもそもオリンピズムがよって立つ近代の理念そのものに、何かその実現を阻むものがつきまとっている可能性があるのではないか。人類の持続可能性のために導入した理念に、そもそも人類を持続不可能にする何かがはらまれている可能性を考える必要がありそうだということだ。[18]

日本の社会や文化を研究する者としては、どうしてもオリンピズムそのものに西洋思想がもつ宗教観や論理の桎梏を見てしまう。オリンピズムは近代の一部である。だが近代には平和や持続可能性の実現に向けて、絶対的に不足しているものがある。むしろ、近代こそが、戦争や破壊の源泉なのでもあった。

それゆえ真のオリンピズムの実現は、その発祥の地であるヨーロッパの思考に、別地域の別の思考や社会形成原理が混ぜ合わされ、今とは全く違うオリンピズムが確立されたときに到達するもののように思えてならない。

持続可能性のミッシングリンクを、世界中の人々が集まるオリンピックという機会に見つけ出すことができるのか。オリンピックがよって立つ近代を相対化していくような、さらなる知の成熟、交流をオリンピックに期待できるのか。

おそらくそうした問いが追求されるべきだと筆者は考える。それはともかくも、今回、ホスト国である日本に暮らす人々が、この機会に集まる200数カ国の人々といかに心を開いてお付き合いし、互いを理解できるかにかかっているといえるだろう。

注

1　本稿は2019年11月に作成し、同年12月に一部改正して山下（2019）として公表したものである。その直後に新型コロナウイルス・パンデミックが発生し、東京オリンピックの延期が決定された。ここではこのオリンピックと東日本大震災・原発事故からの復興との関係を論じており、この開催延期はこの稿の論旨そのものには関わりがない。そこで記述は変えずにそのまま提示することとした。注8および注14も参照。

2　山下　2017

３　舩橋（２０１４）、今井（２０１４）を参照。
４　詳しくは山下（２０１８ａ）を参照。
５　この点も詳しくは山下（２０１８ａ）を参照。念のため補足しておけば、安倍政権は２０１３年３月に野田政権時代に発した原発事故終息宣言を撤回している。
６　石坂 ２０１６
７　だから原子力規制委員会は２０１９年９月、現場の放射線量の低下などをふまえて、東京電力福島第１原発事故の原因調査を再開する方針を正式決定したのである。
８　注１で示したとおり、世界的パンデミックは東京オリンピックの開催さえ怪しいものに変えてしまった。ここで示した問いはさらに複雑化しているが、それはポストコロナの問題とも関わり、現時点（２０２０年６月）ではあまりにも不透明である。あらためて論じる機会を持ちたい。
９　このうち人口問題、過疎・過密、少子・高齢化の問題については、山下（２０１８ｂ）の議論とあわせて見ていただきたい。
10　井上（２０１８）参照。
11　そして経済優先の国家主義と、軍事優先の国家主義には実は親和性があることを見抜き、示したのはＭ・フーコー（Foucault 1997=2007）である。経済優先主義は決して平和主義ではない。
12　この文脈で筆者は『東北発の震災論』（山下 ２０１３）を論じた。
13　そしてそれをさらにＡＩに委ねようという議論がまたさらなる錯綜を生みつつある。
14　この原稿を整理している２０２０年２月、新型コロナウイルスの世界的感染は、みごとにそのリスクを顕在化させた。その日本政府の対応には国内外から非難がおきているが、対応が遅れた理由の一つにオリンピック開催との関係も指摘されている。
15　福山（２０１２）などを参照。
16　山下・市村・佐藤 ２０１３
17　Habermas 1990=2000
18　この文脈で、Ｇ．アガンベンの『ホモ・サケル』（Agamben 1995=2007）や『スタシス』（Agamben 2015=2016）なども参照。

文献

・Agamben, Giorgio, 1995, Homo Sacer: Il potere sovrano e la nuda vita, Torino: Einaudi（＝２００７、高桑和巳訳『ホモ・サケル――主権権力と剥き出しの生』以文社）
・――――, 2015, Stasis: La guerra civile come paradigma politico, Torino: Bollati Boringhieri（＝２０１６、高桑和巳訳『スタシス――政治的パラダイムとしての内線』青土社）

・Foucault, Michel, 1997, Il faut défendre la société: Cours au Collège de France.1976, Paris: Gallimard（＝2007、石田英敬・小野正嗣訳『社会は防衛しなければならない コレージュ・ド・フランス講義 1975―76』筑摩書房）
・Habermas, Jürgen,1981, Die Moderne―ein unvollendetes Projekt, Kleine politische Schriften Ⅰ‐Ⅳ, Suhrkamp Verlag, Frankfurt am Main（＝2000、三島憲一編訳『近代 未完のプロジェクト』岩波書店、3―45）
・福山哲郎、2012『原発危機 官邸からの証言』筑摩書房
・舩橋晴俊、2014「「生活環境の破壊」としての原発震災と地域再生のための「第三の道」」『環境と公害』43（4）：63―67
・今井照、2014『自治体再建――原発避難と「移動する村」』筑摩書房
・井上洋一、2018「オリンピズムを問うことの現代的意義」小路田泰直・井上洋一・石坂友司編『〈ニッポン〉のオリンピック――日本はオリンピズムとどう向き合ってきたのか』青弓社、11―29
・石坂友司、2016「2020年東京五輪に向け、メディアは理念と現実の両面から問題に切り込め」『Journalism』308：89―96
・山下祐介、2013『東北発の震災論――周辺から広域システムを考える』筑摩書房
・――――、2017『「復興」が奪う地域の未来』岩波書店
・――――、2018a「福島原発事故から7年、復興政策に『異様な変化』が起きている 政府文書を読み解く」『現代ビジネス』2018年3月（2020年2月14日取得、https://gendai.ismedia.jp/articles/-/54779）
・――――、2018b『「都市の正義」が地方を壊す 地方創生の隘路を抜けて』PHP研究所
・――――、2019「今だからこそ無理ばかりの「復興五輪」に抱いた強烈な違和感を示そう なぜ、相反するものが一つになったのか」『現代ビジネス』2019年12月（2020年2月14日取得、https://gendai.ismedia.jp/articles/-/69421）
・山下祐介・市村高志・佐藤彰彦、2013『人間なき復興――原発避難と国民の「不理解」をめぐって』明石書店（2016年にちくま文庫版発行）

2 復興オリンピックの変容と政治の本性

内山田 康

復興オリンピック

東京オリンピックは、震災復興のために開催される。それは、大災害を受けた国家が不死鳥のように蘇る底力を誇示する舞台に仕立てられようとしている。色あせてしまった定型の物語で日常を忘れさせる見世物と言った方が良いかもしれない。大掛かりなステージを準備するために、国民は裏方として動員され、観客となって感動のドラマを待ち望むよう誘導される。競い合う選手たちの技は素晴らしく、舞台を造った同胞の企業と社員たちは素晴らしく、国民の一人一人は素晴らしく、夢を実現させた主権権力は素晴らしい。彼は復興オリンピックのフィナーレで、一つの有機体のように姿を現す国家の復興／王政の復古が、すべての国民によって斉唱されることを夢見ているだろう。

1960年の旧フランス領アフリカの独立が、ド・ゴールによって準備された権力による見世物芝居だったことを目の当たりにした政治人類学者のジョルジュ・バランディエは、『舞台の上の権力』でこのような仕掛けについて論じている。彼の議論は、少なくとも旧フランス領アフリカでは妥当性を持っているし、それはフランスのみならず日本の政体にも多くのことが当てはまる。これは権力が舞台上で演じるドラマのパターン認識をする人類学の試みであり、権力が日常を超越する仕掛けが明るみに出されるが、独裁者が法律を超越するという政治の矛盾する本質について考えるためには、カール・シュミットが『政治神学』[2]において問題化した「例外状態」が政治の常態となる奇跡について考えねばならない。

権力は巨大な祭典の興奮を使って大衆の心をつかみ、普通の手続きでは成就できない強大な権力を手に入れようとする。そうだろうか。それだけでは不十分だ。まず巨大な震災復興を利用して権力のインフラストラクチャーを張り巡らせ、祭典を使ってこの体制を完成させようとしているのではないか。オリンピックは世界中からヒト、モノ、カネを呼び込み、東京は経済的に潤い、その象徴的な価値を高めるだろう。それがこの祭典の生産性だ。この大舞台は、他の大きな式典以上に（神はどこだ？　そこに総統が登場する……）経済的な効果が絶大だから、それに競技者たちの鍛え抜かれた肉体は人並み優れて美しいから、見世物として大衆を魅惑する力はずば抜けている。うまくゆけば、世界中がこれを主催したパトロンの凄さを称賛するだろう。

［今でも］権力が自らを構築して他を従属させる手段としての〈秘技〉はそっくりそのまま残っている。それは「操作者たち」によって形作られ、もろもろの効果によって維持保存され、儀礼的な諸行為がその場――他とかけ離れた場――を画定して見世物化する。……ヴァレリーの断言――政治的なものの領域は「一切が魔術によってのみ支えられている」領域である――は今もその力を失っていない。[3]

オリンピックの興奮の渦は、と言うのは言い過ぎだとしても、我々を取り巻く支配的な雰囲気は、震災の痕から微かに聞こえていた小さな声たちをかき消してしまう。新聞記事が捉えたこのような小さな声と権力者の声を以下に並べて引用してみよう。２０２０年2月3日の朝日新聞の26面に「原発被害者訴訟原告が全国集会」という小さな記事が掲載された。その小さな見出しの横のさらに小さな副見出しには「『真の解決』求め訴え」とある。

……福島県の被災者が「福島では復興五輪の名のもとに様々な問題が隠され、いろんなことが強行されていく大変な状況にある」などと訴えた。[4]

２０２０年1月21日の朝日新聞の一面は、安倍首相のカラー写真入りで、前日に開幕した通常国会における首相の施政方針演説を取り上げた。

桜を見る会やＩＲ汚職事件、首相が任命した元閣僚の辞任については一切、触れずじまいだったのと対照的に、今年開催される東京五輪・パラリンピックには繰り返し言及。「日本全体が力を合わせて、世界中に感動を与える最高の大会とする」と強調し、「国民一丸となって、新しい時代へと、共に踏み出していこう」と呼びかけた。[5]

これは危機管理の教科書通りのセリフだ。国家的な祭典の準備に集中することに力を注ぎ、問題となっている不正、改ざん、公共財の私物化、終わりの見えない原発事故には口をつぐむ。バランディエによれば、政治の大役者は、想像的なるものを使って現実を統御する。[6]

原発被害者たちの小さな声をもう一度聞いてみよう。福島原発被害東京訴訟の高校生の原告は「土壌汚染がないことにされ、論理がゆがめられていると感じる」と証言する。彼／女らの声は新聞の26面の小さな記事にひっそりと掲載されている。同じページの右側には聖火ランナーに選ばれた注目の人の写真と聖火リレーのルートを地図で示した「聖火がまちに11徳島 TOKYO 2020」がレイアウトされている。より広く26面と27面の社会面全体の記事を比べると、26面の記事は、「たかなみ手探りの任務」、「都心で低空飛行試験」、「トリエンナーレ予算、名古屋市が計上せず」、「聖火がまちに」、「ののちゃん」、27面の記事は、「ゴーンショック（上）、やっぱりレバノン後の祭り」、「100年前の姿、首里城鮮明に」、それに札幌から那覇までの今日の天気に紙面が割かれ、「復興五輪の名のもとに様々な問題が隠され、いろんなことが強行されていく大変な状況」を訴える被害者たち声の扱いは一番小さい。

この日の社会面の全体を見てわかることは、復興オリンピックが震災を忘却したというよりも、日本の社会全体が東日本大震災を忘れ、収束していない福島第一原発事故の忘却が進んでいるという事実だ。しかし今は復興オリンピックの問題を追跡しよう。

原発被害者たちの声に比べると、オリンピックのパトロンたちの声は大きく、その顔はカラーで一面を飾る。「日本全体が力を合わせて、世界中に感動を与える最高の大会とする」と熱弁を振るう安倍首相の意思表明は、施政方針演説の主要な部分を構成している。首相のセリフを再度見ておこう。「日本全体が力を合わせて、世界中に感動を与える最高の大会とする」。世界中に感動を与えるこのプロジェクトは、人々をボランティアとして、あるいは観客として動員して、バランディエが言う想像的なるもの、すなわち理知ではなく感情を使って現実を統御し、大衆から権力を受け取ることを目指している。

バランディエに注意を喚起されなくても、このトリックはすでに知られている。岩手県、宮城県、福島県の子供たちで構成される「東北ユースオーケストラ」の音楽監督を務める坂本龍一は、「音楽の力」で被災者を癒してやろうという姿勢を徹底的に拒絶する。坂本は「音楽の力」という言葉が一番嫌いだという。なぜなら、ナチスドイツがワグナーの音楽をダークフォースとしてプロパガンダに使ってホロコーストを引き起こしたからだ。坂本は「好きだからやっているだけ」という。[7]

坂本の言葉が際立つほどに、音楽の力、アートの力、スポーツの力が政治的な仕掛けの中で使われる。国民の奉仕と情緒を動員して、世界中に感動を与えることを目指すこの国家的な祭典は、小さな声の主たちの問題を掻き消して、感動のダークフォースに覆われようとしている。日本の国民が主権権力の号令に従って力を合わせて世界に感動を与えるのと、注意深くそれを避けながら好きだからやっているだけに徹するのは、何が違うのか。前者は主権権力にさらに権力を与える権力の再生産の仕組みの一部となって奉仕するが、後者は連合における参加者それぞれの楽しみが追求され、各地で多様な才能のクラスターが育まれる。

我々の社会は、国家が軍隊や警察のような暴力装置を独占する社会だ。狩猟採集民の社会は、国家なき社会であり、そこでは全ての男が狩猟のための武器を持っている。武器は動物に対しても人間に対しても使うことができるから、これが平等の原理となっている。[8] 音楽、美術、文学、科学、スポーツなどを含む諸活動は国家装置が支配する活動ではない。歌を歌ったり、スポーツを楽しんだり、創作活動をすることを、国家が一元的に管理したらどうなるのか。坂本らの活動は、音楽活動が国家によって管理されるのではなく、自己組織化するという条件において可能になっている。

舞台の上の権力

全ては首相のあの有名な嘘から始まった。２０１３年9月7日、ブエノスアイレスで開催された国際オリンピック委員会（ＩＯＣ）の総会で、安倍首相は福島第一原発から海に流れ続ける汚染水について断言した。「状況はコントロールされている」。そして次のように続けた。「決して東京にダメージを与えることを許さない」。首相はIOC委員から汚染水がコントロールされていることの根拠を問われると「汚染水の影響は原発の港湾内の0・3平方キロメートル範囲内で、完全にブロックされている」と断言した。[9]

それは事実ではなかった。言明と事実が対応する時、この言明は真であるとする真理の対応説によれば、首相の発言は偽である。安倍首相は、オリンピックを招致するために事実に反する発言をした。首相は舞台の上で芝居を打って、東京オリンピックの売り込みに成功したのだ。実際、その6日後の9月13日、東電の山下和彦フェローは「今の状態はコントロールできていないと我々は考えている」と発言している。[10]

その頃、私は小名浜と久之浜で調査をしていた。当時の漁師や魚の加工業者や和食の料理人など浜の人たちの最大の関心事は、漏れ続ける汚染水であり、私が話を聞いた全ての人たちは誰一人として首相の発言を信じていなかった。放射能汚染の影響下で日々を過ごす浜通りの人々の感覚と、政治的な効果をねらって舞台の上で芝居を打つ首相の感覚の間には断絶があった。

直面する問題を直視するのではなく、現実から関心をそらして未来へ注目を向けさせること。首相にとって、国民が現実を直視して政権運営を批判する事態に陥ることを避け、東京で大スペクタクルを起こして夢の未来に向けて国民をエモーショナルに動員することの方が重要だ。大衆が現実を忘れて未来を待ち望むようにしておけば、危急の問題への取り組みは先送りできるし、未来への投企は投機を呼び込むだろう。そうすれば経済指数は改善するだろうし、原発事故へのルサンチマンも、しつこく攻撃を受けている法的、倫理的な逸脱の数々も、意味のない質問だと一蹴できる状況になるだろう。こう考えるのでなかったら、どうしてあれほどまでに空っぽな演説が可能なのか。安倍首相が芝居を打った2013年9月7日から、観測井戸から高濃度の放射性物質が検出された7月12日まで、フラッシュバックしてみよう。汚染水はどのようにしてコントロールされたのか。

9月7日。「状況はコントロールされている」。安倍首相がＩＯＣの総会で芝居を打つ。

9月6日。ＩＯＣの総会がブエノスアイレスのコロン劇場で始まった。開催都市は、東京、マドリード、イスタンブールの三都市の中から、翌日の午後に行われる95人の委員の投票で決まる。日本は30票を固めている。取材した記者は「復興支援と五輪のつながりや汚染水問題についてＩＯＣ委員を説得し、心を動かせるか」が鍵だとみる。[11]

9月5日。東電は8月19日にタンクから高濃度の汚染水が３００トン漏れた問題に関連して、観測井戸からストロンチウムが検出され、漏れた汚染水が地下水に混入していることを認めた。タンクの汚染水は7月ごろから漏れていたと見られる。[12] この日、汚染水問題の閉会中審査をオリンピック委員会の総会後の9月中旬以降に先送りしていた衆院経済産業委員会は、9月12日に現地を視察することを決めた。[13]

9月3日。首相官邸は汚染水問題の対策のために４７０億円の国費を投入することを決定した。1号機から4号機までの周囲の土壌を凍らせて遮水壁で囲むための費用が３２０億円。汚染水の浄化処理設備の開発の費用が１５０億円。３００トンの汚染水漏れが見つかったタンクに関しては見回り等の強化を示しただけだった。[14]

8月30日。汚染水漏れをめぐり、衆院経済産業委員会の閉会中審査が9月中旬以降に先送りされた。9月7日のＩＯＣの総会の前に、委員会審議が紛糾することを避けたものと見られる。与党は「対応策をしっかり見て、もう少し時間をとったうえで、閉会中審査を検討したい」と提案して、野党も先送りを了承した。[15]

8月28日。原子力規制委員会は、汚染水漏れ事故を、国際原子力事象評価尺度（ＩＮＥＳ）の暫定評価「レベル１」（逸脱）から「レベル３」（重大な異常事象）に引き上げた。[16]

8月26日。政府は汚染水漏れ対策に今年度予算を当てることにした。漏れが見つかったタンクは溶接型ではなくボルトで閉めるフランジ型。フランジ型は一週間で設置できるが、溶接型は月単位の時間がかかるため、巡視要員を増やす。状況は「東電の汚染水対策は破綻しており、解決の糸口もみえない」。[17]

8月23日。東電は福島第一原発港湾内で採取した海水の放射性トリチウムの濃度が1週間で8～18倍に高くなったと発表した。監視を始めた6月以降では過去最高で、港湾外への放射能汚染が進んでいるとみられる。東電は汚染水漏れがないか1日に2回巡視していたが、300トンの汚染水が漏れていたことに気づかなかった。[18]

8月22日。相馬双葉漁協の試験操業検討委員会は、原発からの汚染水の海洋流出やタンクからの汚染水漏れ問題が解決されていない現状から、9月に予定していたシラス漁と、新たにキアンコウを加えた16魚種の沖合底引き網漁の試験操業の延期を決定した。[19]

8月21日。東電は汚染水が海に漏れつづけている問題で、漏れでた放射性ストロンチウムは最大10兆ベクレル、セシウムは最大20兆ベクレルとの試算結果を発表した。通常運転時の1年間の放出管理目標値の100倍を超えるが、国の基準限度は下回る。[20]

8月20日。東電は福島第一原発の敷地内のタンクから漏れた高濃度の放射能汚染水を300トンに修正した。ほとんどの汚染水は地中に染み込んだとみられる。[21] 原子力規制委員会は、これを受け、国際原子力事象評価尺度（INES）の暫定評価の引き上げを検討する。汚染水濃度は1リットルあたり8千万ベクレル。300トンで24兆ベクレルになる。タンク周囲の水たまり付近の放射線量は、毎時100ミリシーベルト。一般人の年間被ばく量の100倍。汚染水がタンクのどの部分から漏れているのかは特定できていない。[22]

8月19日。東電は福島第一原発の敷地内のタンクから高濃度の放射能汚染水が120リットル漏れて一部が地中に染み込んだが、海への流出はないと発表した。原子力規制委員会は、この汚染水漏れを、国際原子力事象評価尺度（INES）の暫定評価「レベル１」（逸脱）にあたると暫定評価した。[23]

８月２日。原子力規制委員会は、放射能汚染水が海に流出している問題で初めて検討作業部会を開いた。１〜３号機の敷地の地中に汚染水が浸み出し、海に漏れているとみられる。東電は10月までに汚染水が広がっているとみられる場所を遮水壁で取り囲む工事をする。東電はこれとは別に、山側から流れる地下水が原子炉建屋に流れ込んで汚染される前に汲み上げる計画を進めている。[24]

８月１日。東電は２０１１年３月27日に２号機タービン建屋そばの地下坑道に毎時１０００シーベルト超の汚染水が溜まっているのを見つけていたが、漏れ口を２年間放置していたことが判明した。汚染水は地下に染み出して海に流出した可能性がある。[25]

７月24日。原子力規制委員会の田中俊一委員長は、福島第一原発の敷地内にたまり続ける放射能汚染水について、浄化して国の基準を下回れば海に排出することはやむを得ないとの考えを示した。[26]

７月22日。東電は汚染された地下水が海に流出しているとみられると発表した。東電は坑道にたまった汚染水が地中に漏れつづけている可能性があるとみている。[27]

７月12日。５月下旬に高い濃度の放射性物質が検出されていた２号機の海側にある観測井戸１より２００メートル南にある井戸３からストロンチウムなどβ線を出す放射線物質が１リットルあたり１４００ベクレル検出された。東電は「事故の直後に流れ出た汚染水が地中に浸み込み、広がったのではないか」と推測している。[28]

井戸３から放射線物質が１リットルあたり１４００ベクレル検出された７月12日までフラッシュバックして理解でき

たことは、放射能汚染水が海に流出し続けていたこと（の可能性）を東電が認めたのは事故から2年以上が過ぎた２０１３年7月22日だったこと、汚染水の流出が事故の当初からコントロールされていなかったこと、そして日を追うごとにコントロール不能の実態が明らかになっていったことだ。汚染水の流出問題が発覚した2日後の7月24日には、原子力規制委員会の田中俊一委員長は汚染水を浄化して海に排出することはやむを得ないと述べて、オリンピック後には実施されると思われる汚染水の海洋放出を、先取りするように容認している。汚染水を海洋放出することと、汚染水を止めることは別問題だ。東電は8月2日の段階で、10月までに汚染水が広がっているとみられる場所を取り囲んで漏出を防ぐ工事をすると言っているから、これが想定通り進んだとしても、9月7日の段階ではこの工事は終わっていない。汚染水の流出は刻刻と想定以上の重大な事件として認識されてゆき、ＩＮＥＳの評価レベルは3に引き上げられたばかりで、汚染水をコントロールするための遮水壁の工事はまだ始まっていない。

日本の招致委員会のアクターたちの仕事は、「汚染水問題についてＩＯＣ委員を説得し、心を動かせるか」と取材した記者が書いているように、ＩＯＣ委員たちを説得して日本に投票させることだ。コロン劇場における安倍首相の「状況はコントロールされている」という発言は、オリンピックを招致するための芝居だった。首相の舞台上の発言の後でさえも、現場の東電フェローは「今の状態はコントロールできていない」と発言している。

安倍首相が、事実とは異なる物語を舞台で語ることは知られていた。ＩＯＣでは受け入れられる種類の物語が、国連本部では通用しなかった逸話を紹介しておこう。

深刻さを増す地球温暖化に対処するために9月に米ニューヨークの国連本部で開かれた「気候行動サミット」で、日本政府が安倍晋三首相の演説を要望したが、国連側から断られていたことがわかった。二酸化炭素（CO_2）の排出が特に多い石炭火力発電の推進方法が支障になったという。主催したグテレス国連事務総長は開催に先立ち「美しい演説でなく具体的な計画」を用意するよう求めていた。[29]

国連本部で演説の機会を与えられなかった安倍首相は、気候行動サミットには出席しなかった。このサミットは、世界が直面する地球温暖化という共通の問題に対して、世界中の政府と企業と市民が具体的な行動を起こそうという趣旨で呼びかけられたものだったから、安倍首相が「見せかけ」を演じることに意味のある舞台ではなかった。そこはグレタ・トゥンベリらがスポットライトを浴びる舞台となり、たとえ安倍首相が登場しても、何もしない政治家としてただそこにいただけで終わっただろう。

ＩＯＣの総会は、地球規模の環境問題について、民主化について、貧困の撲滅について、あるいは深刻な原子力災害への対応について、包括的な調査結果に基づいて強制力をもつ裁定を下す機関ではない。そこは、２０２０年のオリンピックを開催する都市としてどこが最も適しているか、ＩＯＣの委員たちが投票する場だった。すなわち、政治的にも経済的にもインパクトが大きな巨大スポーツイベントを主催する権利を授与する舞台だった。だからそこは、放射能汚染水が流れ続けているという事実に反する「状況はコントロールされている」という安倍首相の決めゼリフの真偽は問題にされなかった。

だが問題が始まるのはこの後だ。安倍首相は帰国後の9月19日に福島第一原発を訪れて「汚染水の影響は湾内の0・3平方キロメートル以内の範囲で完全にブロックされている」と繰り返した。[30] 客観的な根拠を欠く首相の発言は10月25日に答弁書として閣議決定され、汚染水漏れ事故についての政府の意思表明となった。コロン劇場の芝居のセリフが、原発事故の現場に転移したのだ。

安倍内閣は25日午前の閣議で、東京電力福島第一原発の汚染水漏れ問題について、「影響は完全にブロックされており、全体として状況はコントロールされている」とする答弁書を決定した。[31]

真理の対応説の立場に立てば、状況がコントロールされていない現実と非対応の答弁書は偽であるが、そこには逃げ道が仕組まれていた。「影響は完全にブロックされて」いると答弁書は言い切るが、それは汚染水ではなく「影響」についてであり、「全体として状況はコントロールされている」とするのは、汚染水が個々の次元ではコントロールされていないことを否定しない。個別の部分においてはコントロールされていなくても、全体としてはコントロールされていると主張している。「全体としては」の意味するところは「おおむね」程度の曖昧な表現で逃げを打っているのであり、言葉遊びに終始した答弁書の中身には、言葉遊び以上の意味はない。これが意味を持つとすれば、事実ではないこと（嘘）を閣議決定する主権権力の性向を露わにした歴史的な証言となっている点においてである。

放射性崩壊の時間性

2020年1月6日の日経産業新聞によると、政府は福島第一原発の廃炉工程表を改定して、2019年度に予定していた内部調査での溶融燃料（デブリ）の試料採取を2021年に延期した。IAEAからデブリの厳密な計量管理を求められ、準備に時間がかかるためだという。経済産業省の担当者に取材した記者は「デブリ取り出しはもともと段階的に規模を拡大していく方法だったことから、試料採取の遅れによる影響はないという」と書く。だが記者はこの説明に納得していない。彼は、新たな工程表ではデブリ取り出しの終了時期は示されていないと続けた後、

3号機の使用済み燃料プールからの燃料棒取り出しが遠隔操作のトラブルのために止まった事実、また1、2号機共用の120メートルの排気筒を半分まで解体する作業が遠隔装置のトラブルのために遅れている現実を提示して、「このままでは廃炉作業への懸念は募るばかりだ」と締めくくっている。[32] その7年前に遡ってみよう。

2013年1月16日、茂木俊充経済産業相は福島県庁で記者会見して、福島第一原発1〜4号機の廃炉について「できるだけ前倒ししたい」と語り、廃炉工程表を見直す考えを明らかにした。茂木経済産業相は、「工程表をもう少し細分化すれば前倒ししやすい」と述べた。[33] 我々はその7年後のことを知っている。経済産業大臣の発言は現実とは乖離した政治的な狂言だった。現実と政治の分枝は、政治にとって重要な意味をもつ。この時点で茂木経産相のパフォーマンスを止めるものはいない。先ほど参照した日経産業新聞の記事の最初のパラグラフを引用する。

事故後30〜40年にあたる2041〜51年に廃炉を終える目標を堅持したが、すでに9年弱が過ぎたうえトラブルで作業の遅れも目立つ。もっとも厄介な溶融燃料（デブリ）の性質や量は分かっておらず、取り出しの技術も確立されていない。目標の実現性や廃炉の最終的な姿はみえないままだ。[34]

「工程表をもう少し細分化すれば前倒ししやすい」という説明から、担当大臣が廃炉の現実について完璧に無知だったことは明白だ。だがこの決めゼリフに巻き込まれた（エンロールされた）者たちがいたことは確かだ。茂木経産相は民主党政権下で策定された計画の前倒しを指示していたのだから。彼にとって前任者の枝野幸男の工程表を否定することは政治のゲームとして重要だった。だが政治闘争と放射性崩壊は異なる次元で起きているから、我々は舞台の上の工程表の政治化に付き合っている暇はない。

２０１３年６月10日に公表された工程表の改定案ではデブリの取り出しが最大1年半前倒しされた。[35] 高濃度の汚染水の漏洩が見つかるのはその一ヶ月後のことだ。この時点で前倒しが不可能であることは明白だっただろう。しかし自分が何を言っているのかわかっていない担当大臣の工程表はそのままだった。

２０１５年5月21日、経済産業省と東電は、迅速さを重視してきた姿勢を転換して、リスク低減を優先して作業を進める方針を打ち出した。デブリの取り出しを前倒しする廃炉工程表に改定していたが、２０１５年2月に大雨時に排水路から湾外へ汚染水が流出していることを東電が把握しながら一年近く公表しなかった問題が発覚し、汲み上げた地下水を処理して海に放出する「サブドレイン計画」は行き詰まり、労災事故が多発し死亡事故も起きて、安全管理を重視する工程表に改定されることになった。[36] だが、安全管理を重視するために、と肯定的に演出された遅れの本当の理由は、汚染水がコントロールできないから、という否定的なものだが、この体制は事実を語らない。

２０１５年６月12日に廃炉工程表は改定され、1〜3号機の使用済み燃料の取り出し時期が最大3年遅れることになったが、30〜40年の廃炉期間は変えなかった。デブリを取り出す工法は２０１８年度前半に確定させるという。[37] 廃炉工程表によれば、２０２１年末までにデブリの取り出しに着手するが、事故から4年が過ぎてもデブリがどこにどんな状態で存在するのか不明のままだ。[38] 廃炉研究をする施設が楢葉町、大熊町、富岡町で開設されているが、政治の力が働いて被災した自治体にまんべんなく拠点が置かれている。デブリはまだ確認されていない。[39] ２０１７年2月16日に2号機の格納容器内に調査用ロボットを投入したが、原子炉直下に到達できず、ロボットの回収もできなかった。工程表ではこの調査でデブリの状況を把握して、デブリ取り出しの方針を固めることになっていた。[40]

２０１７年９月26日に廃炉工程は改定され、1〜2号機の使用済み燃料の取り出し時期は3年遅れることになった。

3号機に関しては前年度に1年延期したので据え置いた。[41] デブリを取り出す工法の決定は1年遅らせて2019年度としたが、30~40年の廃炉工程は変えなかった。[42]

日本経済新聞の社説は、「取り出し開始を21年内のままにして無理はないのだろうか」と新工程には無理があると懸念を表明した。[43] ロボットのような先端技術は放射線を受けて故障するためローテク回帰が強まっている。[44] 遠隔操作に使うカメラは格納容器内の強い放射線を受けて10時間程度で故障してしまうから取り出し作業には使えない。ロードマップの内容は「辻つまあわせにすぎず実態とかけ離れている」。[45] 廃炉への取り組みの現実と工程表のギャップに対する日本経済新聞の論調は批判的になっていった。

2017年11月27日の日本経済新聞は、「廃炉」の工程表が明らかにしない根源的な問題を取り上げた。それは880トンとも言われる溶融燃料をどう処理するのかについて政府が何も言わない点だ。それは地上に保管した後、どのように最終処分されるのか。福島第一原発の溶融燃料は、通常の放射性廃棄物とは別のカテゴリーのものであり、その処分方法については、政府と東電が検討することになっているが、その研究自体が始まっていないというのだ。「溶融燃料を仮に取り出しても処分しなければ廃炉を終えたとはいえない」。[46]

2019年5月17日の日本経済新聞の編集委員の矢野寿彦による「デブリ取り出すべきか」は、政府に廃炉の工程を見直すことを迫っている。

8年がたった今も福島第1のデブリの全容はつかめていない。いったいどこにどのような形になって散らばっているのか。1~3号機であわせて880トンという数字も推計にすぎない。4月14日、安倍晋三首相は福島第1を視察した。防護服を着ずにスーツ姿だった。来年の東京オリンピックを前に廃炉が順調に進んでいる様子をアピールしたかったのかもしれない。……デブリは全量を取り出して初めて更地に戻す廃炉が実現する……実現性の低い工程表を抜本的に見直し、デブリをどうするのかを軸に福島第1の廃炉を再考する時期にきている。[47]

福島第一原発の構内は防護服を着なくても活動が可能な場所が広がっているのは事実だとしても、首相がスーツ姿で福島第一原発を視察することは、廃炉が進んでいることを示すアピールとはならない。なぜなら、デブリがどこにどのような形で存在しているのかはまだ確認されていない上、デブリを取り出した後、それをどこでどう処分するのか何も決まっていないからだ。デブリを取り出すことは、今の比較的安定した状態から、不安定な状態に移行することを意味する。だから、危険な山場はこれからだし、廃炉工程表は遅れつづけ、デブリの処分方法を考えない廃炉の過程は、安倍首相がアピールするような内容を持ち合わせていない。

２０１９年9月5日の「政府の決断 五輪を待つな」において矢野は汚染水問題が未だに解決されずに迷走を続けることに驚きを隠せない。矢野は、汚染水の海洋放出を選んでも、長期保管を選んでも、どちらも痛みを伴うから政府が決断するしかないと考える。だが政府は決断をしないまま、東京オリンピックが終わるまでは有識者会議で検討中を繰り返している。「6年前、東京オリンピックの誘致を決めたプレゼンテーションで、政府は世界が不安を抱いていた汚染水問題について『アンダーコントロール（完全に管理できている）』と胸をはった。処分法を巡るためらいをみると、今もコントロールできているとはいえない」。[48]

30～40年で廃炉を完了するという工程表には、デブリをどこでどのように処分するのか、炉心溶融した1～3号機の原子炉を解体して更地にするかどうかが示されていないことが判明した。原子力委員会によると原発事故を起こした施設と汚染した土壌を40年間で全て撤去すると８００万トンの放射性廃棄物が発生する。原子炉建屋の地下部分と汚染土壌を残せば放射性廃棄物は400万トンとなるが、土地は再利用できない。[49] 廃炉をどのような形で完了させるのか決めないまま、廃炉は予定通り完了する工程で進む。問題の解決を未来に送り渡して東京オリンピックで復興を謳い上げるのか。17日間の期間中だけ持ちこたえればいいと考えているのだろうか。

2019年12月27日、政府は5回目の廃炉工程表の改定を行い、事故後30〜40年後にあたる2041〜51年に廃炉を終える日程を維持した。

今回の改定では、21年に2号機からデブリを取り出すと明記したが、完了時期や1、3号機からの取り出し開始時期は示さなかった。日本原子力学会福島第1廃炉検討委員会の宮野広委員長は「取り出し技術は確立されていない」と指摘する。これまでの廃炉作業の遅れもあり、41〜51年の廃炉完了は困難と見る専門家は多い。高い放射線を出し、再び核反応を起こす可能性も残るデブリを安全に取り出し、保管しなければならないが、その方法もこれからだ。さらに廃炉によって生じる廃棄物の処分という問題が残る。……福島県など地元自治体は県外への搬出を求めているが、めどは立っていない。そもそも政府や東電は何をもって廃炉完了というのかを明らかにしていない。[50]

安倍首相が舞台の上で震災復興と東京オリンピックを結びつけて「状況はコントロールされている」と芝居を打ち、これを閣議決定したところで、最終形態が未定のまま進行する廃炉の工程と東京オリンピックの開催が何ら関係を持ちえないことは明白だ。

冷酷な現実と制度的な事実

２０１３年９月７日のＩＯＣの総会において東京が開催することが決定してから7年を経て、東京オリンピックは２０２０年７月24日から８月９日まで17日間行われる予定だった。これを書いている２０２０年２月下旬の時点で、放射能汚染水問題は発生からおよそ9年が過ぎたが解決はしていない。しかし、言葉の次元において放射能で汚染した水は「汚染水」から「処理水」に変わっている。「東京電力も国も『汚染水』という言葉を嫌う」[51]。名付けにおいて放射能汚染は浄化された状態に変化している。「状況はコントロールされている」という首相の発言は、この言葉上の浄化のパターンと相互に調和している。放射能汚染の現象を認識する社会関係的な主体に働きかけて、その主観的な判断に影響を与えることを狙った心理的なコントロールが進行している。これは政治よる現実への介入だ。だが、政体の恣意的な定義から独立した放射性崩壊の過程は、そのようなパフォーマンスとは無関係に進行をつづける。

名前を変えても放射性崩壊のプロセスは変わらない。政治社会における象徴の働きと現実の物理的かつ生命的なプロセスは一致しない。社会的なコンセンサスから相対的に独立した諸々の現象に内在する特定の諸属性とその周囲で起こる諸々のインタラクションは（例えばＡＬＰＳによって取り除かれなかった汚染水に含まれる様々な放射性核種の量とそれらの放射性崩壊が生態系の中で引き起こす影響）は、名前を「汚染水」から「処理水」に変えても、その物理的な内実と生態学的なプロセスは変わらない。

環境の中で放射性物質が放射能を出す放射性崩壊の過程を、人間の組織をコントロールするのと同じロジックで考えることはできない。放射性崩壊のプロセスは閣議決定には左右されない。また１２０万トンの「処理水」と呼ばれる放射能汚染水を海洋放出すれば、風評被害が起きるという言い方は、生態系における放射能汚染の連鎖を問題とせず、その時の短期的な社会的影響だけを限定的に問題にする思考の性向、そしてその思考ともつれ合う利害の性向を指標している。

ジョン・サールもまた、真理の対応説に依拠しながら、冷酷な現実と政治体制が望む現実の間には乖離があり、体制は儀礼と虚飾の限りをつくして都合のよい制度的な諸事実を創作するという。例えば第二次世界大戦中のド・ゴールが直面した現実のフランス（ドイツに占領されて同盟国としての実態を持たないフランス）とそうありたいフランス（同盟諸国と肩をならべる実質を持った国民国家）の乖離を埋めるために、この政治家はフランスが独立国として存続しているように装いつづけ、同盟国に対しては独立国としてのフランスの名誉と威信を認めるよう固執しつづけた。大学において式典、記章、礼服、儀礼、階位、音楽を使って組織の構造が受容されるよう求めつづけるのも、これと同じ制度的なもろもろの事実を創作する過程だ。[52] サールは先に挙げたバランディエと同様に、魔術を使った制度による諸事実の創作を問題にしている。問題は単純だ。政治が魔術を使って生産する事実（あるいは事実についてのコンセンサス）とは別のところに現実が存在する。事実と政治の分岐が常態化すれば、政治の例外状態が常態化する。

時間性について考えてみよう。東京オリンピックは２０２０年７月24日に始まり８月９日に終わる予定だった。廃炉の工程はいつ終わるのか。廃炉工程表によれば、廃炉は２０４１～51年に完了することになっている。だが、デブリがどこにどのように分布しているのかは未だに不明であり、デブリを取り出す方法は未定であり、デブリの保管方法は未定であり、福島第一原発の１～３号機の原子炉を解体して更地にできるかどうかは未定であり、デブリの最終処分の方法は未定のままだ。廃炉は２０４１～51年に完了しないことは常識になりつつある。だがそれが常識であったとしても、それを政治的に認めることはできない。私はこの時間稼ぎについて別のところで書いているので繰り返さない。[53]

オリンピックは近代における世界規模の商業的なスポーツ興行であり、その主要なエージェントたちは様々な人間の組織と企業体だ。安倍首相はＩＯＣ委員に「状況はコントロールされている」と説明して東京に投票してもらえばミッションは完了だった。それとは対照的に廃炉工程が計画通り進まないのは、主要なエージェントがＩＯＣ委員のように説得によって（あるいは取引によって）コンセンサスに到りうる社会的な主体ではなく、デブリその他に含まれる性質と振る舞いがよくわからない様々な放射性核種の合成体だからだ。主要なエージェントが分布も性質も不明なデブリであるから、廃炉計画は取り出しをいつ開始するのか決めることができても、廃炉をどのように完了させるのかについての具体的な内容は持ち得ない。開始の時期は廃炉に関わる人間のエージェント側の問題であっても、終了の時期は廃炉に関わる側とデブリとの相互的な過程であるから、これを前もって決めることはできない。放射性廃棄物の中には半減期がとてつもなく長いものが含まれるから、人間の文明の長さではこれに対応できない。人間がコントロールすることは不可能だから、地層処分という人間が管理しない方法が採用される。核廃棄物を最終的にコントロールするのは人間のシステムではなく、地球の地層なのだ。

人間が核廃棄物を管理する方法を、アメリカ合衆国のエネルギー省は制度的コントロール（Institutional Controls）と呼ぶ。２０１９年7月にニューメキシコ州のカールズバッドの西およそ40キロの砂漠の地下６５５メートルにある核廃棄物隔離試験施設（ＷＩＰＰ）で聞いた説明によると、核兵器の製造過程で出た核廃棄物をここに搬入し、施設がいっぱいになると地下のトンネルを崩落させて隔離する。最初の１００年間は武装した警備隊が施設を監視する。その後、地下に危険物があるから近づくなというメッセージを示す象徴を置いて人間は撤退する。人間がいなくなった後は、安定した岩塩の岩盤が地下の核廃棄物を隔離する受動的な制度的コントロール（Passive Institutional Controls）が行われる。人間ではなく地殻が核廃棄物を隔離してコントロールするという想定だ。

核兵器から取り出された34トンのプルトニウムをＷＩＰＰで地層処分する計画が取りざたされている。プルトニウム

２３９の半減期は2万４１１０年だから、１００年間武装した警備隊が施設を監視している間も、その純度はほぼ変わらない。私は地下のトンネルに案内してくれた担当者（1人の女と2人の男、それに3人の武装した兵士もいた）のうちの一人に、もしも誰かが地下にプルトニウムがあることを知って掘り出したらどうなるかと質問をしたところ、そのようなことは無いという答えが返ってきた。ＰＲ担当者からそれ以外の答えは期待できない。

しかし、人類学者と言語学者らの協力を得て設置されるという象徴の働きは、プルトニウムを掘り出す利害／興味に働きかけて、それを止めさせるだろうか。アメリカが核兵器を抑止力として競争しながら持ち続けるのは、それが圧倒的な破壊力を持つからではないか。核兵器を手に入れたい者たちは、プルトニウムが危険だという理由で、これを入手することを諦めるとは考えられない。核廃棄物の処分が時間性の異なる人間の手に負えないことだけは明白だ。

ウラン鉱山跡で時間性について考える

ガボン東部のコンゴ共和国との国境に近いムナナにはフランスの原子力庁（ＣＥＡ）が開発したウラン鉱山があった。ＣＥＡは１９５３年にムナナでウランの鉱脈を発見し、１９５６年の調査でウランの埋蔵量が十分あることを確認すると、１９５７年にフランスヴィル・ウラン鉱山会社（ＣＯＭＵＦ）を設立して採掘を始めた。こうしてガボンが独立する１９６０年以前に、フランスの核兵器開発と原子力エネルギー開発にウランを供給するウラン鉱山が、ＣＥＡによって開発され、制度化された。ＣＯＭＵＦはＣＥＡが直接経営していたが、１９７０年から１９９０年まではＣＥＡが設立した原子力のウラン採掘から使用済み燃料の再処理までを扱うコジェマが経営するようになり、１９９０年から撤退するまでの１９９９年までは、コジェマを組織変えしたアレヴァが経営して、１９９７年から２００４年にかけて鉱山跡の埋め立てと再生のための工事が行われた。この再生工事では、ウラン鉱山と精錬所などの施設を埋め立て、数百万トンの尾鉱を捨てた谷間を堰き止めて人工湖を造って水没させ、オクロの天然原子炉を露天掘りした谷には汚染した機材などを投棄して水で満たして人工湖にした。私がガボンのウラン鉱山で調査を始めたのは、これらのウラン鉱山が、原子力発電所、再処理工場、核燃料工場、核兵器製造工場、中間貯蔵施設、地層処分場、原子力エネルギー研究施設、関連企業、核燃料／核廃棄物運搬システムなどから構成されるグローバルな原子力マシーンの重要な一部だからだ。なぜここでスケールを変換するのか。それは福島第一原発事故がフクシマだけで完結しない問題だからだ。[54] 原子力マシーンは、姿を変えるグローバルなネットワークからなり、時間的には10億年単位の長さをもっている。上流、中流、下流のメタファーを使って単純に図式化してみよう。

原子力発電所の上流にはウラン鉱山とウラン精錬工場がある。中流域の転換工場と濃縮工場を経て、核燃料工場で核燃料が製造される。使用済み核燃料は中間貯蔵施設で保管され、あるいは再処理工場に送られてプルトニウム239とウラン235と放射性廃棄物に分離される。高レベルの放射性廃棄物は下流にある地層処分場で埋設されることになっているが、それはほとんど存在しない。低レベルの放射性廃棄物は専用の埋設施設で保管される。再処理工場で回収されたプルトニウムは、ＭＯＸ燃料の原料となるとされているが、実際は使われないまま、たまり続けている。

事故を起こした福島第一原発は、上流のウラン鉱山とウラン精錬所、中流にあるウラン濃縮工場、再処理工場、核燃料工場、原子力発電所、核エネルギーの研究開発に関わる研究機関と大学と企業、下流の核廃棄物の暫定保管所と地層処分場からなる巨大なシステムの一部であり、単独で稼働することはできない。最終処分のプロセスを含めると、この原発事故の処理にはとてつもなく長い時間がかかる。

福島第一原発の廃炉のプロセスを40年で終わらせるのは、現実的ではないことはすでに述べた。それ以上の時間をかけて、例えば100年後に廃炉が終わったとしても、それで終わりとはならない。アメリカのハンフォード再処理工場やネヴァダ核実験場は、放射能で汚染されているため、核廃棄物をさらに引き寄せている。英国のセラフィールドは、プルトニウム生産炉、商業原子炉、二つの再処理工場があり、すでに高度に汚染されているから、最終処分場の候補となっている。[55]

2015年から放射性廃棄物の中間貯蔵施設への搬入が始まった大熊町と双葉町では、最終処分場が存在しないまま進行する放射性廃棄物が集積するプロセスは何を生み出すのだろう。福島第一原発のメルトダウンした1号機から3号機までの原子炉のデブリはどこで最終処分されるのか。原発事故のためにすでに放射能汚染している大熊町と双葉町の中間貯蔵施設に高レベルの放射性廃棄物が運び込まれ、放射能汚染は続く。30年後には県外で最終処分すると法律で定められているが、最終処分場が存在しないので、運び出す場所がない。また、福島第一原発の1号機から3号機までのデブリを最終処分する場所が存在しないから、900トンとも言われる高レベルの放射性廃棄物が原発の敷地内に存在し続ける可能性は高い。

核燃料にはウラン235が3～5%、ウラン238が95～97%含まれる。後者は中性子を吸収してプルトニウム239に変わる。それぞれの半減期は、ウラン235が7億380万年、ウラン238が44億6800万年、プルトニウム239が2万4110年だ。太陽系が誕生したのは46億年前だから、ウラン238の半減期はこれにほぼ等しい。太陽系が誕生してから今までの時間、そしてウラン235とウラン238の半減期と比べると、プルトニウム239の半減期の2万4110年はかなり短いが、人間の時間に比べると、それはとてつもなく長い。メルトダウンした1～3号機の廃炉、そして高レベルの放射性廃棄物の暫定的貯蔵と最終処分は、原発事故からの復興において主要な部分であるが、オリンピックは4年に一度の短期間のイベントであり、両者は時間的にはほとんど重ならない。事故を起こした福島第一原発は、ウラン鉱山やウラン濃縮工場や核燃料工場や再処理工場や中間貯蔵施設や（まだ存在しない）最終処分場からなる原子力マシーンのある一部であり、上流のウラン鉱山と下流の最終処分場では億単位の時間のプロセスが進行する。このマルチな場所性とマルチな時間性において原子力マシーンの働きを再考すると、東京オリンピックの17日間は、その場所性と時間性において、廃炉や最終処分を含む復興との関係においては、象徴あるいはプロパガンダの次元を除いて意味ある関係を持ち得ない。

換言すれば、メルトダウンを起こした福島第一原発の1～3号機の廃炉と放射性廃棄物の最終処分の長い過程は、東京オリンピックが復興オリンピックであってもそうでなくても変わりはない。東京オリンピックの方は、それが復興オリンピックであるのとそうでないのとでは、そこで演じられる情緒的な演目が異なる。ただそれだけのことだ。

パンデミックに打ち勝つオリンピック

私はここまで書いて、２０２０年2月26日にガボンのウラン鉱山跡へ向かった。ムナナでフィールドワークをして3月20日に首都のリーブルヴィルに戻ってくると、国境は閉鎖されていて帰国できなくなっていたが、3月27日未明にアメリカ政府がアメリカ市民の出国のために手配した特別商用便の空いた席に乗ってワシントンに向けて出国することができた。私はそこから飛行機を乗り継いで3月29日に日本に帰り着いて3月30日から2週間の自宅待機／就業禁止となり、この最後の部分を書いている。世界は私が2月26日に日本を出国した時とは別の場所になっていた。新型コロナウイルスは世界中に流行して感染者の数は指数関数的に増加して、3月11日にＷＨＯがパンデミック宣言をして、24日にオリンピックの延期が決まり、30日には一年後の２０２１年7月23日に開幕することが決定した。

私はガボンの地方でフィールドワークをしていたため、コロナウイルスの世界規模の流行のその後の展開について知らなかったが、3月28日にワシントンでニューヨークタイムズを手にしてパンデミックの猛威についてようやく理解した。以下は私が帰国してからおよそ1ヶ月分の新聞を読んで、コロナウイルスの流行の拡大の過程でオリンピックの開催が海外で危ぶまれるようになり一年延期が決まるまでの駆け足のレヴューだ。

2月26日。東京オリンピック大会組織委員会は、新型コロナウイルスの広がりを受けて聖火リレーの縮小の検討を始めた。[56]

2月27日。安倍首相は、小中高校と特別支援学校を3月2日から春休みまで臨時休校することを決断した。具体的な対応策は決まっておらず、前代未聞の見切り発車だという。[57]

2月28日。IOC調整委員会のジョン・コーツ委員長は、東京オリンピックを予定通り開催するかについて判断する姿勢を示した。[58]

3月3日。IOCのバッハ会長は東京オリンピックの開催への懸念が高まるなか「IOCは7月24日から開催予定の東京五輪成功に向けて今後も全力を尽くしていく」と話した。[59] IOC会長が理事会期間中にメディアの前で声明を公表するのは極めてまれだという。[60]

3月5日。JR常磐線が14日に全線開通するのを前に、大熊町の大野駅周辺0・3平方キロメールの避難指示が解除された。[61] 聖火リレーは、駅前から500メートルを往復して行われる。

3月8日。東京五輪の代表選考最終レースだった名古屋ウィメンズマラソンは、新型コロナウイルスの影響で、一般参加の部が中止され、沿道の応援も自粛された。[62]

3月9日。国際柔道連盟は、新型コロナウイルスの感染拡大を受けて、東京五輪出場権の基準となる世界ランキングポイント対象大会を4月末まで中止すると発表して、「五輪予選に参加する選手に公平な機会を確保することは非常に重要」との見解を示した。[63]

3月10日。文化庁は東京オリンピックを盛り上げる政府の文化プログラム「日本博」の14日のオープニングセレモニーを中止すると発表した。[64] ウォール・ストリート・ジャーナルは、東京五輪組織委員会の高橋治之理事が「1～2年延期するのが最も現実的な選択肢」との見方を示したと伝えた。[65]

3月11日。WHOは新型コロナウイルスの感染拡大をパンデミックの状態だと認定した。[66]

3月12日。トランプ大統領は「東京五輪は1年ほど延期すべきかもしれない。残念だが、観客なしで開催するよりはましだ」と話した。[67] IOCのバッハ会長はドイツ公共放送（ARD）のインタヴューで、「もし専門家たちが、中止を進言してきた場合はどうするのか」という質問に対して「WHOの助言に従う」と答えた。[68] WHOが新型コロナウイルスの感染拡大をパンデミックと認定したことについて橋本聖子五輪担当相は「しっかりと今まで通り準備していく」と繰り返した。大会組織委員の高橋治之氏が延期について言及したことに対して森喜朗会長は「大事な時期に軽率なことをおっしゃった」と不快感を示した。[69]

3月13日。アメリカは新型コロナウイルスに対する非常事態宣言を出した。[70] 安倍首相は、トランプ大統領と電話で話して「コロナウイルスとの闘いに打ち勝って、五輪を成功させたい」と述べて、五輪開催に理解を求めた。今年の夏の開催に向けて緊密に連携することで一致したという。[71] ギリシャオリンピック委員会は、オリンピアを12日にスタートした聖火リレーを中止すると発表した。[72] 世界バドミントン連盟（BWF）は、4月末まで東京五輪の選考レースを中断すると発表した。[73] 新型インフルエンザ等対策特別措置法改正案が成立した。自民党内には緊急事態宣言が日本は危ないというメッセージを出すことになることに対する懸念がある。[74]

3月14日。特別措置法の成立を受けて安倍首相は記者会見を行い、「現在は感染拡大防止が最優先だが、日本経済を成長軌道へと戻すため、一気呵成にこれまでにない思い切った措置を講じる。東京五輪・パラリンピックは、現在も準備を進めている。来週には聖火を日本に迎え、私自身も福島を訪れて聖火リレーのスタートに立ち会いたい。今後ともＩＯＣとよく連携しながら、感染拡大を乗り越えて五輪を無事予定通り開催したい」と述べた。[75] 国際ボート連盟（ＦＩＳＡ）は、5月17～19日にスイスのルツェルンで行われる予定だった東京五輪の世界最終予選と、新型コロナウイルスの感染拡大の影響で延期されていたアジア・オセアニア予選を中止すると発表した。[76]

3月17日。ＥＵは感染拡大を防ぐため、第三国の人々のＥＵへの渡航を30日間制限することを決めた。日本は欧州からの入国制限を強化することを決めた。[77] 安倍首相はＧ7の首脳テレビ会議の後、記者会見で「人類が新型コロナウイルスに打ち勝つ証として、東京オリンピック・パラリンピックを完全な形で実現するということについて、Ｇ7の支持を得た」と語った。完全な形で実現できないならば、延期もあり得るという含みを持たせたとみられている。[78]

3月19日。ＪＯＣ理事の山口香氏は朝日新聞の取材に「アスリートが十分に練習できていない状況での開催は、アスリートファーストではない。延期すべき」と語った。[79]

3月20日。ＪＯＣの山下泰裕会長は、山口氏の発言について「ＪＯＣの中の人が、そういう発言をするのは極めて残念」、「今の時点では大きな方向転換はないと考えている」と述べた。[80] 米国水泳連盟（USA Swimming）は、米国五輪・パラリンピック委員会（ＵＳＯＰＣ）に対して、東京五輪を1年間延期することを働きかけるよう求めた。[81]

3月21日。米国陸上競技連盟（ＵＳＡＴＦ）は、米国五輪・パラリンピック委員会（ＵＳＯＰＣ）に対して、

IOCに東京五輪の延期を働きかけることを求めた。[82]

3月22日。カナダオリンピック委員会（COC）は、2020年の夏大会に選手団を派遣しないことを決めた。[83]日本政府は米国からの入国を制限することを決定した。[84]IOCは東京五輪の延期の検討を始めた。[85]

3月23日。安倍首相は参院予算委員会で「完全な形での実施が困難な場合、延期の判断も行わざるを得ない」と述べた。[86]

3月24日。安倍首相とIOCのバッハ会長は電話で協議し、オリンピックを1年ほど延長することで合意した。[87]

3月25日。東京都の小池知事は、「感染爆発の重大局面」に直面しているとして、都民に対して外出自粛を要請した。[88]

3月29日。政府は米国、中国、韓国、欧州のほぼ全域からの外国人の入国を拒否することを決めた。30日から日本からこれらの地域への渡航中止を勧告する。[89]

3月30日。IOCは東京オリンピックを2021年7月23日に開幕することを決定した。[90]

4月7日。安倍首相は、「全国的かつ急速な蔓延により、国民生活および国民経済に甚大な影響を及ぼす恐れがある事態が発生したと判断した」と述べて、特別措置法に基づく緊急事態宣言を発令した。[91]

冒頭で引用したバランディエによれば、「英雄は出現し、行動し、人々の同意を誘発し、権威を受け取る」。驚異、行動、成功が英雄芝居の三法則だ。英雄は運を味方につけ、歴史的な諸力の働きにも通じていなければならない。[92]東京オリンピックは驚異、行動、成功のシナリオに沿って進められようとしていたが、驚異を起こして人々を惹きつける力には欠けている。運を味方につけることもできない。安倍首相を筆頭に大会組織委員会もJOCも一丸となってオリンピックを成功させるために、パンデミックから目を背けていた。安倍首相は特措法の成立後「日本経済を成長軌道へと戻すため、一気呵成にこれまでにない思い切った措置を講じる」と言い放ったが、108兆円の緊急経済対策の真水部分はわずか16兆8000万円であり（それは後に117兆となり直接の支出は25兆円に増えたが）、驚異を引き起こすには不十分だ。最大の驚異は、リオデジャネイロオリンピックの閉会式で、安倍首相がマリオの姿で登場したことぐらいだと思っていたら、そうではなかった。緊急事態の例外状態を利用して、巨額な緊急の支出からお金が経費として還流する仕組みになっていた。私はバルセロナで見た3人組のスリの仕事を思い出す。1人の男がターゲットの財布のない方のポケットに手を入れる。驚いた人がそのポケットを抑えると、反対側から来た2人目が財布を抜き取り、2人が交錯しながら走り始めると、女が出てきてチャーミングに微笑みながら大きな身振りで「なんでもない、なんでもない」と言って歩み去る。女の演技に目を惑わされていた間に、2人の男は姿を消していた。

歴史的な諸力の働きにほんろうされて、東京オリンピックは姿を変え、1年間の延期が決まった。人々の日々の主要な関心事は新型コロナウイルスとなり、復興は忘れ去られている。WHOのパンデミック宣言の後は、安倍首相自身でさえも、オリンピックが復興のために行われることを忘れ、「コロナウイルスとの闘いに打ち勝って、五輪を成功させたい」、あるいは「人類が新型コロナウイルスに打ち勝つ証として、東京オリンピック・パラリンピックを完全な形で実現する」などと言う。

ここで使われている「完全な形」とは一つの理想の形を前提とするのではなく、無観客あるいは中止を否定する程度の意味に理解されている。2013年9月7日のコロン劇場で、安倍首相は「汚染水の影響は原発の港湾内の0・3平方キロメートル範囲内で、完全にブロックされている」という決めゼリフを言い放ち、そのセリフは10月25日に閣議決定された。その際、「完全に」は「おおむね」程度の意味だと解釈されている。おおむねは完全とは意味が異なる。だからこの「完全な形」はなんでも許容するだろう。こうして東京オリンピックは、人類が新型コロナウイルスに打ち勝つ証に変容し、それが復興オリンピックだったことは、ほとんど忘れ去られてしまった。これは恐るべきことではないか。

安倍首相は、森友学園の国有地払い下げ問題でも、加計学園の認可問題でも、桜を見る会の国費支出問題でも、公文書の改ざんと廃棄、虚偽の証言と沈黙を重ねて数々のスキャンダルを生き延びた。行政府の長である首相は、自分は「立法府の長」であると口を滑らし、自分に近い人物を検事総長に就任させるために定年延長を閣議決定して検察庁にも手を伸ばしている。東京オリンピックが成功すれば、驚異、行動、成功は彼のレガシーになる。だからオリンピックの延期はパンデミックの収束に配慮した2年ではなく在任中の1年で即決したと言われる。震災からの復興は首相に例外的な権力を行使する口実を与え、コロナウイルスのパンデミックもまた非常事態における権力の例外状態を彼に与えている。

安倍首相は3月2日から春休みまで小中高校と特別支援学校の臨時休講を専門家に相談せずに即決した。「アベノマスク」を国民に2枚ずつ配布するという緊急プロジェクトも同様だ。こうした近視眼的で恣意的な政治は、お粗末さを笑うだけではすまされない。例外状態の政治は、通常の法的な手続きを省略して行われる特別の質をもっているからだ。カール・シュミットによれば、主権は判例集や規範に従わずに自分の意志で決定する。例外状態において彼は規範に縛られず法体系の外で決断をする。[93] それは神学における奇跡に似ている。[94] 彼は緊急事態において公共財を緊急に分配しながら還流させ、独裁者の権力を行使する練習をしながら、自分を起訴しない人物を検事総長に据えようとしていた。三権を掌握すれば、法の支配を超越した独裁者が出現する。

「人類が新型コロナウイルスに打ち勝つ証として、東京オリンピック・パラインピックを完全な形で実現する」という政治的な意志表明は、COVID-19ウィルスの側の事情、すなわち宿主を殺すことなく共存するために性質を変える戦略を理解していない。彼はまた的外れの芝居を打っている。だが、現実と政治の分岐は独裁の質だから、我々はこれをシニカルに笑うのではなく、緊急事態において顕になった、例外状態を常態とする政治の本性を恐れなくてはならない。

注

1 バランディエ 1992＝2000
2 Schmitt 1922=1985
3 バランディエ 1992＝2000：141（筆者により一部改訳）
4 『朝日新聞』2020・2・3「原発被害者訴訟原告が全国集会」
5 『朝日新聞』2020・1・21「「疑惑国会」開幕」
6 バランディエ 1992＝2000：15
7 『朝日新聞』2020・2・2「「音楽の力」は恥ずべき言葉」
8 Clastres 1972.
9 『朝日新聞』2013・9・10「五輪招致 最後の訴え」
10 『朝日新聞夕刊』2013・9・13「東電「制御できていない」」
11 『日本経済新聞夕刊』2013・9・7「汚染水懸念払拭カギ」
12 『朝日新聞』2013・9・6「汚染水、地下水に混入」
13 『朝日新聞夕刊』2013・9・5「衆院経産委 12日現地視察」
14 『朝日新聞』2013・9・4「汚染水 急場の国費」
15 『朝日新聞』2013・8・31「国会、汚染水審議先送り」
16 『朝日新聞』2013・8・29「汚染水漏れ レベル3に引き上げ」
17 『朝日新聞』2013・8・27「汚染水 遠い抜本対策」
18 『朝日新聞』2013・8・24「海水の放射能急増」
19 『朝日新聞』2013・8・23「試験操業延期を決定」

20 『朝日新聞』2013・8・22「ストロンチウム10兆ベクレル」
21 『朝日新聞』2013・8・21「汚染水漏れ 打つ手なし」
22 『朝日新聞夕刊』2013・8・21「汚染水漏れ レベル3相当」
23 『朝日新聞』2013・8・20「高濃度の汚染水 タンクから漏出」
24 『朝日新聞』2013・8・3「福島第一、汚染水危機」
25 『朝日新聞』2013・8・1「汚染水漏れ口 2年放置」
26 『朝日新聞』2013・7・25「汚染水排出 避けられない」
27 『朝日新聞』2013・7・23「海に汚染水 東電認める」
28 『朝日新聞』2013・7・13「汚染水どこから」
29 『東京新聞電子版』2019・11・29「首相、気候サミット演説断られる」
30 『朝日新聞』2013・9・20「首相、再び「汚染水ブロック」」
31 『朝日新聞夕刊』2013・10・25「汚染水漏れ影響「完全にブロック」内閣、答弁書を決定」
32 『日経産業新聞』2020・1・6「福島第1、デブリ採取延期」
33 『日本経済新聞』2013・1・17「福島第1の廃炉「前倒ししたい」」
34 『日経産業新聞』2020・1・6「福島第1、デブリ採取延期」
35 『日本経済新聞』2013・6・11「前倒し 最大1年半」
36 『朝日新聞』2015・5・22「廃炉 リスク低減優先」
37 『朝日新聞』2015・6・13「福島廃炉 出だしつまずく」
38 『日本経済新聞』2015・6・29「溶融燃料取り出し 最難関」
39 『日本経済新聞』2016・2・14「福島廃炉 先見えず」
40 『日本経済新聞』2017・2・17「ロボ調査、目的達せず」
41 『日本経済新聞』2018・12・28「核燃料搬出 来春に再延期」
42 『朝日新聞』2017・9・27「工法決定、1年先送り」
43 『日本経済新聞』2017・9・30「社説 福島第1廃炉の新工程表に無理はないか」
44 『日本経済新聞』2017・11・6「溶融燃料、実態つかめず」
45 『日本経済新聞』2017・11・20「作業機器開発に遅れ」
46 『日本経済新聞』2017・11・27「溶融燃料 回収後の壁」
47 『日本経済新聞』2019・5・17「デブリ 取り出すべきか」
48 『日本経済新聞』2019・9・5「政府の決断 五輪を待つな」
49 『朝日新聞』2019・11・21「福島第一見えぬ「廃炉の最終形」」

50 『日本経済新聞』2019・12・28「廃炉 見えぬ最終形」
51 『日本経済新聞』2019・9・5「政府の決断 五輪を待つな」
52 Searle 1995: 118
53 内山田 2020
54 内山田 2019
55 Kuletz 1998; Blowers 2017
56 『朝日新聞』2020・2・27「聖火リレー行事 縮小検討」
57 『朝日新聞』2020・2・29「首相独断休校見切り発車」
58 『朝日新聞』2020・2・28「五輪「3カ月以内に判断」」
59 『朝日新聞』2020・3・4「五輪、予定通り開催を強調」
60 『朝日新聞』2020・3・5「五輪「延期」「中止」説 火消しに躍起」
61 『朝日新聞』2020・3・6「大熊の帰還困難区域 初解除」
62 『朝日新聞』2020・3・9「応援自粛 それでも「ファイト!」」
63 『朝日新聞』2020・3・11「五輪予選4月末まで中止」
64 『朝日新聞』2020・3・11「「日本博」セレモニー中止」
65 『朝日新聞夕刊』2020・3・11「延期なら「1~2年が現実的」」
66 『朝日新聞』2020・3・12「WHO「パンデミック」認定」
67 『朝日新聞』2020・3・13「トランプ氏「五輪1年延期すべきかも」」
68 『朝日新聞夕刊』2020・3・13「中止 専門家に進言されたら——IOC会長「WHOに従う」」
69 『朝日新聞』2020・3・13「五輪担当相「しっかり準備」中止なら6700億円損失計算」
70 『朝日新聞』2020・3・15「米が非常事態宣言」
71 『朝日新聞夕刊』2020・3・13「首相会見要旨」
72 『朝日新聞』2020・3・14「聖火リレー ギリシャ中止」
73 『朝日新聞』2020・3・15「五輪選考レース 感染拡大で中断」
74 『朝日新聞』2020・3・14「緊急事態 なお慎重論」
75 『朝日新聞』2020・3・15「首相、五輪開催「理解を」」
76 『朝日新聞夕刊』2020・3・16「ボートの五輪予選中止」
77 『朝日新聞』2020・3・18「EU入域を規制へ、欧州からの訪日規制」
78 『朝日新聞』2020・3・18「五輪「完璧な形で」真意は」
79 『朝日新聞』2020・3・20「JOC理事 五輪延期を主張」

80 『朝日新聞』２０２０・３・21「五輪延期論 帯びる現実味」
81 『朝日新聞夕刊』２０２０・３・21「米水連「1年延期を」」
82 『朝日新聞』２０２０・３・22「東京五輪の延期論続出」
83 『朝日新聞』２０２０・３・24「五輪 今夏の開催困難」
84 『朝日新聞』２０２０・３・23「米国から入国制限へ」
85 『朝日新聞夕刊』２０２０・３・23「五輪延期 検討」
86 『朝日新聞』２０２０・３・24「「延期を」ＩＯＣ包囲網」
87 『朝日新聞』２０２０・３・25「五輪延期 1年程度」
88 『朝日新聞』２０２０・３・26「東京 外出自粛を要請」
89 『朝日新聞』２０２０・３・30「米中韓からの入国拒否へ」
90 『朝日新聞』２０２０・３・31「五輪、来年7月23日開幕決定」
91 『朝日新聞』２０２０・４・８「緊急事態宣言」
92 バランディエ 1992=2000:17
93 Schmitt 1922=1985:7
94 Schmitt 1922=1985:36

文献

- Balandier, George, 1992, La Pouvoir Sur Scènes, Paris: Balland（＝２０００、渡辺公三訳『舞台の上の権力――政治のドラマトゥルギー』筑摩書房）
- Blowers, Andrew, 2017, The Legacy of Nuclear Power, London: Routledge.
- Clastres, Pierre, 1972, Chronique des Indiens Guayaki, Paris: Plon.
- Kuletz, Valerie L., 1998, The Tainted Desert: Environmental and Social Ruin in the American West, New York: Routledge.
- Schmitt,Carl,1922,Politische Theologie: Vier Kapitel Zur Lehre vonder Souveranitat,Berlin: Dunker&Humblot. (=1985, Translated by Goorge Schweb, Political Theology: Four Chapters on the concept of Sovereignty, Chicago: The University of Chicago Press)
- Searle, John R., 1995, The Construction of Social Reality, New York: Free Press.
- 内山田康、２０１９、『原子力の人類学：フクシマ、ラ・アーグ、セラフィールド』青土社
- 内山田康、２０２０、「ウラン鉱山と二つの生活世界」『歴史人類』48：69－83

3 オリンピックボランティア批判の様態と起動条件
――「やりがい搾取」をめぐって

仁平　典宏

オリンピックボランティア批判とは何だったのか

本稿では、２０２０年東京オリンピック・パラリンピック（以下、東京五輪）のボランティアの募集が始まって以来、インターネット等を中心に巻き起こった「批判」に注目し、その構図と背景について検討する。その上で最後に、本章の議論が、コロナショック以後の社会にいかなる示唆があるのかについて考えたい。

まずは、一連の出来事について振り返ろう。オリンピックで活動するボランティアの募集要項案が発表されたのが２０１６年7月だった。それ以来、1日8時間、10日間の研修が義務付けられていたことや、外国語や高いコミュニケーション能力が求められるにもかかわらず報酬は出ないということに対し、「ブラック労働」や「やりがい搾取」といった批判の声があがるようになる。そしてそれは、２０１８年9月26日の募集開始前後にピークに達する。例えば、募集開始直前の2chのまとめサイトのコメント欄では、次のような「批判」が書き込まれていた。

「そもそもスタッフをボランティアという形で仕事させておいて、主催者側には大きな金が入ってくるという、現状の五輪のあり方こそ、誰も協力的になりたがらない理由なんじゃない」

「『本当にボランティアをしたい人』だけがやってくれれば全然いいんだけど、そうじゃない人も動員された上で、美談で済まされそう感を一定程度の人が共有しているあたり、今回の企画側への信頼度がよく分かるよ」

「たいていのやつが交通案内とか誘導とかやろ　コンビニバイトの方が100万倍ましなレベル」[2]

また、次のような秀逸なパロディ画像も作られ、インターネット上で流通した（**図1**）。説明するのも野暮だが、五輪ボランティア募集のポスターを、メッセージ、字体、デザイン等を第二次世界大戦の国家総動員法施行当時のものに似せることで、国策動員という両者の共通性を揶揄するものになっている。五輪ボランティアへの参加を国是として称揚する雰囲気に対する違和感を、この画像は巧みにすくい上げている。

このような批判は、組織委員会にも一定の影響を与えたようだ。その反応は、組織委員会の副事務総長が「まずは自分がやってみないとだめだ」と国際スポーツ大会でボランティアをしてみせるといった戯画

図1　五輪ボランティア募集のパロディ画像[3]

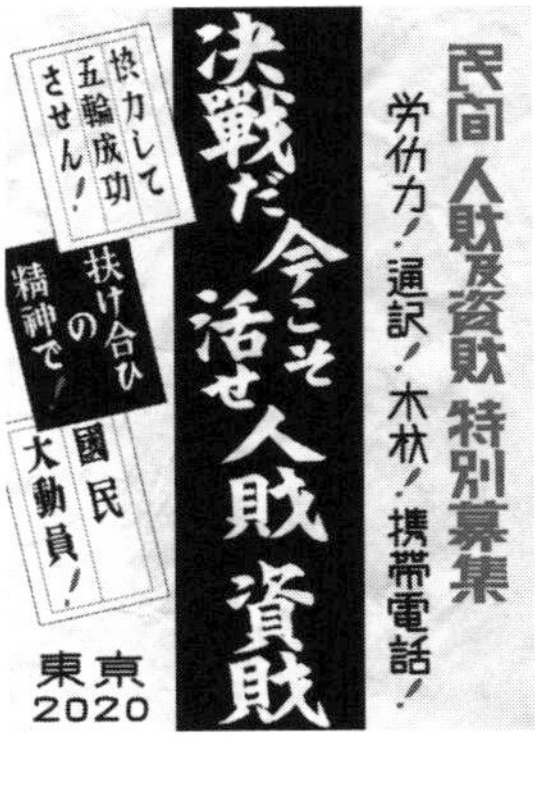

的なものから、自己負担としてきた交通費相当分を補填するという方向転換につながったものまで幅広い。[5]
もちろん、五輪ボランティアには批判だけが向けられたわけではなく、希望者も多かった。大会ボランティア募集者8万人に対し、応募者数は20万人以上にのぼった。[6] また、募集や研修に携わる日本財団ボランティアサポートセンターは、2018年4月に一都三県に住む3800名の成人を対象にインターネットで調査を行い、東京五輪のボランティアのイメージについて複数回答で聞いている。[7] その結果、「一生に一度の経験」「世界的なイベントに関われる」などの肯定的なイメージの選択率は4割程度なのに対し、「時間的に負担」(18・1%)、「金銭的に負担」(13・2%)、「ただ働き」(11・3%)、「強制的」(3・6%)などの否定的なイメージの割合は小さかった。[8] しかしそれにもかかわらず、同型の批判は繰り返され続けた。その執拗な反復性は、五輪をめぐる一つの社会的事実として、十分に社会学的な分析対象になる。

問いは以下の通りになる。一般にメガイベントのボランティアは、社会問題の改善のためのボランティアとは異なり、「一生に一度の機会」(a once-in-a-lifetime opportunity)などと意味づけられ強い訴求力を持つ傾向がある。[9] 五輪のボランティアはその最たるもので、忌避感は生じにくいはずだ。それにもかかわらず、特定の形で批判が繰り返されたのはなぜだろうか。

この問いに対し、推進側から「ボランティアの定義を『主体性』『無償性』『公益性(共助)』とするが、これが日本で当たり前になっているかといえば、そうではない」[10]と、日本におけるボランティアに対する「無理解」が原因になっているという指摘がなされている。だがそのような図式的な文化論を採用する前に、もう少し批判の中身を検討してみたい。批判の中心にあったのは、対価を支払うべき労働をボランティアとして無償でやらせるのは「やりがい搾取」であり、それが極めて日本的な「ブラック労働」だという理解である。そこにいくつかの論点が付随する。そのうち2点ほど取り上げたい。第一に、五輪ボランティアの募集数である8万人という数は過去最多であるが、その膨大さに、異常さや強い動員への意志を読み取られる傾向があった。第二に、ボランティア大量動員の「理由」として、人件費を抑制し、組織委員会やスポンサー企業の利益を増大させるという（陰謀論的?・）説明が展開された。

本稿の目的は、これらの批判の背景を考察することだが、それに先立ち、批判に付随するこれら2つの議論が、そこまで妥当するのかについて検討していきたい。

日本は特殊だったのか

五輪ボランティアの大量動員は、本当に日本特有の現象なのだろうか。これは簡単な事実の確認によって棄却することができる。オリンピック夏季大会のボランティアの数は、1984年のロサンゼルス五輪で5万人を動員したのを皮切りに、ソウル五輪2万7千人（1988年）、バルセロナ五輪3万人（1992年）、アトランタ五輪4・2万人（1996年）、シドニー五輪4万人（2000年）、アテネ五輪4・5万人（2004年）、北京五輪7・5万人（2008年）、ロンドン五輪7万人（2012年）、リオデジャネイロ五輪5万人（2016年）となっている（報道や数え方によってバラツキはあるが）。基本的に無償で交通費・旅費が自己負担という条件も大差ない。確かに8万人という数字は大会ボランティア数の募集数としては過去最高だが、大きな差はないとも言える。参考までに大会ボランティアに都市ボランティアを加えた数では、北京五輪が50万人以上のボランティア動員数を記録している。

次に、ボランティアの大量動員は、労働コストを削減して収益を上げるためという説明の妥当性について検討する。確かに賃金を払うよりは安上がりなのは間違いない。だがこの議論は、ボランティアの動員にも相応のコストがかかることを見逃している。この点を、歴史的な経緯とともに確認しておこう。

オリンピックでボランティアを大量に使うようになったのはロサンゼルス五輪以降であるが、これは、新自由主義者レーガン大統領のもとで五輪の民営化が進められ、2億5千万ドルの余剰金を生むなど、商業主義化が進んだ点で画期となった大会である。ボランティアの大量動員はこの時から始まった。このボランティアには、人件費の削減と、商業主義という批判に対する対抗言説の資源という2つの意味があった。後者に関して言えば、「人々の自発性に支えられている大会」という表象を介して、五輪に清廉なイメージを付与することが期待されていたのである。

ところが、その枠組は、アメリカで行われた次の1996年のアトランタ五輪で破綻する。ここでも運営をボランティアに依存する完全民営だったが、ボランティアが途中で多く辞めたり、バス運行システムが破綻するなど大混乱が起こった。さらに警備もボランティア頼りだったことがテロの発生を許し、2人の死者を出すという事態を招いた。この失敗を受けて、その後国際オリンピック委員会（IOC）は五輪の運営に行政の関与を求めるようになった。現在はボランティアの募集、選考、研修を公的機関が一定のコストをかけて行う。ボランティアの研修不足が懸念された大会（アトランタ五輪やシドニー五輪など）では多くの問題が起きた。直接的な労働コストはかからないにしても、ボランティアを円滑に機能させるために、十分な訓練が必要で、そのコストはかかる。逆に言えば、五輪の総支出を抑えるためには、ボランティアの数を減らすのが定石である。例えばリオ五輪では、経費削減のために当初予定していたボランティアの採用数を予定していた7万人から5万人に削減した。今回の東京五輪でも、国際オリンピック委員会から、コスト削減のためにボランティア数を見直すことが求められている。[11] 高コストにも関わらず、8万人という数に執着したのは、過去最高の大会ボランティア数という記録にこだわったためだろう。いずれにせよ、ボランティア数とコストの間には正の相関にあり、大量のボランティア動員は収益増大のためという議論は、前提部分で躓いている。

以上のように見ていくと、五輪において多くの無償ボランティアを募集することは、日本に特殊と言えるわけではない。むしろ、問いを反転させる必要がある。つまり、そんなに異常なことでもないのに、なぜ今回こんなに批判され、特に日本特有のこととして観察されてしまうのかということである。

「搾取」概念の物語論的転回

このあとの議論では、五輪ボランティアに対する批判が起こる背景として2点検討していくが、ここではそれに先立ち、そこで用いられる「やりがい搾取」という概念について、理論的に少し検討したい。

ボランティアが大量に活動する出来事は様々あるが、当然ながら、毎回批判が起こるわけではない。例えば東日本大震災のときも大量のボランティアが現地に駆け付けた。そのときは、政府がボランティア活動を称揚・支援したほか、少なからぬ企業が従業員をボランティアとして派遣したり、物品の無償提供を行った。大学も学生のボランティア活動をバックアップし、場合によっては活動と絡めて単位を出すこともあった。そこで行われた被災地支援活動にはいろいろなタイプがあり、地域の祭りやスポーツイベントを多くのボランティアが支えるという活動もある。イベント運営型のボランティア活動という点で、外形的には、オリンピックボランティアと共通点を持つ。しかしそれに対して、「やりがい搾取」という批判は起こらなかった。もちろん、震災ボランティアに対する批判自体がなかったわけではない。だがその批判は、「そんな活動をして意味あるのか」とか「現地の人に迷惑で、自己満足に過ぎないのではないか」といった形をとっており、ボランティアとして集められた人が「搾取」されることを批判するという形はとらなかった。その差異は些細に見えるが、かなり重要な論点を含んでいると考える。この点について、搾取概念の検討を補助線として考えたい。

搾取を社会科学的な概念として彫琢したのは言うまでもなくカール・マルクスである。資本家は、労働者から労働力を購入する。労働力の価格は、それを作るための労働時間（必要労働時間）に等しいので、一日分の食事や住居環境等の価値と同じことになる。資本家は労働力を買うために、それを再生産するのに必要な費用だけ払う。ところが、資本家は、必要労働時間を超えて働かせ（剰余労働時間）、そこで新たに生み出された価値（剰余価値）を自分のものにする。これが搾取である。内田義彦によると、マルクスの問題意識は、本来自分が個性を発揮・実現するために自由に使えるはずの時間が、他者の利益のために働かされる時間になるという点にあった。[12] その意味で搾取は疎外——自分たちの活動の結果が、自由の効かないものになり、自分たちに対立すること——という側面を持つ。初期のマルクスによると、本来自分のための生産や制作は必ずしも苦痛ではなく、人間が自分の意志で世界に働きかけ、自分の創意で形を与え、その成果を取り出していくことには喜びも伴う。しかしその活動が他人に従属した形で行われ、成果物も自分から離れた遠い存在となり、ノルマのような形で自分に対立するとき、それは苦痛となる。換言すれば、労働の分担に合意・納得できないとき「搾取」として経験される。

これは、過度に主観主義的な搾取理解に聞こえるかもしれない。しかしむしろ厳密な概念の検討を通して、その結論は擁護されると考える。20世紀後半以降の搾取概念の彫琢は、数理マルクス経済学と、社会学的な搾取概念の拡張という2つの方向に進んだが、そのいずれもが搾取は遍在していることを論証するに至った。[13] 搾取が遍在しているということの一つの含意は、搾取と搾取でないものを客観的に区別することは不可能だということである。この中で搾取概念を有意味にする理路の一つは、搾取の主観的なリアリティを重視することである。つまり、働き手の労働の成果が合意・納得できる形で分配・利用されているかが「搾取」概念を成立させる上で決定的な位置を占める。[14]

話を元に戻そう。ボランティアに対する批判は、絶えずつきまとう。[15] だが前述のとおり、その批判が「やりがい搾取」論という形をとるとは限らない。震災支援のボランティアにおいては、搾取批判は起動しなかった。それは、ボランティアの無償労働の成果が「被災者のため」に分配されるべきという共通理解は成立していたためであり、批判は「十分に／適切に被災者に分配されていない」ことに向けられた。

働き手の労働の成果が「誰のため」「何のために」用いられるべきかということに関する共有された「物語」の成否が、ボランティアを「搾取」と呼ぶか否かの分岐点になる。

公徳心と他者のまなざし

以上の検討を踏まえて、五輪ボランティアでやりがい搾取という批判が生じた背景について、2つの観点から考察していく。

まず第一に、今回の東京五輪のボランティア活動は、それが何につながるのかということが不明確である。もちろん「五輪成功のため」ということになるわけだが、そもそもこの五輪を「何のために」「誰のために」やるのかという点で共有された理解がない。「復興五輪」というスローガンを信じている人が――実際に被災地で活動に従事している人を除き――どれだけいるだろうか。その意味で、大会を支える物語的側面が欠如している。この点が、五輪ボランティア批判が「やりがい搾取」という形で生み出される背景として大きいと考える。

五輪を支える物語に関して、1964年の東京五輪を対照項として考えよう。1964年時に「ボランティア」という言葉は一般には流通していなかったが、同様の活動形態のものを確認することができる。比較的有名なのは、日本赤十字社青少年課長だった橋本祐子の指導や皇太子妃美智子の協力のもと、大学生がパラリンピックで通訳を行う無償ボランティアを約200人集め、14カ国語をカバーしたケースである。[16] オリンピックについても、日本体育大学などから申し出があり、会場内整理・誘導や輸送に関して、述べ1万5千人を越える大学生の参加があった。[17] 彼らの活動は「骨身を惜しまない身軽な」特徴があり、「このハードワークのなかで自分の力一ぱいの仕事をし、人生の何ものかを会得したらしく、喜びにあふれる笑顔で決別していった」[18]と記録されている。このほか、職員の出向や協賛会社からの労働力が供出されていたが、企業からの役務提供は、長野五輪や2020年東京五輪では「ボランティア」にカウントされるものである。

これらとは別に、都市清掃や美化の活動においても多くの住民が関与していた。[19] 1961年に東京都観光事業審議会は、「オリンピック東京大会に伴う東京都観光事業振興計画」[20]を発表するが、そのなかで都民の協力を重要なものと位置づけている。1962年には首都美化審議会が設置され、首都美化推進本部（知事が本部長、副知事・局長・警視総監が構成員）を頂点とした上意下達のピラミッド型の体制が組まれた。末端の首都美化協力員は、従来的な地域組織がそのまま活用され、町内会長や商店会長など地域の指導者を中心に5500人が任命された。この首都美化運動において、多用された用語が「公徳心」である。

戦後の首都美化運動について研究した小野美里によると、「公徳」は私徳の対義語とされ、公徳心は「社会を構成する一員としての自覚をもち、消極的には公衆に迷惑をかけず、積極的には公衆の利益を考えて行動するという意味で使われていた」。「公共の場を汚さない／美しくする意識を都民に育む方策として、この公徳心という言葉が再評価されるようになっていたのである」[21]。「ボランティア」言説の変遷に照らしてみると、公徳心を「私的なもの」と対置する点に、戦中の滅私奉公の意味論との連続性を見ることができる。[22] しかし戦時中のような全体主義体制下であるならともかく、私的な効用を媒介しないものは、一般に訴求力をもたない。

それにも関わらず、一定の動員力を持てたのは、それらの活動が私的な効用ともつながっていたからである。1964年の東京五輪は、敗戦国として地に落ちた日本を「一等国」として世界に喧伝する好機と捉えられており、それが五輪を支えるナショナルな物語だった。同時に、「一等国」に見合わない現状が絶えず意識されていた。首都美化運動の文脈で、頻出する言葉に「恥」がある。「五年後の東京オリンピックに際して諸外国から来訪する多数の人々に恥ずかしくないきれいな東京、きれいな国にしたい」[23]、「オリンピックでは多くの外国人が来日して競技だけではなく東京の町、ほかの観光地を見物するだろう。われわれはこれら外国人にありのままの東京、いや日本を見てもらいたい。でも紙くずやたばこの吸いがらで埋まったところは日本人の恥ではなかろうか」[24]。これらの言説においては、ゴミや吸いがらの投棄、痰やツバの吐き捨て、公共物の不正使用、無秩序な張り紙、公共の場所での用足しなどに日本人の公徳心の低さを見出し、対比的に外国を理想視する。

公徳心の欠如というか、節度のなさというか、じっさいには、国民の評価の基準になることをわれわれは知らなければならない。われわれが一等国と呼ばれ、一流国民になるためには、こうした一見つまらぬことに感じられるものにも、最新の注意を払うことが必要である。……(中略)……年に何千万の観光客を集めるパリのルーブル博物館やローマのバチカン博物館にしても、また周辺にしても、ちり一つないのに京都や奈良はどうであろうか。これを国民的な恥辱としてうけとる心がまえこそ必要ではなかろうか。[25]

オリンピックを通じて、「一流国民」たる外国人のまなざしに晒される。それは「われわれ国民」を構築すると同時に、そこへの同一化を通して、その恥は私自身にとってもいたたまれないものになる。このようにして、公徳心は私的な効用にも接続し、だからこそ一定の訴求力を持った。

当時朝日新聞に連載されていたサザエさんにも次のようなものがある(**図2**)。他者=外国人のまなざしの下で逸脱的なもの――裸体や盗難――を「ニッポンのはじ」として漂白しようという欲望の存在は、マンガのネタにされる程度には一般に流通していた（ちなみに、その欲望の担い手が、どちらも国家のエージェントである「警察官」とされていることも興味深い）。

1964年の東京五輪は、マナー面での「グローバルスタンダード」を――そこには多分に虚構が含まれていたが――日本人が学習・実践する契機としての側面をもった。「オリンピック開催ということで、大国の仲間入りしたような気持ちになるより、東京オリンピックを機会に、

図2　1964年東京五輪における〈他者〉のまなざし[26]

© 長谷川町子美術館

こうした精神面、道義面で後進国から抜け出るようにしたいものです」[27]。そこで大国／一等国としての振る舞いをして国際社会で承認を得ること――その物語への参画こそが、不払い労働の対価としての意味を持った。

もちろん、それが全ての人に共有されていたわけではなかった。例えば、バスやハイヤー各社や協賛企業から派遣されてきた労働者は、公徳心の物語に懐柔されず、あくまで労働として適切な処遇を求めた。「各社で管理職の立場にある人々はその態変も立派であったので別として、その他の人達は時節、労使関係の考え方と混同して頭脳に浮ぶらしく、ハードワークに対して不平や苦情でOOC職員を手こずらせた」[28]。とはいえ、組織委員会が、この異議申し立てを「混同」として切り捨てられるほど、五輪に国家的な意義を認める物語は強度を持っていた。

これに対し、2020年東京五輪には、そのような物語が存在しない。自発的に五輪に参加しようとする人の多くは、「一生に一度の経験をしたい」「自分のスキルを活かしたい」という個人的な物語をフックとして参加している。他方、批判者の多くは、五輪自体の公共的な意義を認められず、結果としてボランティア活動にも不払い労働以上の意味を見いだせない。ここでの物語の不在は、1964年当時それを起動させていたような外国人のまなざしが、もはや特権的な位置にないことと関連する。かつてそれは「われわれ国民」を規律化／構築するほどのものだったが、今回は、観光客やセキュリティリスクなどへと矮小化されている。他者のまなざしの不在と五輪を支える物語の不在――それが「ボランティア」をめぐる語りを「やりがい搾取」論へと接近させる。

別の名前で呼ばれうるもの

もっとも、公的な物語があればよいわけではない。むしろ、そのような言説は強制的な参加を正当化しかねない。この点に対しても強い警戒感がある。冒頭のサイトの書き込みには「『本当にボランティアをしたい人』だけがやってくれれば全然いいんだけど、そうじゃない人も動員された上で、美談で済まされそう」というコメントがあった。このような、実質的な強制の懸念を、経験的に払拭できない点が、ボランティア批判の背景の二点目にあるのではないだろうか。

とはいえ、その不安はボランティアの募集数を遥かに超える応募があったという事実を踏まえると、杞憂のように思える。だが事態はそこまで単純ではない。1998年の長野冬季五輪の事例を見てみよう。この時のボランティアは約3万5千人とされるが、この中には自治会や消防団、婦人会などの地域団体、経済団体、労組などに協力を要請して動員された人も多く含まれていた。さらに、ボランティア運転手が大幅に足りなくなってからは、企業や自治体を通じて1万人近くが「運転ボランティア」としてかき集められ、半強制的に参加させられた人も少なくなかった。[29]地元の大学にも動員がかけられていた。当時新入生だったある女性は、研究室としてボランティアに参加することが決まり、早朝から深夜まで厳寒のなか交通整理をさせられ、辛い思い出として記憶されることになった。[30]

今回のボランティア募集でも、企業を通じたボランティアの派遣は行われている。実は、8万人のボランティアのうち、8千人~1万人はスポンサー企業の社員に割り当てられている。この中には有給休暇扱いのものもあれば、通常の業務の延長で給与が出て行われているものもある。

以上から見えてくるのは、「五輪ボランティア」と言われている中の一定部分に、別の名前をもつ活動が含まれているということだ。企業から給与を支給されて派遣されて行う活動は「役務の無償提供」となる。大学において、授業やゼミの要件として行われるものは、教育（より狭義には単位履修）の一環である。だが、「ボランティア活動」という名前が与えられた瞬間、元の文脈から切り離されボランティアの意味論の下で観察されることになる。その結果、元の領域のルールでは禁止される行為であっても、行われてしまう余地が生じる。

例えば、1964年五輪時に、企業から役務提供で派遣された労働者をめぐって、組織委員会が次のような文書を残している。

某会社の一幹部が社員の慰労見舞に見えた際、用談のすえ、平素面識ある人であったので戯談まじりに「OOC（注：組織委員会）のやり方は、労働基準法も何もなっていない。人使いが荒い」意味の話があったので、「雇用関係ではなく、オリンピックのための同志的結合だから嫌な人は引き取って欲しい」むね当方も戯談まじりに応酬してやった。[31]

「ボランティア」という言葉は——普及する前なので——用いられていないが、「オリンピックのための同志的結合」の名のもとに、労働基準法を守らないことが正当化されている。「動員された上で、美談で済まされそう」という懸念に合致するケースである。

だがこれは、例外的な逸脱例ではないのか。それとも日本社会には、このようなケースを蓋然的に生み出す構造があるのだろうか。五輪から離れて、後者の観点について検討したい。

日本型生活保障システムとアンペイドワーク

上記の例では、労働基準法があまりに軽く扱われていることに驚く。しかし、我々の社会自体が、「労働基準法も何もなっていない」要素を織り込んできたのではないだろうか。例えば、労使間で三六協定を締結した場合、労働時間を無制限に延長することができた。[32] その法定時間外労働は不払い労働の温床となっていた。注目すべきは、それにもかかわらず、この種の慣行が続いてきたことである。その背景の一つは、長期的には不払い分を相殺するだけのメリットがあると認識されてきたからだ。既存の日本型雇用において、正社員は終身雇用を享受することができたし、若い頃に不払い労働が多く発生しても、年功賃金制によって長期的に取り戻せるという見通しがあった。これは日本特有のメンバーシップ型雇用の特徴であり、「見返り的滅私奉公」と呼ばれることもある。[33]

またメンバーシップ型雇用は、労使間、労働者間の関係性を円滑さを図るために、勤務時間外にも様々な慣行を生むことがあった。例えば伝統的な企業では、休日に社内運動会や社員旅行のようなイベントが開催され、実質的に参加が強制されるということが見られる。このようにして形成される紐帯型のソーシャル・キャピタルは、日本型経営の強みだと称揚されることもあったが、それを負担に感じる人にとっては「不払い労働」でしかなかった。

さらに、上記の日本型雇用は家族における「不払い労働」にも支えられていた。男性正社員を中核とする一方、女性は家庭で家事・育児・介護を担うことが期待された。これは政府にとって、社会保障にかけるコストを軽減することにつながる。この構造の中で、女性の家庭内のアンペイドワークは、母性愛など愛情の言説とともに称揚された。そこにはジェンダーの構造的な不平等があった。だが、男性が主要稼得者で、離婚率も低く、さらに専業主婦の経済的メリットが――第三号被保険者制度のような形で――政策的に存在していた中では、個々の家事行為は不払いであっても、長期的には収支が合うという通念が、近年に至るまで存在していた。

地域でもアンペイドワークが組織的に活用されていた。前述のように1964年東京五輪や1998年長野五輪では、町内会をはじめとする地域組織が、住民の動員に大きな役割を果たしていた。戦後のある時期まで、これらの組織は行政の意向を受けつつ、住民に半強制的な参加を求め、地域の美化、公衆衛生、環境管理、リスク対策などにおいて、重要な役割を果たしてきた。地域によって活動の活発さは異なるが、流動性が低く住民間の関係性が緊密な地域ほど、活動へのコミットメントも強い傾向がある。このような地域組織も日本に特徴的なものとされてきた。文化論的な議論もあるが、構造的に解釈することもできる。例えば日本は、公務員数の人口に占める割合が先進国の中でも極めて低い。[34] その少ない公務員の数で社会を効率的に動かすために、政府は明治以降、民間企業や業界団体、地域団体、公益法人などを動員・コントロールする仕組みを発達させてきた。これは「最大動員のシステム」とも呼ばれる。[35]

このように日本の企業、家族、地域において、アンペイドワークが重要な位置を果たしてきた。戦後の日本では、低水準の社会保障の代わりに、企業や家族などの私的領域が福祉の代替機能を果たす日本型生活保障システムを発達させてきたが、[36] それが広範なアンペイドワークの活用につながったと見ることもできる。しかしそれがうまくいくのは、それぞれの集団内で継続的な関係性が前提になっていた。企業では長期雇用が、家族では離婚率の小ささが、地域では住民コミュニティの維持がそれに該当する。

「やりがい搾取」が語られるようになってきたのは、そのシステムの崩れと連動する。雇用が脆弱化し、長期的な雇用保障や賃金保障を失ったにもかかわらず、かつて同様のコミットメントを求める企業はブラック企業と呼ばれるようになった。夢などの言説でその構造を強いることに対し、「やりがい搾取」という言葉が与えられた。家族や地域も、その安定性が崩れ、長期的なリターンを自明視することができなくなる中で、かつて長期的な視野のもとで容認されてきたアンペイドワークは、その見通しの崩れとともに、「搾取」と経験されるようになった。「やりがい搾取」の言葉を一般に広がるきっかけになったのは、TBSドラマ『逃げるは恥だが役に立つ』で使われたためである。主人公の女性が搾取という言葉のもとで異議申し立てをしたのは、地域の商店街の活動に無償で協力を求められたときと、プロポーズの際に無償の家事労働を求められたときだったのは、象徴的である。なお、このドラマが放映されたのは2016年。五輪ボランティアの募集要項案が初めて発表された年でもあった。

「やりがい搾取」批判を失調させる方法

以上の背景を持つ五輪ボランティアの「やりがい搾取」批判を、内在的に乗り越えるとしたら、いかなる方向性があるのだろうか。2点ほど論じたい。

第一に、五輪に従事する人が、安心して働ける環境を整えることである。やりがい搾取論では、活動の無償性が論点になっていたが、より本質的なことは、不適切な働かせ方を行わないということである。ボランティアか職員か、無償か有償かに関わらず、膨大な仕事量、酷暑、研修・コーディネション不足による混乱、強制的な動員は、あってはならない。「五輪だから」という理由で行われる過剰な労働を許容しないことが、今回の五輪で問われている。

これと関連して、「ボランティア」と呼ばれているものを、正しく呼び直すことも必要である。長野五輪のときには、運転手を出す地元103社の約3300人の8割が、ボランティアといいながら実際には業務命令による派遣だった事がわかり、労働基準局から各会社の就労規則を守るように行政指導が入った。[37] 「ボランティア」と呼ぶことで働かせる側の責任が曖昧になり、不適切な労働の温床になるリスクがある。同様のことが教育にも言える。もしボランティア活動を単位と絡めるのであれば、高等教育の内容としてふさわしい質を持つのか厳しく吟味した上で、事前の学習、活動、事後評価を行わなければ、学位授与機関としての責任放棄につながる。「ボランティア」の意味論に絡め取られることなく、それぞれの活動は、いかなるサブシステムに準拠すべきかという点から観察する必要がある。

第二に、五輪の意義について、もう一度公共的な議論の場に乗せることである。前述のように、やりがい搾取という批判が生じた背景の一つは、五輪を支える物語が成立していなかったことによる。1964年の五輪では、国際社会という〈他者〉に「一等国」としての日本を承認してもらうという物語があり、それが大会に寄与する活動を支えていた。周知のように、その後日本が経済大国となるなかで「一等国」は憧れから前提となり、遅れた社会というまなざしを、今度は他国に向けるまでになっている。

だが1964年五輪を支える物語には、異なるものもあった。当時、現役の大学生でありながら国旗担当だった吹浦忠正が次のようなエピソードを紹介している。各国の国旗を作るために「いかにも『旗屋』の旦那という雰囲気の」国旗製造業の社長を組織委員会に呼び、打ち合わせをしていたときのことである。

ふいに、「オリンピックの国旗は全部、平和のため。わしらは若い時分、戦争のための旗ばかり作りよってに」きらびやかなシャンデリアの下で、人目をはばからず涙をポロポロ流したのです。戦時中、旗屋さんは非常に忙しかったのですが、ほとんどが軍隊のための日の丸や旭日旗の作製。それから十数年経って、今度は平和のために大量の旗の作製を任されたのです。「只でもやる」と大変な熱意を見せてくださいました。[38]

第二次世界大戦という〈過去〉からのまなざしの下でもまた、1964年の五輪は生きられていた。この旗屋にとって「平和の祭典」というスローガンは、決して空言ではなかっただろう。今回の五輪には、一見すると〈他者〉も〈過去〉もない。だが、近隣諸国との関係において〈過去〉は未だ現在を規定している。国際社会の〈他者〉のまなざしも、マナーのような表層ではなく、表現・言論の自由、人権擁護、グローバルな貧困・環境問題への取り組みへの評価という形をとって、われわれに注がれている。ただ、それを感知し「恥」として内省する回路がないだけだ。だが今回の五輪を、それらの課題の克服につなげる大会と位置づけ、一定の合意が得られていたとしたら、それを支える活動は「搾取」と呼ばれなかっただろう。ある論者は、もしシリアで内戦が終わり、その平和を記念して五輪が開かれるなら、何をおいてもその大会を支えるボランティアになりたいと述べていた。本稿で念頭に置いてきた「物語」

とは、例えばそういうことである。

「コロナ以後」への示唆

以上がコロナの感染拡大前までに書いたことだ。その後のコロナショックは、本稿の議論に次の二点で再考を迫る。

第一に、市民の「自発性」は、自粛をめぐるコミュニケーションに端的に現れた。移動や店舗の営業について、国は禁止ではなく「自粛」を「要請」するという形をとった。それを補完するかのように、国や自治体に呼応した市民が、要請や規範を侵犯したと見なした個人や店舗をバッシングし――１９６４年当時なら「公徳心がない」と言っていただろう――それを通じて人々の行動変容を迫っていった。国としては責任を取らされるリスクも補償コストも軽減した形で、市民の「自発性」による効果を期待できる。本稿で描いてきたような「日本的」統治が変奏的に反復されている。それは完全に失効したわけではなく、個々の不安を媒介に、苛烈にリバイバルしうることが明らかになった。

第二に、２０２０東京五輪は、一年延期という未曾有の事態となり、今も中止の瀬戸際にまで追い込まれている。そのために、皮肉にもすでに五輪史に残るほど「キャラが立って」しまったが、万が一、国際社会が上首尾にコロナを抑え込み開催できることになったとしたら、その五輪は濃厚な「物語」を獲得する可能性がある。そこで語られるであろうことは、「コロナの死者の鎮魂と、人々（医療従事者を始め）の努力への感謝と、復興への祈り」であり、東日本大震災から「10年」という区切りとも重なって二重の「復興」が演出されるだろう。しかしそこには、何重もの自集団中心主義《エスノセントリズム》によって、そして規範を侵犯する他者の抑圧によって、社会を防衛し危機を乗り切ったという自負が伴う。それは、自集団中心主義《エスノセントリズム》で戦争に向かったという〈過去〉の反省と、自らを内省させる国際社会の〈他者〉

のまなざしの双方を、決定的に消去させうるものだ。今回、自閉によるリスク回避を深く学習してしまった社会に、〈他者〉と共に在ることの意味を再び享受させられるか——その舞台が東京であるなしに関わらず、次の五輪に課せられた思想的課題は重い。

注

1 『朝日新聞』2016・7・22朝刊「東京五輪ボランティア像、「タダ働き」の声も」
2 ぶる速-VIP2「大学生『五輪ボランティア参加を考えていたが無償ではなく赤字になるのを知って諦めました』」（2018年9月19日取得、http://burusoku-vip.com/archives/1889323.html?jprank=4&cat=243）
3 引用元は次のとおりである。しょかき（山口翔平）氏（@shoshokaki）ツイート（2017年7月29日午後10：23配信、https://twitter.com/shoshokaki/status/891288187221401600）。転載においては許諾を得た。なお、作者のしょかき氏自身は、五輪施策への批判のためにこれを作成したわけではない。制作意図については、「東京オリンピックへの反対意見？ リアリティのあるパロディポスターの真意をきいた」『HUFFPOST』2017年7月31日を参照。
4 『朝日新聞』2018・5・14夕刊「ボランティア、組織委幹部もやってみた 五輪・パラに『ブラック』批判、まず自ら経験」
5 『朝日新聞』2018・9・19朝刊「ボランティア交通費、1日1000円 東京五輪・パラ」
6 正確には、2019年1月18日17時の締切までの応募者数は204、680人だった。
7 日本財団ボランティアサポートセンター『ボランティアに関する調査 第1回サーベイ 結果報告書』（https://www.volasapo.tokyo/assets/about/pdf/report_01.pdf）。
8 ただしこの結果は、一都三県の住民に限っていること、ターゲット数が3800と書いてありながら実際のサンプルサイズが3911になっていること、抽出法が明記されていないなど、サンプルの選定基準に関する情報が不足している点にも、注意が必要である。
9 Koutrou & Pappous 2016
10 「聖火や民泊で五輪を体験する」『週刊 アエラ』2016年8／29号
11 『朝日新聞』2017・10・4朝刊「東京五輪の予算、さらに削減要望 IOC」
12 内田1966
13 仁平2016
14 経済学者松尾匡の議論も参考のこと（稲葉・松尾・吉原2006）。

15 仁平 2011
16 吹浦忠正氏インタビュー（2018年11月20日）
17 この数字は会場整理・案内に関する協力要員のみである。内訳は、日体大11050人、国士舘3565人、日大1440人、順天堂846人となっている（教員と学生を合算）。（財団法人オリンピック東京大会組織委員会編1965：30）
18 財団法人オリンピック東京大会組織委員会編1965：37
19 すでに1954年から、東京都観光事業審議会の提言を受け、都は「公徳心の高揚と首都美化運動の展開」の事業を始めていた。
20 これは1959年度の諮問「オリンピックの東京大会開催に伴う東京都観光事業振興5か年計画の再検討」に対する答申として出されたものである。
21 小野2018：4-5
22 仁平2011
23 『読売新聞』1959・8・12朝刊「きれいな町にしよう　公徳心が根本です　お母さん方にも呼びかけ」
24 『読売新聞』1964・4・5夕刊「サンデー提言［より速くより高くより強い社会を］＝14　公徳心」
25 『読売新聞』1961・5・5朝刊「［社説］行楽の季節と公徳心」
26 左のマンガは長谷川町子1999『サザエさん』29巻21頁　右『サザエさん』28巻115頁から許諾を得た上で転載。いずれも1964年当時、『朝日新聞』朝刊に掲載されていた。
27 『読売新聞』1961・3・17朝刊「［あと3年］＝12完　日の丸をあげよう　公徳心　まず愛情を持つ」
28 財団法人オリンピック東京大会組織委員会編 1965：37
29 『朝日新聞』1998・2・25朝刊「ボランティア　感謝の陰に「宿題」残る（残像　長野五輪：2）」
30 NHK長野「知るしん　一生の思い出？　ブラック労働？　検証五輪ボランティア」（2018年12月14日放送）
31 財団法人オリンピック東京大会組織委員会編 1965：37
32 2019年の労働基準法の改正によって、時間外労働の上限時間が初めて法的に定められた。
33 山口2008：26-27
34 前田2014
35 村松1994
36 仁平2019
37 『朝日新聞』1998・1・23夕刊「ボランティア二重登録　本人知らない例も（五輪がまちに）」
38 吹浦2016：63

文献

・吹浦忠正、2016「オリンピック・トリビア！（第80回）拡大版 往時20歳の最年少職員が語る東京五輪「国旗」物語」『週刊新潮』61：60−63
・長谷川町子、1995a『サザエさん』㉘ 朝日新聞社
・長谷川町子、1995b『サザエさん』㉙ 朝日新聞社
・稲葉振一郎・松尾匡・吉原直毅、2006『マルクスの使いみち』太田出版
・Koutrou, Niki & Pappous, Athanasios (Sakis), 2016, "Towards an Olympic volunteering legacy: motivating volunteers to serve and remain: a case study of London 2012 Olympic Games volunteers," Voluntary Sector Review, 7(3): 269-291.
・前田健太郎、2014『市民を雇わない国家——日本が公務員の少ない国へと至った道』東京大学出版会
・村松岐夫、1994『日本の行政——活動型官僚制の変貌』中公公論
・仁平典宏、2011『「ボランティア」の誕生と終焉——〈贈与のパラドックス〉の知識社会学』名古屋大学出版会
・仁平典宏、2016「遍在化／空洞化する『搾取』と労働としてのアート——やりがい搾取論を越えて」北田暁大ほか編『社会の芸術／芸術という社会』フィルムアート社、201−226
・仁平典宏、2019「社会保障——ネオリベラル化と普遍主義化のはざまで」小熊英二編『平成史【完全版】』河出書房新社、287−387
・小野美里、2018「東京都における「街をきれいにする運動」（昭和29年）に関する基礎的考察」『東京都公文書館調査研究年報』4：1−19
・内田義彦、1966『資本論の世界』岩波書店
・山口一男、2008「過剰就業（オーバー・エンプロイメント）——非自発的な働きすぎの構造、要因と対策」経済産業研究所『Research Digest』0030：1−43
・財団法人オリンピック東京大会組織委員会、1965『オリンピック東京大会資料集6 輸送通信部』

第2部

オリンピックがもたらす近代スポーツの変化

1 エンハンスメントから見たスポーツ

美馬　達哉

エンハンスメントと「より速く、より高く、より強く」

「より速く、より高く、より強く（Citius, Altius, Fortius）」とは、近代オリンピックの創始者ピエール・ド・クーベルタンが、教育者でもあったアンリ・ディドン神父の言葉を取り入れて、オリンピックのモットーの一つとしたものだ。オリンピックには、スポーツマンシップやアマチュア精神のような「高貴さ」や国際親善と平和のような理念はつきものであるものの、スポーツ大会として成立している以上、結局のところは勝利を求めての競争――「より速く、より高く、より強く」――という点にこそ本質がある。

だが、それは、たんなる勝敗の重視というところだけに留まるものではない。このモットーには、近代社会に特有ともいえる合理的で直線的な「進歩」の理念もまた含まれているからだ。そこには、記録が常に蓄積されて、より優れた記録によって塗り替えられていくというイメージがまといついている。そして、この点については、勝敗が二者の対戦形式で決まるのではないスポーツにおいて著しい。なぜなら、対戦形式のスポーツにおいては、過去の優勝者と現在の優勝者のどちらが優れているかを直接的に決定することはできないからだ。時間の流れとともに、過去の勝者は、現在では能力の全盛期を過ぎていたり、引退していたり、鬼籍に入っていたりする。そのため、進歩は客観的な形では蓄積されず、ある大会と別の大会の勝者、あるいは各年度の勝者の優劣を比べることはきわめて困難だ。これに対して、陸上競技のようにCGS（センチ・グラム・秒）単位によって客観的に計量可能なかたちで合理化されているスポーツでは、「最も速く、最も高く、最も強く」の歴代一位を決めることは容易になる。

こうして種目によって合理化の程度は一つ一つ異なるにせよ、近代において合理化されたスポーツでは、トレーニングは、スポーツごとに特定化された目的を目指して心身パフォーマンスを「最適化（customization）」する作業となる。そのとき人間の心身はスポーツのパフォーマンスをするための手段ないし介入対象として扱われ、トレーニングは心身への合理的な介入方法の一種になる。

パフォーマンス最適化のための方法には、従来からある運動の反復練習やトレーニングのように「普通の方法」として認められているもの以外に、ドーピングのように普通ではない「特別な方法」として禁止されたり、規制されたり、一部は許可されたりしているものがある。これらについて社会学的に分析するため、本稿ではいったん善悪という道徳的判断や合法・違法との判断を行うことを括弧入れして、スポーツで行われる「パフォーマンス最適化のための方法」の中に、ドーピングを含めた「エンハンスメント（増強）」も普通のトレーニングも「エンハンスメント連続体」として位置づけられるという視点から考えていこう。

なお、エンハンスメントとは、もともと生命倫理学の分野で議論されてきた概念で、人間の能力の強化や性質の改良を（通常は疾病治療に用いられるような）生物医学的な介入で実現することを意味している。そこで本論考では、スポーツのパフォーマンスの最適化を目指す活動であるトレーニングやドーピングを、より一般的にエンハンスメントと同じ枠組みに位置づけることで、スポーツマンシップやオリンピズムとだけ結びつけられがちなドーピングの問題をより広い視点から捉えることにしよう。

エンハンスメントとは何か

エンハンスメントに関連する倫理的諸問題がさまざまな分野で明らかとなり、社会で議論されはじめたのは1990年代である。そうなった最大の原因は、生物医学技術の進歩によって、人間の特定の機能や能力の理解が進み、そこに生物医学的に介入して変化（とくに改善・改良）させることが現実味を帯び始め、さらにはその場合の副産物としての有害作用も少ない手法が次々と開発されたことにあった。ここで取り上げるスポーツにおけるドーピングもその一例である。それ以外には、ちょっとした落ち込みや気力の減退にも抗うつ剤が広く使われて、一種の「幸福になる薬（happy pill）」扱いされたことも、とくに1990年代米国で問題になった（商品名プロザック）。

その当時、今日でいうエンハンスメントの問題は、病気の治療の目的で患者に対して使用するために開発された生物医学技術が「治療を超えて（beyond therapy）」用いられるときに生じ得る倫理的・法的・社会的な諸問題として位置づけられた。すなわち、治療をめぐる諸問題であれば、医療倫理や生命倫理において論じられてきた歴史と蓄積があって、議論すべきポイントや解決への道筋もある程度は見えているが、治療を超えたエンハンスメント目的での生物医学的手法の利用は、従来の医療倫理や生命倫理だけでは対応できないという見通しである。たとえば、遺伝子操作によって子どもの遺伝的性質を増強することもエンハンスメントの一種とみることができる。当時はまだ技術的な困難が大きいと考えられていたデザイナー・ベビーだが、2018年には中国で遺伝子編集技術を用いてＨＩＶ抵抗性（エイズのウイルスに感染しにくい性質）を持つようなエンハンスメントを受けた双子が誕生し、世界に衝撃を与えた。

じっさい、病気や障害の治療であれば、生物医学的な介入は健常者と同様な状態に復することを達成目標としている。そして、いろいろな議論はあり得るものの、この達成目標はおおむね人びとの間で共有されている価値観だ。これに対して、エンハンスメント目的の介入の場合は、その本人の「こうなりたい」という欲望や自分自身の「幸福」としてこのことを追求したいという個人の価値観を実現することが達成目標となるので、より倫理的な問題が解決困難になる。同じ生物医学技術を使って「病気が治ってほしい」という（大多数の人びと共通の）欲望を達成する場合と「金メダルを取りたい」という（エリートのアスリート個人の）欲望を達成する場合では、違うやり方で倫理的な是非を考える必要があるのは当然だからだ。さらに、デザイナー・ベビーの場合は子ども本人の欲望ではなく、親の持つ子どもの将来に対する欲望が関わるので扱いはより困難になる。

これらの諸問題を倫理学的に検討することで考察の方向性を示して、その後の議論にも大きな影響を与えたのは、2003年に公表された米国大統領生命倫理評議会報告書『治療を超えて バイオテクノロジーと幸福の追求』だった。そこでは、（今日でいう）エンハンスメントの諸問題が、①子どもに対する技術的介入、②スポーツでのドーピングと将来的な遺伝子操作など身体能力の強化、③アンチエイジングによる不老や寿命の延長、④薬剤による記憶や感情のコントロール、の4分野において論じられている。[1] この報告書の論調は、委員長であった生命倫理学者レオン・R・カスの保守的な考え方[2]を反映してか、生物医学を利用して人間が自分自身を造り変えようとすることに対して批判的で、何らかの規制や歯止めが必要との立場だった。

さて、エンハンスメントは、その対象となるパフォーマンスないし能力によって、身体的エンハンスメント（身体パフォーマンスを高めるものと見た目を良くするものに大別される）、認知的エンハンスメント（記憶力などの増強）、道徳的エンハンスメント（攻撃性などの減少）などに分けられている。ただし、道徳的エンハンスメントの場合であれば、実際には、エンハンスメント（増強）ではなく攻撃性の減少などが目指されるので、形式的には概念として自己矛盾的とも言えるだろう。

また、介入の方法という面では、薬物や外科手術（美容整形など）や遺伝子操作や電磁気的脳刺激法などの手法が用いられる。将来的には、人間と機械を融合するサイボーグ技術も想定できるだろう（その先駆けとして、義足の性能向上については本稿でも論じる）。なお、その多くの介入手法が生物医学的技術としてメリットとデメリットを有するため、多くの社会ですでに、もし仮にエンハンスメント目的での使用が許されるとしても、そもそも医師免許を持った者だけがそうした生物医学的技術を施行することができるという規制が存在している。

以上のようなエンハンスメントに関する議論を踏まえた上で、本稿ではドーピングについて考えてみよう。なお、認知的ドーピングについては以前にまとめたので、興味のある方はそちらを参考してもらいたい。[3]

身体的エンハンスメントとしてのドーピング

１９７０年代から、アナボリック（タンパク同化）ステロイドによる筋力増強はスポーツ界で頻繁に用いられてきた。とくに、１９８８年ソウル・オリンピックでの男子１００m走で世界記録を樹立して金メダリストとなった「世界一速い男」ベン・ジョンソン（カナダ）が、ステロイドを使用していたために、直後にメダルを剥奪され、世界記録を抹消されたことは当時大きなニュースとなった。こうした禁止薬物や方法を用いて競技能力を高めようとするエンハンスメント行為は「ドーピング」として規制されているものだ。

だが、スポーツが勝利を求める競争である以上、近代社会のドーピングへとつながるエンハンスメントの歴史は近代スポーツと同じくらいに古くからある。もともと、カフェインなどの興奮剤・精神刺激剤を用いてパフォーマンスの向上を図ることは19世紀から行われていた。その後、1920年代には（当時は麻薬の一種として取り締まりの対象ではなかった）覚醒剤アンフェタミンが自転車競技のアスリート達の間で広く使われたことがある。1950年代以降には、プロとアマチュアを問わず広くアナボリックステロイドが使われ始めた。だが、その当時にはあまり社会問題とはならなかった。なぜなら、薬物を使用したかどうかを確認する検査方法がなかったからだ。

こうした薬物使用が社会問題となったのは、アナボリックステロイドを用いていたかどうかが尿検査で簡易に判明するようになった1976年のモントリオール・オリンピックからである。その後、体重コントロールのための利尿剤、精神を落ち着かせる精神安定剤としてのベータブロッカー、体内の酸素運搬を増加させる血液ドーピングや造血因子エリスロポエチンなども次々と問題となった。

1980年代にはドーピングは激しく議論されたものの、当時の冷戦の問題（東側諸国での国家ぐるみのドーピング疑惑）も絡んで、国際オリンピック委員会は、放映権に関わる商業的な思惑（スター選手がドーピングで資格停止になることへの懸念）や各国政府間での利害対立のため、ドーピング規制への取り組みを行うことが十分にできなかった。そうした風向きが変化したのは、冷戦体制が崩壊した1990年代以降である。また、1990年代末には、ドーピング規制に後ろ向きだった国際オリンピック委員会は、ソルトレイク・オリンピック（2002）招致の汚職で委員6名が追放されるなど経済的に腐敗した組織と見なされ、その権威が揺らいでいた。そこで、1999年には新たに世界アンチ・ドーピング機構（World Anti-doping Agency: WADA）が設立され、現在のドーピング規制の世界的枠組みが作り出されたのだ。

ただ、現在使われている『世界アンチ・ドーピング規定』（2015年版）には、生物医学の進歩による新しいドーピング手法の登場とその検出技術の開発とのいたちごっこや政治経済的な各国間軋轢に翻弄されるドーピング規制の難しさがよく表れている。[4] そこでのドーピングは、「一又は二以上のアンチ・ドーピング規則に対する違反が発生すること」として、操作的にだけ定義されている。つまり、エンハンスメントとして実際に競技を行う上で有用だったのか、どういう意図で用いたか（故意に薬物でパフォーマンスを高めようとしたのか）という点は、いっさい議論から外されている。

そして、具体的には、①身体に禁止物質やその代謝物が存在すること、②禁止物質や方法を使用したり使用を企てたりすること、③検体採取の回避や拒否や不履行、④居場所情報義務違反（事前の検査回避）、⑤ドーピング・コントロールの不当な改変、⑥禁止物質や方法を保有、⑦禁止物質や方法の不正取引、⑧禁止物質や方法をアスリートに与えること、⑨違反への関与、⑩WADA関係者との接触が列挙されている。①と②以外は、ドーピングそのものではなく、ドーピングのほう助や隠蔽や偽証に関わった行為を指している。

つまり、ここで取り締まりの対象として定義されているドーピングとは、パフォーマンス向上のためのアスリート個人の非倫理的な行為というよりも、コーチやスポーツ医を含めて（ときには国家ぐるみで）組織的に行われる集合的行為（ドーピング・ネットワーク）であることが前提となっているわけだ。

では、そもそも、こうした世界的な反ドーピング機関が設立されるまでに強くドーピングは批判されているのだろうか。この理由付けについて考えていくことにしよう。

反ドーピング論には、大きく分けて二つの論拠がある。一つは、ドーピングがアスリートの健康上のリスクになり得るという点であり、もう一つはフェアプレーの精神に反するという点である。以下では、その二つについて順に取り上げていく。

トリートメントとエンハンスメント

アスリートの健康上のリスクに着目する前者の論拠はエンハンスメント論の文脈において考えると、「トリートメントとエンハンスメントの区分（Treatment Enhancement Distinction: TED）」と総称される議論に関わっている。なお、こうしたエンハンスメントに関する議論をＴＥＤとしてまとめたアレクサンドル・エルラーは、エンハンスメントを肯定する立場から、それを恣意的にトリートメントだけを重視してエンハンスメントを否定する「トリートメント・フェティシズム」として批判している。[5] 筆者は、必ずしもエンハンスメント肯定論の立場ではないが、ＴＥＤの議論には限界があるというエルラーの指摘には同意する。

ここを深く考えるために、多くの読者には突拍子もない疑問に聞こえるかもしれないが、トリートメントつまり医学的治療はなぜ批判されないのか、との問いを再考してみよう。じつはこれは医療倫理の根本的問いである。たとえば外科手術のような医療行為は形だけみれば人間の身体を故意に傷つけており、刑法での傷害と変わらないと言えるからだ。

違うのは、医療として社会的に認められたセッティングで、ライセンスを持った専門家が、クライアントに与える害が最小限になるように注意しつつ、病気の治癒と有害性のリスクを科学的に比較した上で行うというところだ。そして、もっとも重要なのは、クライアント本人がトリートメントの内容を理解した上で、自分の意志で同意しているという点にある（インフォームドコンセント）。

病気の治療という目的が存在しないエンハンスメントの場合には、有害作用のリスクがある介入手法（薬物などによるドーピング）を行ってはならないという規制の考え方の根拠はこの点にある。つまり、「患者に害を与えてはならない（あるいは、害を最小限に）」という医療倫理での無危害原則に従えば、ドーピングはあってはならないことになる。言い換えれば、トリートメントの場合は生命の維持や健康の回復という有益性と心身への有害作用のバランスを取ることができるが、エンハンスメントの場合の目的は緊急性や必要性が高くないので、有害作用のあり得る介入方法は原則的には禁止すべきということになるからだ。そこで、有害作用のない（はずの）食品やサプリメントの使用は許されるが、健康リスクのある医薬品は禁止されるべきということになる。現在の反ドーピング政策の考え方の基本には以上のような発想があると考えられるだろう。

ただし、そこには反論もある。そもそもエンハンスメント一般に当てはまることとして、エンハンスメントやドーピングのクライアントは患者ではない。その意味では、医療倫理の原則をそのまま当てはめることはできないだろうからだ。

エンハンスメントを容認する立場からは、本人が理解した上で判断してインフォームドコンセントを与えているならば、エンハンスメントは本人の心身のみに関わることがらであるため、自己決定権を広く認めるべきだという考えも成り立つ。つまり、他人に直接の迷惑はかけず、自分でリスクを理解しているならば、自分の身体に関する自己決定の内容に対して社会からいろいろ指図される必要は無い、ということになる。この観点からすれば、エンハンスメントに関して重要なことは規制の強化ではない。エンハンスメント技術の消費者としてのアスリートが理解して正しい判断を下せるように、パフォーマンス向上の有効性を示す科学的証拠はあるのかどうか、有害作用の起きる確率とその重症度はどの程度か、などの正確な情報の提供であるとの政策的な方向性が示唆されるからだ。

こうしたエンハンスメント容認の議論に対しては、先に紹介した『治療を超えて』の基本的な論調と同様に、生命倫理学者からの反論も多い。それらについては後ほど、アチーブメント（達成）とエンハンスメントという論点を中心に紹介することにしよう。

さて、ここまでの議論は、TEDつまりトリートメントとエンハンスメントは異なった行為としてはっきり区分できるとの前提だった。しかし、トリートメントとして病気の治療だけではなく病気の予防まで含めると、トリートメントとエンハンスメントの区分は重なり合い連続的になっていく。たとえば、健常人へのワクチン接種は病気の予防のために広く行われているが、トリートメントではなく「免疫力エンハンスメント」と呼ぶべきものだ。また、アンチエイジングのためのさまざまな介入は、いまのところ明確に有効といえるものはない。だが、もし有用なものが開発されたとすれば、それは老化に抗するトリートメントであると同時に、高齢者を若い頃のパフォーマンスに向上させるエンハンスメントとも見なされ得るだろう。

20世紀前半でのトリートメントとエンハンスメント

歴史的に見ても、トリートメントとエンハンスメントの境界はあいまいだ。[6] 実際、20世紀前半にカフェインや覚醒剤のような興奮剤がアスリートに対して処方されていたときには、激しいトレーニングによる疲労や消耗を回復させて健康を維持するためのトリートメントとして扱われていたという。こうした主治医（スポーツ医）によるアスリートの健康維持のための努力は、パフォーマンスを意図的に高めることを目指すドーピングとは異なると考えられることが当時は多かったようだ。

また、同じ頃、運動の直前に酸素を吸入することでパフォーマンスを高めることができるとして酸素療法がブームとなっていた。現代でも酸素カプセルに入ることで疲労回復になると信じられているのと同じことである。こうした酸素吸入は一呼吸の間の血中酸素濃度を上げるだけで生物医学的にはほぼ無意味ではあるものの、ドーピングとの境界領域にあると見なされていた。スポーツ医も生物医学的には無効であることを知りつつ、アスリートから希望されれば、無害な介入でも心理的効果はあるだろうと考えて、酸素療法を行っていたらしい。

1920〜40年の間のドイツの医学界でのドーピングに関する論争を検討したジョン・ホバーマンは、「当時、最終的には、ドーピングは関係者のプライベートな問題として扱われた。検査法がなかった時代には、（引用者註：ドーピングの有無を聞かれたとき）アスリートも医師も自分の良心に従って答えていただけだ」と指摘している。[7] こんにちの反ドーピング政策では、風邪薬などの咳止め成分が禁止薬物のことがあるため、アスリート個人の詳細な処方歴がチェックされ、事実上は強制的な血液検査や尿検査も行われるのと比べれば大きな違いだ。

だが、その時期でも、ドーピングそのものは倫理的に問題視されていた。たとえば、1932年のロサンゼルス・オリンピックでの日本選手団の水泳での活躍（事前に活躍を期待されていた米国選手団は惨敗）は、酸素吸入の効果による不正なものとして米国では非難されたという（酸素吸入は当時も現在もドーピングとして規制されていない）。どこからがドーピングとして規制されるか、どこからがドーピング類似行為として道徳的に（政治的に）非難されるか、は恣意的なのだ。

最後になるが、スポーツ分野でのドーピングにおいてはTEDと関連するもう一つの問題点があることを指摘しておきたい。それは、ドーピングを可能としているドーピング・ネットワークの中に、アスリートとスポーツ医がしばしば含まれているところにある。つまり、ドーピングの禁止薬物は、アスリートが信頼しているスポーツ医からの処方薬でもあり得る。そのようにして、アスリートの立場からすれば、スポーツ医による治療（トリートメント）とスポーツ医によるドーピング（エンハンスメント）は連続体として経験される。国家ぐるみでドーピングが行われていた場合には特に、日常の健康管理のアドバイスや怪我の治療を行っているスポーツ医が、サプリメントのようにしてドーピング薬をアスリートに処方し、ドーピング検査をすり抜けるための手法（薬物ウォッシュアウトの日程管理や隠蔽薬の追加など）も指導することになるだろう。その中では、医学や体育学に基づいた科学的な（通常の）トレーニングとドーピングなどのエンハンスメントは一体化してしまい、パフォーマンス向上のためのエンハンスメント連続体となっている。さらに、スポーツ医がそこに関わることでエンハンスメントとトリートメントも区分のあいまいな連続体となってしまう。

つまり、ＴＥＤの議論は、エンハンスメントの倫理に関して一見するとわかりやすい指針ではあるが、実際にはトリートメントとエンハンスメントの区分は状況によって変化し得るものであり、さらにエンハンスメント連続体のどこを境界線としてエンハンスメントを定義して規制するか、という点では恣意性を免れることはできない。

トリートメントが「健常」を超えるとき

さらに、いわゆるドーピングとは異なるが、ＴＥＤの議論の限界を示すのは、障害者に対するトリートメントとして行われた生物医学的な介入が、「健常者」に近づけるのではなく、「健常者」を超えたエンハンスメントになる可能性もあることだ。[8] その点が議論となっているのは、パラアスリートとして知られるマルクス・レーム（ドイツ）のケースである。彼は２０１２年ロンドン・パラリンピックの男子走り幅跳びで、片足膝下義足のクラスで金メダルとなった選手だ。２０１４年に、レームはドイツ選手権に障害者クラスとしてではなく出場し、「健常者」アスリートを抑えて優勝する。だが、他のアスリートから異論が出て、欧州選手権には出場できず、その後２０１６年リオデジャネイロに向けて、彼は、パラリンピックではなくオリンピックへの出場を求めて訴えるが、それに対して国際陸連は厳しい参加条件を出す。

具体的には、義足の装着が競技のパフォーマンスに有利ではないことを客観的に証明せよ、というものだった。ケルン体育大学やＮＨＫの協力による検証も行われたが、国際陸連は結論を持ち越し、レームはリオデジャネイロ・オリンピックには出場できず、東京オリンピック出場も認められていない。

このケースでは、トリートメントとしての義足の機能が生体工学的に向上して、下肢の代替物にとどまらず、下肢のエンハンスメント（サイボーグ技術）へと進化する可能性が見えてきた場合の難しさが示されている。

仮に、レームの義足が競技に有利なものだと証明された場合を考えてみよう。その場合は、「健常者」アスリートと同じ条件で競技を行うために、レームは（パラリンピックで使われる）優れた義足ではなく、より劣った「健常者」並みの義足を使うというハンディを付けた場合に限って、オリンピックに出場できるということになる。この点は、障害やジェンダーを含めて人間にはダイバーシティ（多様性）が存在することを認めた上で、スポーツにおいてフェアな条件で競い合うとは何を意味するのかという議論と密接に関わる。

次節では、このダイバーシティの問題を考えてみよう。

フェアであるとはどういうことか

ＴＥＤと並んで反ドーピング論を支えるもう一つの思想は、ドーピングはフェアではないとの考え方である。次にこの点を検討してみよう。エンハンスメントがフェアかどうかという問題設定には二つの側面がある。

一つは、優れたパフォーマンスを獲得する手段という側面で、努力や研鑽を通じたアチーブメント（達成）は、エンハンスメントによって勝ち取られた成果よりも、それ自身として道徳的に優れているとの考え方だ。“Gain without pain”という表現があるように、自分自身の努力ではなくエンハンスメントを行うことで優位性を得ることはズルであって、フェアではないという意味になる。

もう一つは、同じ平等な条件で競い合うからこそ、スポーツでの勝利や記録に意味があるのだから、エンハンスメントはその前提となる平等性を損なうのでフェアではないという考え方だ。スポーツだけでなく、エンハンスメント一般についても、エンハンスメントが商業化された高額サービスとして提供された場合には、豊かな人びとが能力やパフォーマンスを高めることでさらに有利になり、社会的な格差が固定化するとの批判もある。

第一の論点、つまりアチーブメントとエンハンスメントの違いについての議論は、人間の尊厳とは何かに関する社会的な価値観と深く関わっている。たとえば、オリンピックにおいてパフォーマンスや身体的能力の卓越性を前にして、多くの人びとは感動し、そのアスリートを賞賛する。その場合は、パフォーマンス行為そのものへの尊敬の念はもちろんだが、それ以上に行為者としてのアスリートの自分自身を超えようとする向上心によるアチーブメントを高く評価している。この観点からすれば、エンハンスメントは、人間としてのアチーブメントという最も重要な価値を忘れ去って、外から客観的に計測できる評価（勝利や記録）という二義的な価値の虜となってしまい、自分自身を自由に改造可能な道具のように扱うことで人間の尊厳を傷つける行為と見なされることになる。

哲学者のマイケル・サンデルは、この点について以下のように論じている。

　エンハンスメントや遺伝子操作によって脅かされる人間性の一側面としてときに挙げられるのは、自分自身のために、自らの努力を通じて自由に行為する能力や、自らの行為や自分のあり方にかんして責任を持つ――賛美や非難に値する――のは自分に他ならないと考える姿勢である。……だが、エンハンスメントの役割が増加するにつれて、達成された偉業に対するわれわれの称賛は薄らいでいく。というより、達成された偉業に対するわれわれの称賛の宛先が、選手から薬学者へと推移してしまうのである。[9]

ただし、このようにアチーブメントとエンハンスメントを対比する議論は、人間の尊厳についての一つの考え方であるため、公共政策として人に強制するような性質のものではない。つまり、人びとが自由意志でエンハンスメントを行うことを規制すべきだという政策には直結しない。

フェアであることと平等性

フェアプレーに関する第二の論点は、競技における平等性と関わっている。パフォーマンスの卓越性というアチーブメントには努力や向上心が必要なことはもちろんだが、オリンピアンのようなエリートのアスリートの場合とくに生得的な資質（遺伝学的な正常範囲内での差異）が重要であることは誰もが認めるだろう。そうした生得的な資質の差異の一部は天賦の才能として理解されている。だが、生まれついての大きい体格については、一部の格闘技のような対戦形式のスポーツでは身体の大きさをそろえることが平等な条件を作り出すフェアなやり方だと考えられている。また、男女差についても同様のことが想定されて、男女のジェンダー別に行われる競技もある。ただし、身体の大きさをそろえるとき、主として体重別の分類が用いられ、いくつかの競技では体重よりも身長や手足の長さの方が重要であるにも関わらず、身長別のクラス分けは行われていない。つまり、どの資質を選んで事前にクラス分けするのがフェアなやり方になるのかは、恣意的に決められている。

そして、この平等性とドーピングやエンハンスメントに関する議論が複雑に絡み合っているのが、ジェンダー別に行われるスポーツでのテストステロンの扱われ方だ。

テストステロンは、ひげなどの体毛などの身体の性別（セックス）を作り出す男性化作用と筋肉量を増大させるアナボリック作用をもったステロイドホルモンの一種だ。そして、ドーピングで使われるアナボリックステロイドは、こうしたテストステロンなどの男性ホルモンを模倣して人工的に作られている。そのため、女性アスリートに対してアナボリックステロイドがドーピングとして投与されると、「男性的」な骨格や筋肉パターンとなり、生理が不順になったり、ひげが生えたりすることもある。

アスリートが人為的にアナボリックステロイドとしてテストステロンを用いた場合にはドーピングとして扱われる。だが、問題となって激しく議論されているのは、生まれつきテストステロンの分泌量が高い女性が存在している点だ。現在では、こうした状態は必ずしも、それ自身として異常値や疾病や障害とはみなされず、ジェンダーのダイバーシティの一種として扱われることが多い。なぜなら、人間のジェンダーは多様で男性と女性に二分することは不可能であって、遺伝子、染色体、ホルモン、内性器、外性器、性自認、他者から見た性、性的指向、など多様な側面を持っていると考えられているからだ。

そうした人びとの一人であった南アフリカのキャスター・セメンヤは18歳の時、２００９年にベルリンで行われた世界陸上の女子８００ｍで優勝する。その後、彼女が男性であるとの疑惑が持ち出され、セメンヤは、世界陸連によって性別検査を強制された上に、テストステロン値を、通常の女性と同じにまで下げる処置を受けることを要求された。その後、テストステロン値を下げる処置を受けた状態で２０１２年のロンドン・オリンピックに出場したとき、女子８００ｍでセメンヤは銀メダルとなった。ところが、２０１７年にロシアの国家ぐるみのドーピング疑惑が生じ、そのとき金メダルを獲得していたマリア・サビノワはアナボリックステロイド（オキサンドロロン）を用いたドーピング違反で失格となり、セメンヤが金メダルへと修正されたのである。

その後、テストステロン値の高い女性アスリート（デュティ・チャンド（インド））の訴えによる裁判の結果、テストステロン値を下げる治療を要求する規定は2015年に廃止された。2016年のリオデジャネイロ・オリンピックで、自然のテストステロン値のままのセメンヤは金メダルに輝いた。だが、そのとき女子800mで金銀銅メダルを獲得した全員が、テストステロン値の高い女性アスリートだったことが、他のアスリートたちから問題視された。そのため、2018年に世界陸連は再び、テストステロン高値が競技の成績に大きく影響するという理由から、そうした女性アスリートが競技に出場するためにはテストステロン値を下げる処置を受けることが条件になると規定したのだ。

つまり、現状では、テストステロン高値（=筋肉量が多い）という遺伝的素質が、アナボリックステロイドを用いた意図的なドーピングと同じように扱われて、競技資格喪失に至ったり、投薬や手術によって他の「普通の」女性アスリートと同じホルモン状態に人工的に矯正されたりすることが行われているわけだ。大野哲也はこの件について、「たとえ生物学的に女性で、ジェンダーも性自認も女性であったとしても、テストステロンの分泌量が規定以上であれば、スポーツ的には『女性でない』という烙印が押されるという奇怪な状況」と表現している。[10]

この規定は「性別」をめぐる論争との一貫性を保つためでもある。染色体による性別検査は1968年にオリンピックに導入されたが、選手の人権侵害になるなどの理由から1999年に廃止された。その後、2004年には性別適合手術から2年以上の経過で性別変更を容認した。だが、ジェンダーのダイバーシティという観点から、2015年には性別適合手術は必須要件ではなくなっている。その代わりに、とくに体力が問題視される男性として生まれたアスリートが女子競技に出る場合は、女性との自認を4年間以上経過し、血中のテストステロン値が1年間一定レベル以下であると証明することが必要とされた。

「普通」の女性アスリートから見れば、生来の資質であれ、ドーピングであれ、ジェンダーであれ、努力と向上心による達成では追いつけないレベルの筋力という不平等な状態が出発点となるのであれば、それはもはや競争として成立しないことになる。だが、さらに考えれば、テストステロン高値という素質だけでエリートのアスリートになれるわけはなく、セメンヤの金メダル連覇は走り込みの努力を重ねたことによるアチーブメントであることも確かだろう。

ダイバーシティとエンハンスメント

さて、セメンヤの例はスポーツにおけるジェンダーの問題も関わっているためにとても複雑になっているが、遺伝的素質がエンハンスメントと同様の効果を生み出してしまった可能性のある例は他にも存在しているし、今後の問題はさらに広がっていくだろう。

その一つは、哲学者パスカル・ヌーヴェルの挙げているフィンランドのノルディック・スキー選手エーロ・マンティランタのケースだ。[11] 彼は、1964年のインスブルック・オリンピックで2つの金メダル、1968年のグルノーブル・オリンピックでは銀・銅メダルを獲得している。その後、ドーピングの疑いをかけられたマンティランタは医学的な精密検査を受け、生まれつき血液内の赤血球の数が多いということが判明した（真性多血症）。真性多血症は、血液の粘性が高いために脳卒中などを起こしやすいというリスクはあるものの日常生活に支障を来すことはない。それどころか、血液の酸素運搬の効率がいいために、持久力の必要なスポーツであるマラソンやノルディック・スキーには有利なのだ。

実際、赤血球を増やすための自己血輸血は血液ドーピングとして禁止されている。その後、赤血球を増加させる造血因子エリスロポエチンが発見され、貧血の治療薬として1989年から使われるようになった。1990年代には自己血輸血に代わって、これをエンハンスメント目的で用いることが広がり、エリスロポエチンもまたドーピングとして禁止された。

そして、1993年にはマンティランタとその血縁者の一部の遺伝子を詳細に検索した結果、彼にはエリスロポエチン受容体遺伝子の突然変異があってエリスロポエチン感受性が高くなっているために、エリスロポエチンの量は正常でも過剰に赤血球が体内で作られていることが判明した。つまり、人間の遺伝的なダイバーシティによって、マンティランタの体内では血液ドーピングと同じことが自然に生じていることになる。

ヌーヴェルは、「競技とは、少なくとも原則としては、所々の小さな差異の公正な対峙に依拠している。それらの差異は私たちには隠されており、ある特定の文脈においてのみ明るみになりうる。こうした差異が（私たち自身や他人に対して）隠されている限りでしか、競技は意味を持たないのである」と考察している。[12] そして、さらに、ヒトゲノム解読をはじめとして生物医学の知識がそれほど蓄積されていなかった時代には、「無知のヴェール」で隠されていた健常人の間での遺伝的素質のダイバーシティが、マンティランタの場合のように生物医学技術によって次々と明らかになってしまえば、スポーツにおける平等という観念も変化し、それとともにスポーツそのものも変わっていくだろうと結論づけている。

哲学者のガイ・カハネとジュリアン・サバレスキュが指摘するとおり、実際に存在するエンハンスメントは、ノーマルと隔絶したSF的なスーパー人間を生み出すのではなく、ダイバーシティ（人間のノーマルな変異）の範囲内で人間を変容させるに過ぎない。だが、それにもかかわらず、人間の素質に関する生物医学的知識の存在そのものやノーマルな変異の範囲内でのエンハンスメントは、人間の価値観（アチーブメントの意義や平等性のとらえ方）に大きな影響を与え得るのである。[13]

人間の生来的なダイバーシティが、生物医学によって分析され一つ一つの要素として解明されてしまえば、与えられた変更不可能な運命としてではなく、ときに生物医学によって操作可能な要素の一つとして扱われ、ときには、その差異は修正されるべき「不平等」と感じられてしまう。エンハンスメントを受けることが非難されるのではなく、希望者がエンハンスメントを受けられないことが問題視される時代が近づきつつあるのかもしれない。

たとえば、ボディビルの場合のように、ドーピングなどのエンハンスメントを行っている者とそうでない者の大会を別にするのも一つの方向性だ。

反ドーピングの限界と獣医モデル

以上の議論を踏まえると、スポーツが勝敗や優劣を競うことで不平等を肯定する限り、エンハンスメント連続体の一部としてのドーピングは、合理化された近代スポーツの歴史と不可分の関係にあることがわかる。この点を、『ドーピングの哲学』のなかで、ジャン＝ノエル・ミサは次のように語っている。[14]

公式のルールはドーピングを反則とみなしているが、非公式のルールは、一部の競技において、選手たちがドーピング精神に手を出すように強いているのである。このような二重のシステムは、すさまじい偽善を生み出している。

また、本稿で示してきたとおり、現在でのドーピングは、アスリート個人の行為としてではなく、スポーツ医を含むことはもちろん、ときには国家まで巻き込んだドーピング・ネットワークによって行われている。それにもかかわらず、反ドーピング政策の方向性は、アスリート個人のスポーツマンシップに訴えかける倫理教育と、ドーピングの健康リスクを（無知な）アスリート個人に教育する啓蒙に向けられている点も問題を悪化させている。

エンハンスメント連続体を支えるドーピング・ネットワークという近代スポーツの構造上の問題の解決が、アスリート個人に押しつけられることによって、ドーピング違反アスリートの「悪魔化」が生じつつあるからだ。そのなかでドーピング違反を行った選手は、教育や啓蒙に従わなかった「悪」の象徴のように扱われる。マスメディアにおいてバッシングを受けることはもちろん、ときには長期のスポーツ界からの追放によってアスリート生命を断たれる。

さらに、ミサは、米国の女子陸上アスリートのマリオン・ジョーンズが、2008年にアナボリックステロイドの使用などによるドーピング違反で、2000年のシドニー・オリンピックで得た3個の金メダルと2個の銅メダルを剥奪され、記録も抹消されるとともに、禁固6ヶ月の服役にまでなった経緯（バルコ・スキャンダル）を紹介して、次のように述べている。[15]

あるスポーツ選手が連邦当局の職員に、宣誓をした後で、例えばドーピング薬物の摂取を否定するなどして、嘘の申告をしたとすれば、実刑判決を課されることもある。アメリカでは、この「偽証罪トラップ」が、ドーピング事件に巻き込まれた人物から証言を引き出すための、強力な武器となっている。

なお、バルコ社とは、米国の栄養補助食品会社だったが、実際にはドーピング検査で検出しにくいアナボリックステロイド（テトラヒドロゲステロノン）を含む薬物を、陸上、野球、ボクシングなど多くのアスリートに提供していた（2003年に発覚）。

また、一部の国を除けば、ドーピング違反は刑法上の罪ではないにもかかわらず、麻薬取り締まりのような抜き打ちでの血液検査や尿検査、練習場などの家宅捜索、ときには遺伝子検査までもが、競技会への参加資格として半ば強制的に課せられている。これらはすべて、近代の法治国家では、個人のプライバシー権であって、法に基づいた捜査令状が無い限りは国家が土足で踏み込むことができないはずの領域だ。

このようにアスリートの人権が無視されることが常態となっている現状について、ホバーマンは、スポーツ医学における「獣医モデル」の帰結ではないか、と指摘している。[16] なお、この場合の獣医は、ペット用ではなく、競走馬など大型動物の獣医という意味になる。

彼は、医師が果たしている役割を、競走馬の場合とアスリートの場合とで比較する。まず、競走馬の場合、そのコンディションを整える獣医は、競走馬の健康や福利よりも、レースに勝利したいというオーナーの意志に従う必要がある。そして、何が何でもレースをギャンブルの価値があるフェアな競争にしたいレース主催者は、ドーピングなどの不正を徹底的に検査して排除しようとする（競走馬には人権やプライバシー権はない）。そして、アスリートについても類似した状況があるのではないか、と示唆しているのだ。つまり、ドーピング・ネットワークに組み込まれたスポーツ医も反ドーピング政策に組み込まれた医師も、アスリートを競走馬と同じような管理すべき対象物として見ているのではないか、ということだ。

さらに、ホバーマンは、スポーツ界においてドーピングが規制されたとしても、エンハンスメントへの欲望は精緻化されたコーチングによって継続されることで、心理操作で「催眠状態の脱人間化されたロボットのようなアスリート、痛みを感じなくなり、スポーツを止めることのできない状態になった生き物」が生み出されるのではないか、と暗鬱なビジョンを提示している。[17]

もちろん、これは、獣医モデルの極限を戯画的な姿にして示したに過ぎないし、誰一人として、そんなアスリートたちが競い合うスポーツを望んではいないだろう。だが、エンハンスメントという問題設定からみれば、もし仮にドーピングを禁止してコントロールできたとしても、アスリート自身を含めた私たちにドーピングを欲望させ、ドーピングを実現可能にさせている根底にある条件に対して変更を迫るものにはなり得ない。

さまざまなエンハンスメントが技術的に実現可能になっている時代において、そんなシナリオを避けるためには、スポーツの近代とその象徴であるオリンピックを根本的に見直す必要があるのではないか。

注

1 Kass 2003=2005
2 Kass 2002=2005
3 美馬 2010、2018
4 World Anti-Doping Association 2015
5 Erler 2017
6 Hoberman 1992
7 Hoberman 1992: 144
8 大野 2019
9 Sandel 2007=2010: 28-29、訳文は変更した。
10 大野 2019：305
11 Missa and Nouvelc 2011=2017: 25-42
12 Missa and Nouvelc 2011=2017:39
13 Kahane and Savulescu 2015
14 Missa and Nouvelc 2011=2017: 61-62
15 Missa and Nouvelc 2011=2017:71
16 Hoberman 1992: 280
17 Hoberman 1992: 283

文献

- Erler, Alexandre, 2017, The limits of the treatment-enhancement distinction as a guide to public policy, Bioethics 31: 608-615.
- Hoberman, John, 1992, Mortal Engines: The Science of Performance and the Dehumanization of Sport, The Blackburn Press.
- Kahane, Guy, and Savulescu, Julian, 2015, Normal human variation: refocusing the enhancement debate, Bioethics 29: 133-143.
- Kass, Leon, R., 2002, Life, Liberty and the Defense of Dignity: the Challenge for Bioethics, Encounter Books（＝２００５、堤理華訳『生命操作は人を幸せにするのか――蝕まれる人間の未来』日本教文社）
- Kass, Leon, R., 2003, Beyond Therapy: Biotechnology and the Pursuit of Happiness. A Report of the President's Council on Bioethics, Dana press（＝２００５、倉持武監訳『治療を超えて――バイオテクノロジーと幸福の追求』青木書店）
- 美馬達哉、２０１０『脳のエシックス　脳神経倫理学入門』人文書院
- 美馬達哉、２０１８「精神科領域での薬物によるエンハンスメントの脳神経倫理」『臨床精神医学』47（１）：81－85
- Missa, Jena-Nöel et Nouvelc, Pascal, 2011, Philosophie du Dopage, PUF（＝２０１７、橋本一径訳『ドーピングの哲学　タブー視からの脱却』新陽社）
- 大野哲也、２０１９「競技の平等性と人権　『ジェンダー』と『障がい』の視点から」今泉隆裕・大野哲也編『スポーツをひらく社会学――歴史・メディア・グローバリゼーション』嵯峨野書院、２８３－３１３
- Sandel, Michael, J., 2007, The Case against Perfection: Ethics in the Age of Genetic Engineering, Belknap Press（＝２０１０、林芳紀・伊吹友秀訳『完全な人間を目指さなくてもよい理由　遺伝子操作とエンハンスメントの倫理』ナカニシヤ出版）
- Waddington, Ivan and Smith, Andy, 2009, An Introduction to Drugs in Sport: Addicted to Winning?（＝２０１４、大平章・麻生享志訳『スポーツと薬物の社会学――現状とその歴史的背景』彩流社）
- World Anti-Doping Association, 2015, World Anti-Doping Code,『世界アンチ・ドーピング規定』（２０２０年３月取得、https://www.playtruejapan.org/code/provision/）

2

デジタル化する社会とオリンピック

――ランニングと腕時計の大衆化に注目して

新倉　貴仁

はじめに――ランニングの大衆化

２０１９年11月、東京オリンピックでのマラソン競技を札幌で開催することが決まった。この変更は、東京にオリンピックを招致するプロセスを踏まえるならば、単なる一つの競技の開催地変更という以上に、象徴的な意味をもつものだったかもしれない。なぜなら、オリンピック招致の布石の一つとして、２００７年の東京マラソンの開催があったからである。その第一回大会では、約3万人のランナーが都市東京を走った。抽選に申し込んだ人は9万5千人にのぼり、第二回大会では15万人を超えた。

本稿で注目したいことは、この大会の背後にひろがる膨大な数のランナーたちの存在である。１９６４年のオリンピックでは、マラソン競技は英雄的、超人的な活動とみなされていた。たとえば、公式記録映画である『東京オリンピック』のマラソン競技のパートでは、監督の市川崑に特有の視点や撮影、編集に由来するものでもあるが、疾走するアベベの姿が英雄的に描き出される一方で、苦しみ、立ち止まり、ときに路上に座り込むランナーたちの姿が映し出されていた。この大会で銅メダルをとった円谷幸吉は、福島の農村で生まれ、厳格な父のもとで育ち、自衛隊に所属していた。この大会の後、円谷は、度重なる故障や私生活での挫折を経て、1968年1月に自殺する。「幸吉はもうすっかり疲れ切って走れません」という一節を含んだ書き置きが残されていた。

だが、この頃を境として、マラソンは困苦をともなう超人的な競技から愉悦をともなう大衆の趣味へと変わっていった。円谷はその自殺の前年に、第一回の青梅マラソンに招かれている。距離は30キロだが、この大会は日本における市民マラソンの先駆けとされる。「円谷選手と走ろう」という呼びかけのもと337人が参加し、当時、「大衆マラソン」と呼ばれていた。1975年、青梅マラソン参加者は4千人超に急上昇し、1977年には1万人に達した。1975年には皇居前広場に「健康マラソン時計塔」が設置され、「皇居マラソン」についての新聞報道が相次ぐ。1970年代、空前のランニングブームが起きていた。マラソンは市民のスポーツとなったのである。

オリンピックがいかに社会を変えるのかという問いについて、本稿では、ランニングという文化の広がり、増加する市民ランナーたちに注目する。ランナーたちの増加は、単なる趣味の広がりの問題ではなく、「個人化」や「消費文化」ということばで安易に説明すべきものではない。それは時間と身体に関する感覚の変容と関わっている。そして二つのオリンピックに挟まれた時期に進行する「情報化」や「デジタル化」といった社会変容の具体的な内実を示すものである。

このとき、ランニング文化の広がりが、時計技術の革新と並行していたことに注目しよう。現代のランナーたちは、スマートフォンやGPS（Global Positioning System）の受信機能をもった腕時計を身につけて走っている。それらの装置は、さまざまなアクティヴィティを記録し、ソーシャルメディアを通じたパフォーマンスの管理と共有を可能にする。多くの先行研究が論じるように、そもそも時計と計時の技術は、スポーツにおいて欠かすことができない存立条件である。1964年のオリンピックで計時を担当したセイコー（SEIKO）は、多くの技術革新を達成し、商品化させてきた。[2] こうして、かつての機械時計とは決定的に異なる時間が、人びとの日常に入り込む。それは、近代と時間という問題について、再考をうながすだろう。

時間と時計——機械としての時計、制御としての時計

時計は近代産業社会における「機械」や「システム」の象徴として論じられてきた。ルイス・マンフォードは、技術史の古典的作品である『技術と文明』のなかで、「蒸気機関ではなくて時計こそが近代の産業時代の鍵となる機械である」と断じる。[3] マンフォードによれば、機械時計は、西欧の精神そのものの成立に深く関わっている。「数量的な思考方法の自然の研究への応用は、時間の測定のなかではじめて姿を現したし、時間に関する新しい機械的な概念は、一つには、僧院の生活課程のなかから出現したものである」。[4] 機械時計が刻む時間が必要とされたのは、修道院の生活である。それは、ミシェル・フーコーが『監獄の誕生』のなかで規律訓練権力の源泉として、触れるものである。

機械時計はさらに、「制御 control」という問題の源泉にも位置する。制御という問題系について、ワットの蒸気機関に据え付けられたガバナーとそれについてのマクスウェルの論文、さらにはそれに着目しつつ「通信と制御の学問」として「サイバネティクス」を提起したノーバート・ウィーナーの仕事が想起されるであろう。[5] だが、エルンスト・ユンガーが『砂時計の書』のなかで論じるように、機械時計の調速機は、蒸気機関に先行する制御機構である。「ヨーロッパの知性が見いだした解決、すなわち調速機（Hemmung）の発明こそが、ちょうど18世紀の蒸気機関がヘロンの蒸気機関と異なるのと同様に、古典古代のどんな時計とも異なる歯車時計を生み出したのである。調速機の発明は、時間にたいする人間の知性の新たな独自の取組みであった」。[6] 時計は、「世界の最初の機械」であると同時に、「最

初の自動装置」でもあった。[7]

オットー・マイヤーは、このような機械時計の制御機構に注目し、機械時計がなによりも「システム」という考えの源泉になったことを指摘している。「時計じかけは、複雑に組み合わさった部分の完全無欠な連動を表わすメタファーとなった。そして、定式の途上にある新たな抽象概念、すなわち〈システム〉という概念を説明する初の具体例となった」。[8] 時計とは、よく統治され、秩序と調和を維持し、バランスを保ったメカニズムなのである。

座標軸を定める

機械時計の出現は、人びとの生活に関わる時間の変容をもたらす。農業社会では、太陽の運行にともない昼夜が決まる不定時法が主流であるが、都市社会や工業社会での人びとの生活は機械時計にもとづく定時法によって営まれる。さらに、鉄道と電信の出現が決定的な変化をもたらす。鉄道と電信によって都市が結ばれることで、地域間での時刻の差異がはじめて問題になる。鉄道網が発達すると、標準時の制定への要望が高まる。1883年11月18日、アメリカでは標準時が制定される。

だが、このような機械時計が刻む時間は、陸の上を走る鉄道よりも以前に、海を移動する船において必要とされたものだった。海洋では、南北の位置（緯度）は太陽や北極星などの天体の観測によって確定できる。他方、東西の位置（経度）を知ることはきわめて難しい。その解決策となるものが、精確に時を刻む時計であった。出港した地点の時計の時刻を基準として、現在の船の時刻との時差を測定することができ、それによって出港した地点からの現在の船までの距離を算出することができる。だが、船上は、波による揺れ、潮風による錆び、寒暖の差など、機械時計にとってはきわめて厳しい環境である。英国議会は1714年に経度法を制定し、賞金をつけて発明を奨励する。そして、1759年にジョン・ハリソンが発表したマリンクロノメーターは、さまざまな工夫を組み込み、機械時計の精度の革新をひきおこした。それを複製した時計を搭載したクックの船団が、世界を航行する。高精度の経度測定が可能になり、海にまたがる帝国の基礎が築かれていく。[10]

このような高精度の機械時計が刻む時間は、社会に普及し、人びとの生活や身体を変容させていく。アメリカ社会における時計の普及と時間意識の変容について論じた『時計と人間』のなかで、マイケル・オマリーは、「標準時が人間を規制し、人間の規則正しさが時計を規制し、今度はその時計が人間を規制する」と書く。[11] アメリカでは、互換性のある部品による大量生産がいち早く目指され、時計は人びとの生活に普及していく。

時計の大量生産と標準時の制定は、マンフォードが時計と修道院の生活を結びつけたことを、産業社会全般へと拡大させていく。「標準時は、生活を組織づける新しい方法の確立に役立つ……こうした新しいシステムが、産業社会における自己修練や社会監視の問題——要するに、自己を他者との関係において規定するという——とむすびつけられる」。[12] ユンガーがいみじくも述べるように、時計は時を測るだけでなく、そもそも時間を創造、生産する機械なのである。[13] そして、それは、身体を変容させ、自己と他者との関係性を変容させる。

このような時計による生活の規律化によって想起されるのが、1880年代ごろからフレデリック・テイラーが開始した科学的管理法である。それは、ストップウォッチを用いて、労働者の身体のパフォーマンスを測定する。科学的管理法が次第に隆盛していく時期、近代オリンピックがはじまり、陸上競技を中心に、一定の距離を走り抜けるアスリートの運動が、数値として記録されるようになる。

オリンピックと時計――スポーツにおける計時

ストップウォッチの基本原理は１７２０年にイギリスのジョージ・グラハムが考案した。１８２１年、フランス人でパリの時計職人のニコラス・リューセックが最初の携帯できるストップウォッチをつくる。当初は医療現場で患者の心拍数を計るために用いられた。これが１８２２年にスポーツ競技に用いられ、スポーツ競技における計時がはじまった。[14] 陸上競技については、１８４４年の記録が残っている。当時は、１／10秒は測定できず、秒以下は分数になっていた。[15]

近代オリンピックがはじまるのは、１８９６年である。１８８７年から秒針付きクロノグラフの製造をはじめていたロンジン社は、５分の１秒単位で最大30分を計測できるストップウォッチをつくり、第一回大会（アテネ）に間に合わせた。１９１２年、国際陸上競技連盟が組織され、計時のルールが定められ、記録の公認制度が始まる。１９１６年にはタグ・ホイヤー社が１／１００秒単位を計測できるストップウォッチ「マイクログラフ」を開発し、20年のアントワープ大会、24年のパリ大会、28年のアムステルダム大会と、３回のオリンピックでオフィシャルタイマーを務める。[16] １９３２年のロサンゼルス大会では、一部の着順判定に写真判定装置が試用された。１００メートル走で接戦となると、ゴールで先頭集団を「クロノシネマ」と命名された写真で撮影した。[17]

電気で計時システムを動かす「電子計時」は、１９６０年のローマ大会ではまだ試験的な段階にあったが、１９６４年の東京オリンピックで本格的に導入された。[18] ４００メートルまでの短距離走で電子計時システムが採用され、手動計時がそのバックアップにまわった。そして、１９７６年から、国際陸連は、記録の単位を１／１００秒とすると同時に、公式記録は電子計時によって記録されたタイムのみとする決定をくだした。

水晶時計とデジタル時計

１９６４年の東京オリンピックは、電子計時とともに、水晶時計を導入した点で、時計の技術的革新の契機となった大会である。織田一郎はこの大会の技術的意義を、「『手動計時』でなく『電子計時』を主とした計時を実践した」こととともに、「主要スポーツ競技の計測を、機械式の約１００倍の精度を誇る『次世代時計』のクォーツ時計で行った」ことにあると論じる。[19]

この時計の変化は、オリンピックがいかに社会を変えるかという問いに対するひとつの答えとなる。１９６０年代以降、ここまで論じてきた機械時計から別の時計と時間が社会へと広がっていく。駆動部に水晶（クォーツ）を用い、電気で動く水晶時計であり、文字盤ではなく、液晶を用いた数字式の表示方式をもつデジタル時計であり、さらには水晶時計をはるかに超える精度をもつ原子時計である。

水晶は、圧電効果（圧力をかけると電気が生じる）と逆圧電効果（電圧をくわえるとひずみが生じる）を持ち、一秒間に数千から数百万回の振動を得ることができる。すでに戦前の１９２７年に、ベル研究所のウォーレン・マリソンが水晶時計の試作品を完成させていた。これは、水晶振動子を発振させて得る１００キロヘルツの振動を、真空管による分周回路で1キロヘルツまで落とし、同期モーターをまわして歯車を回転して時刻を表示するものである。さらに、戦後に開発されたトランジスタは、水晶時計の小型化への道をひらく。[20]

日本でも、１９５０年代から精工舎が放送局の時報用装置として、水晶時計を製造、販売していた。１９６０年のものは小型化されたとはいえ、20×25×50センチの寸法をもち、16キログラムで、日差０・８秒であった。主な納入先は、放送局以外には、研究所、鉄道会社、船舶であった。[21]

１９６４年の東京オリンピック計時を担当したセイコーは、水晶時計を、乾電池を用いて駆動できるまでに、省電力化、小型化させる。そして、1968年には、世界初の家庭用水晶時計、1969年には、水晶時計のムーブメントを用いた腕時計を発表する。腕時計にとって機械からクオーツへの移行は決定的に重要である。なぜなら、腕時計は、腕に装着しているため、温度・気圧の変化が大きく、衝撃、チリ、埃、水、汗などを受ける可能性が非常に高まるからである。

同時期における腕時計の革新のもう一つが、アナログ表示ではないデジタル表示の登場である。当初は、発光ダイオード（LED）を使用した電子デジタルウォッチが開発されていたが、次第に、液晶ディスプレイ（LCD）式デジタルウォッチへと推移する。1973年に、セイコーは、液晶デジタルの腕時計を発売する。[22]

このような水晶時計とデジタル時計の開発・普及と並行して、超高精度の時間が社会に入り込んでいく。すなわち、原子時計である。1967年の国際度量総会で、1秒は、「セシウム133原子が基底状態で91億9263万1770回振動する時間」と決定された。原子時計が計る時間に従えば、地球の自転すら、潮汐の影響等により不均質である。自然の時間に基づく「時刻」と、人工の時間で決まる「時間」とが分かたれる。このような超細密な時間は、コンピュータと通信の時代において、きわめて深淵な意味をもつようになる。[23]

1964年の東京オリンピックとセイコーエプソン

1964年の東京オリンピックの、ストップウォッチを含めた計時を一手にひきうけたのが、前述のとおり、セイコーであった。とりわけ、現在のセイコーエプソンにあたる諏訪精工舎が、この技術革新の中心にあった。諏訪精工舎は、1959年に第二精工舎の諏訪工場と大和工業が合併し誕生した。

第一に、諏訪精工舎は、先に述べたように世界最初の乾電池式クオーツ時計「セイコー　クリスタルクロノメーター

QC-951」を開発している。小型化と低消費電力を実現し、単一乾電池2本で1年間作動が可能となる。この技術は、東京オリンピックから5年後の1969年のクリスマスに発売された世界初の商品化クオーツ式腕時計「セイコー　クリスタルアストロン35SQ」の開発へとつながる（**図1**）。水晶振動子、時計用IC、ステッピングモータを搭載し、当時の機械式時計が日差20秒のところ、保証制度月差±5秒、日差±0・2秒という超高精度を実現した。価格は45万円と、当時の自動車並みの価格であった。そして、1973年10月、時刻表示の部分に、世界初の6桁液晶ディスプレイを採用し、時、分、秒を常時表示できるデジタルウォッチ、「セイコークオーツLC V.F.A.06LC」を発表する（**図2**）。価格は、13万5000円であった。

第二に、諏訪精工舎は、スポーツ競技用の電子記録システム「プリンティングタイマー」を開発している。時間計測機構（タイムカウンター）と時刻印刷機構（プリント機構）をひとつに組み合わせた、スポーツ競技用の電子記録システムである。スターターのピストルが時計と写真判定装置に電線でつながり、スタートからゴールまでの記録を自動的に計測し、その記録の印字も同時に行う。

図1

セイコーのクォーツウォッチ「アストロン」（出典：青柳一弘『セイコーエプソン』より）

図2

セイコーのデジタルクオーツウォッチ「06LC」（出典：青柳一弘『セイコーエプソン』より）

写真判定装置では、スリット画像で連続撮影がされ、フィニッシュライン上を通過する走者の画像が連続的に映る。[24]

この「プリンティングタイマー」は、世界初の小型軽量デジタルプリンタである「EP-101」の開発を導いた。その発表は、１９６８年である。当時、電子式卓上計算機がオフィスに導入されつつあった。累計販売台数１４４万台を記録し、諏訪精工舎が情報産業部門に進出していく第一歩となった。この「EP-101」の子供（SON）たちが、世に多く出ていくようにという願いを込めて、１９７５年６月に「EPSON」というブランドが立ち上げられる。１９８５年、諏訪精工舎はセイコーエプソンとなる。

さらに、セイコーエプソンは、その誕生から約半世紀後の２０１２年８月、リスト型ＧＰＳ機能付きランニング機器「Wristable GPS」を商品化している。ここでも低消費電力の技術が活かされ、ＧＰＳ計測が14時間にまで可能となった。

１９７０年代のランニングブーム

ここまで述べてきた時計と計時の発達の歴史は、セイコーを中心とする産業技術史の一ページにとどまらない。この歴史は、１９７０年代のランニングブームと並行し、深くからまりあっているのである。同時期、「健康」がブームとなり、「スポーツ」が人びとの生活の中により深く入り込んでいく。

１９６４年の東京オリンピック後、「国民の健康・体力増強対策」の基本方針が閣議決定され、行政・民間団体による「体力つくり国民会議」が発足する。このときの議論は、都市と地方、大企業と中小企業といった二重構造を問題視し、日本が立ち遅れたものとしてキャッチアップを目指すものであった。他方で、すでに述べたように、１９６７年の第一回青梅マラソンは「大衆マラソン」と銘打ち開始され、１９７５年には数千人を超える大会に成長する。１９７７年にアメリカでベストセラーとなったジム・フィックスの The Complete Book of Running は、

１９７８年に『奇蹟のランニング』という邦題で出版される。[25] 高度成長後の世界において、健康やスポーツといったものが社会に普及していくのであり、オリンピックは社会を人びとがスポーツをする社会に変えていく。

このような運動のひろがりは、ファッションやライフスタイルといった消費文化とも共振している。１９７６年、マガジンハウスから創刊された『Popeye』は、その創刊号で、「カリフォルニアの若い世代の暮らし方、特にスポーツ・ライフ」を紹介する。そこでは、「スポーツ」が、「現代人として生きのびるため」、「かけがえのない自分を健康にするため」に重要なこととして示されている。魅力的なライフスタイルとともに、無数の商品が並び、消費の欲望を喚起する。同時に、「走ることにも科学がある」と述べられ、「よりよい走法、科学的データに基づいたスケジュール」が強調されている。これらの表現は一つのレトリックに過ぎないかもしれないが、消費と科学技術との微妙な結びつきが示されてもいる。

図３　『ランナーズ』創刊号表紙

『ランナーズ』の創刊

『Popeye』の創刊と同じ１９７６年、現在まで続くランニング雑誌『ランナーズ』が創刊された（**図３**）。この創刊号は、この年の青梅マラソンにあわせてつくられる。その巻頭言「『ランナーズ』創刊にあたって」は次のように宣言している。

> 交通機関の発達、家庭生活の電化、自動化、労働の場での機械化、オートメ化などによって、私たちはその生活全般に根本的な変化を強いられつつあります。人間は生きるために労働を通して身体運動をつづけ、それによって身体のメカニズムが調和していたのです。そのメカニズムが、いま少しずつ狂い始めてきています。そのため私たちはややもすると慢性的な運動不足におちいり、過度の肥満傾向をもち、高血圧や糖尿病、心臓病、胃腸障害など、いわゆる文明病に悩まされるようになりました……自らの足で健康をつくり、自らの健康で自らの未来をひらこうとする人びとが日に日にふえているのです。

生活の機械化に伴う運動不足が、肥満や高血圧、糖尿病、心臓病などをひきおこす。このような議論は、１９７０年に出版され、１９７２年に邦訳されたケネス・クーパーの『エアロビクス』のなかでも繰り返されていたものである。[26] 戦後に社会に広まった「ストレス」の語は、身体のみならず、精神の健康の問題にも及ぶようになっていた。雑誌『ランナーズ』は、「走るよろこびと健康」を掲げ、「走る仲間」と共有することを目指す。

創刊号の翌月に開催された第10回青梅マラソンは、８０００人近くの参加者を集めた。ボストンマラソンとの姉妹協定を結んだ最初の大会である。また、この年は、アメリカの雑誌『ランナーズ・ワールド』の創刊10周年の年にあたり、雑誌『ランナーズ』はその姉妹誌として提携することになる。

創刊2号の「トピックス」のコーナーには、「活発になった『トリム運動』」という見出しがある。そこには、「健康つくり、体力増進にと全国的にトリム運動が持ち上がっている」と書かれる。「トリム」とは、「船の舵をたくみに操って船のバランスをとるという意味」として説明されている。ここから転じて、「体力づくり運動全般」をさし、

「だれでも、いつでも、どこでも手軽にできる体操や運動」をさすという。この語は1970年代前半にはすでに紹介されていたが、1975年に新聞で、「市民スポーツ」の語とともに取り上げられている。[27]

1964年の東京オリンピックをきっかけとして時計の技術革新がすすみ急速に普及する。同時期、平行する消費社会化にともない健康への意識が高まる。技術と健康の二つを背景として、ここからは、雑誌『ランナーズ』の初期（創刊する1976年から1985年までの10年間）に取り上げられているさまざまな商品とその広告に注目し、ランニングにまつわるモノが描き出す文化の布置を素描していこう。

ランニングと計測――ストップウォッチと腕時計

『ランナーズ』の1976年10月号では、ランニングのグッズについて特集されている（**図4**）。周回を記録するためのカウンターが「片手に持って走ると便利」と紹介される一方で、腕時計とストップウォッチがとりあげられている。カシオメトロンX-1は、四桁の表示をもつデジタル・ウォッチで、13時間までのストップウォッチ

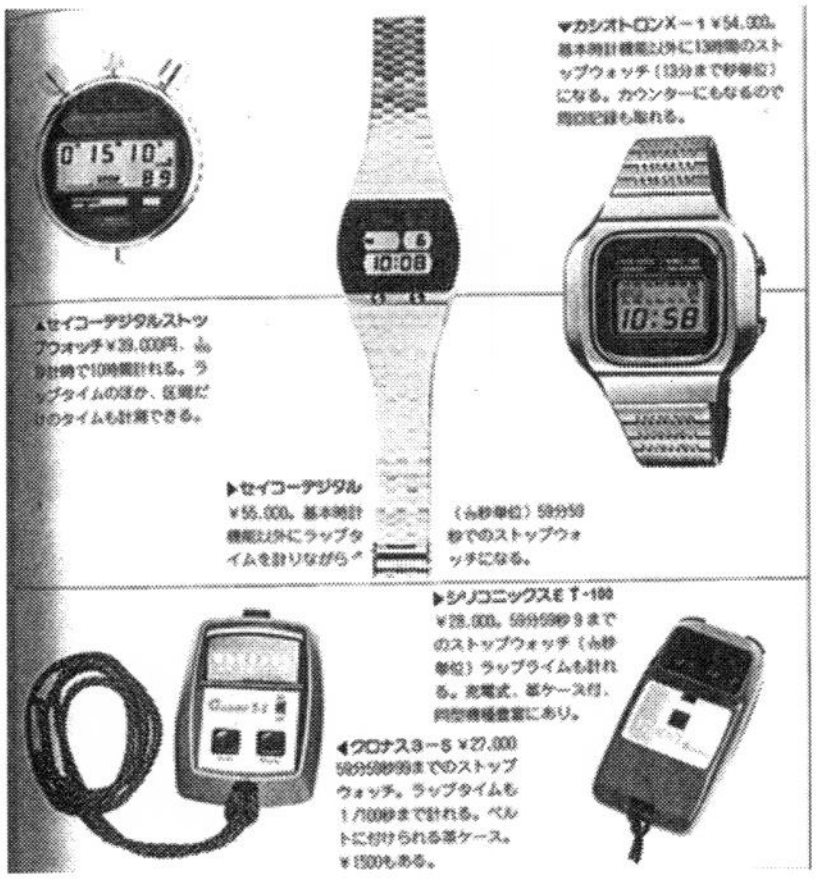

図4『ランナーズ』1976年10月号のグッズ特集

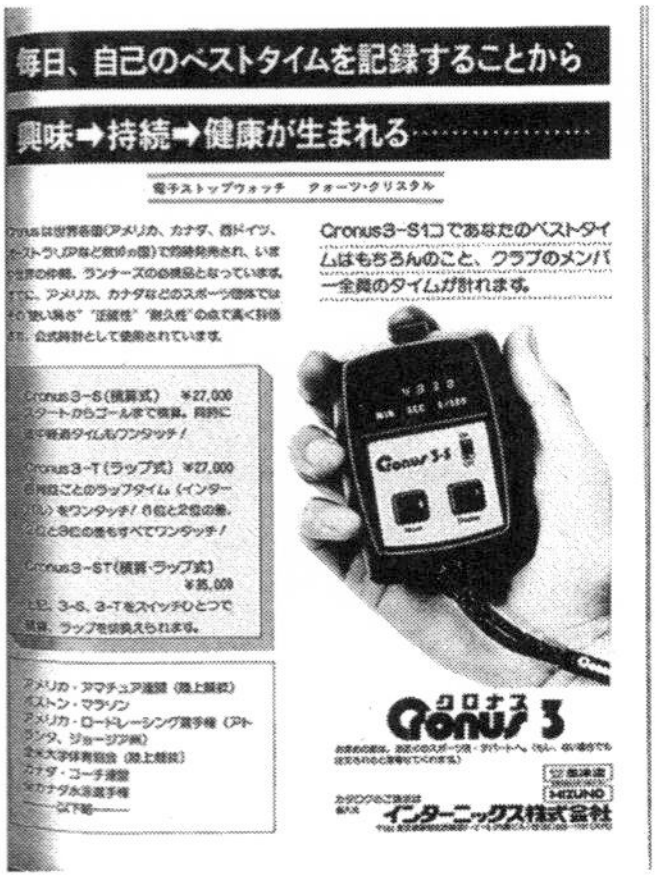

図5「クロナス3」

（13分まで秒単位）となり、周回記録をとるカウンターとしても使用できる。セイコー・デジタルは、1／10秒単位で、59分59秒までのストップウォッチとなる。いずれも、5万円以上した。

また、「電子式デジタルストップウォッチ」として、シリコニックスET-100、クロナス3-Sが紹介されている。両者はともに、59分59秒99まで測ることができる。さらに、セイコーのデジタル・ストップウォッチが、1／100秒で10時間の計測が可能と紹介されている。クロナス3のコピーは、「毎日、自己のベストタイムを記録することから興味↓持続↓健康が生まれる」である（**図5**）。

1976年の『ランナーズ』には、「練習日誌」の特集が組まれている。同時期の陸上競技雑誌にも同じストップウォッチの広告が掲載されていたように、ストップウォッチは何よりもそのトレーニングに必要である。だが、携帯可能になると、計時者を必要とせず、ランナーみずからが記録をとることができるようになる。それは「自分自身の健康管理のバロメーター」となると同時に、「自分の記録に挑戦するおもしろさ」を引き起こし、さらには、「細かいデータを出していると、深夜にまでなっちゃう」という感想をも引き出す。この特集の最終ページの横には、セイコーのストップウォッチの広告が掲載されている。「ストップウォッチがあると、もっと楽しく走れる」。さらに別の広告では、「ストップウォッチは、ぼくたちの体温計だ」と書かれる（**図6**）。そして、1977年にはストップウォッチ機能をもったデジタル表示の腕時計、セイコー・デジタルが、「私の、ペースメーカー。」というコピーとともに広告され

図6「セイコーストップウォッチ」

ている（**図7**）。

血圧計と脈拍計——身体の計測

ストップウォッチの広告に用いられる「体温計」は単なる比喩ではない。『ランナーズ』の広告には、時間の測定する機器と同時に、身体のパフォーマンスを測定する機器が登場している。すなわち、血圧計や脈拍計である。すでに述べたように、１９７０年代のランニングブームの背後には「健康」ブームや「トリム運動」があった。また、雑誌『ランナーズ』はその創刊から、「走るよろこび」と健康を掲げていた。そのような観点からするならば、脈拍や血圧は、それぞれの運動する身体を測定する装置として重要な意味あいをもつ。１９７６年の『ランナーズ』には、OMRONが「走るあなたと血圧と…」、「減量ランニングと血圧…」、「走りのメディカルチェックと血圧…」といったコピーをもつ電子血圧計の広告をだしている（**図8**）。

１９７９年に登場する、インターニックス株式会社が輸入する「The Cronus Strider」は、腰につけた装置が信号音を発し、それをイヤホンで聞くペースメーカーである。「アメリカで生まれ、

図7　「セイコーデジタル」

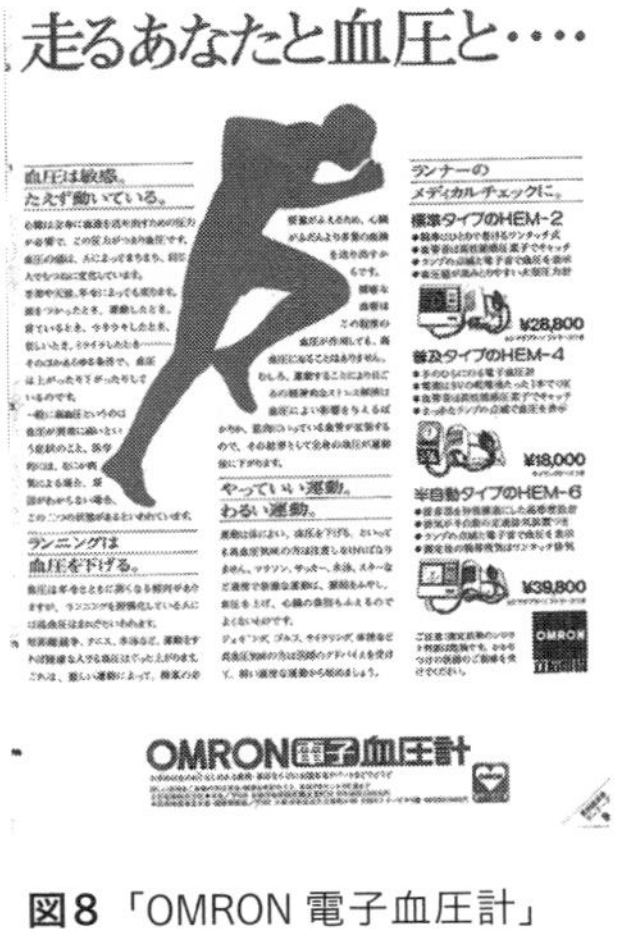

図8「OMRON 電子血圧計」

アメリカで育った、本場ジョッキングの間で、静かなるブームを巻き起こし、いまや圧倒的な支持を受けています」。同様の機械に「ロードジム」がある。こちらは、60分のタイマーを内蔵し、本体からピッチ音がなり、手にもって走るバトンの形状をしている。それは、「最適ペースと走る時間を科学したペースメーカー」と自己を表現している。

1979年には、OMRONのランニングウォッチ、「OMRONジョギングメーター」の広告も掲載されている（**図9**）。ペース発信装置を組み込み、ペースに合わせた歩幅を10センチ単位でキー設定する。腕の振りがカウントされ、走行距離が計測されてデジタルで表示される。「きょうどれだけ走ったか、その距離がわかればもっと楽しい。乱れがちなペースがリズミカルになれば、さらに爽快感が味わえる」「いつもの健康ランニングが、楽しいジョギングが、より安全で効果的なものになります」。

ソニーの脈拍計「インスタパルス」は、両手で握った瞬間にその時の脈拍数が数値で示される。ソニーはまた、胸にバンドをつけ、一定数字以上になると警告を発する脈拍系「ハートセンサーERM-101」を発売している。「ジョギングは安全でなければなら

図9「OMRON ジョギングメーター」

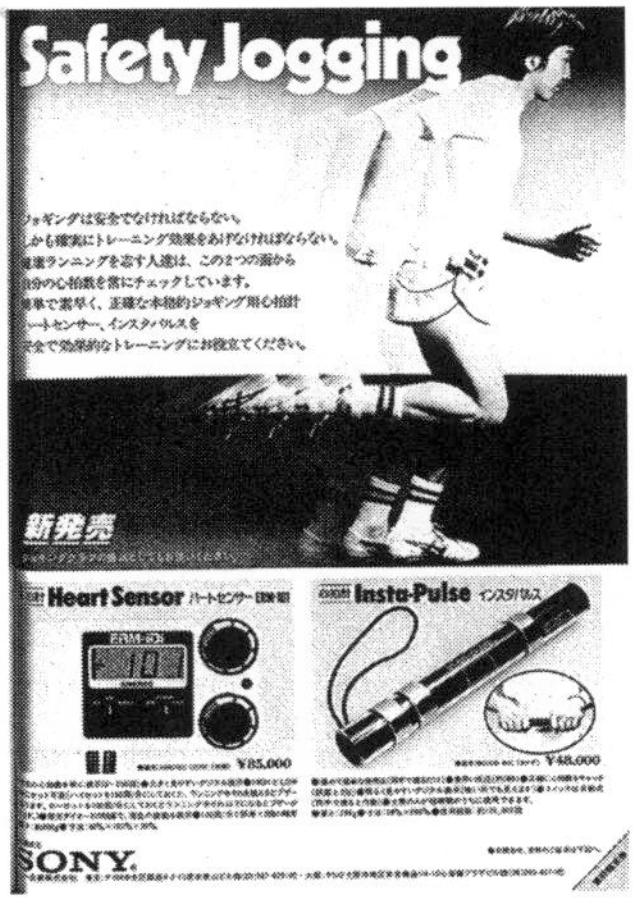

図10「インスタパルス」と「ハートセンサー」

ない。しかも確実にトレーニング効果をあげなければならない。健康ランニングを志す人達は、この2つの面から自分の心拍数を常にチェックしています」（**図10**）。

携帯できる脈拍計は需要があったようで、日本精密機器は、指先で脈拍を図る重量100グラムの脈拍測定メーター「ジョガーメイト」を発売している。同様の携帯型脈拍計として、「PALPY」（セノー株式会社）は、「勘で、走るな」「身体の赤信号は脈拍に現れる」と書き、「健康づくりも勘と根性の時代から、科学的に管理する時代になりました」と宣伝する。

時間と身体の計測

このような身体の計測具は、腕時計の多機能化のなかでいちはやくとりいれられている。1981年に広告がでてくる「パルスタイムクロノカーデオメーター」は、「デジタルウォッチに脈はく計を搭載」するものである（**図11**）。「健康時代」に、「脈はく管理」をすることを訴える。

同年、バイオメトリクス社製の腕時計、「エクササイズ・コ

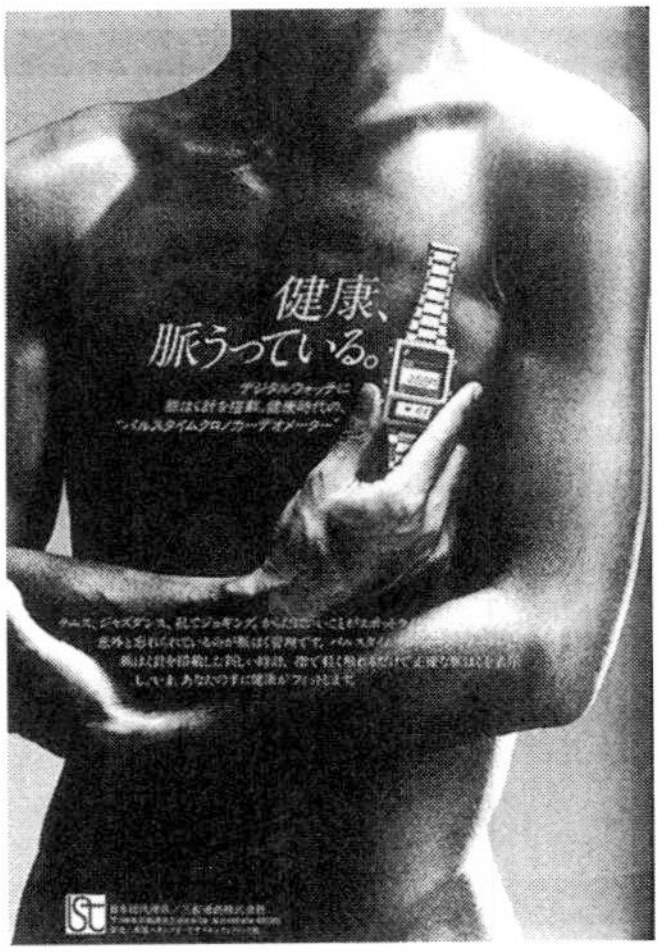

図11「パルスタイムクロノカーデオメーター」

図12「セイコーランナーズ」

ンピュータ」の広告は次のように述べる。「みんなが走っているから私も……という一時的なブームは終わりました。これからのジョガーは、ファッションで走るのではなく、真の健康のために、自分のペースをしっかりつかんで計画的に行う時代です」。常に脈拍をモニター、監視するうえ、平常時の脈拍を記憶、上限脈拍数と下限脈拍数を記録し、それを超えると警戒音を発する。ペースメーカーやデジタル時計の機能も付加される。そして運動後に脈拍が平常に戻るまでの快復時間を図ることで、トレーニングをコーチしてくれる。

そして、セイコーも同じ年に「セイコーランナーズ」を発売している（**図12**）。「心拍数が瞬時にわかる」脈拍計つきニューウォッチであり、「アラーム・ストップウォッチ機能つき」である。この商品は、「心臓の電気信号（一ミリボルト以下と微弱）を、他のさまざまな電気ノイズと区別する高感度のIC回路を開発、時計に組み込む」ことによって、金属部を触れるだけで脈拍が計測できる。ストップウォッチ機能を備え、ラップタイムが上段、積算が下段に表示される。価格も1万円強に抑えられている。

さらに、1984年に広告が掲載されている「セイコーランナーズ」の新商品では、電極グリップを胸バンドにより、肌に密着させるという方法によって、走行中でも常時、心拍を測れるようになる。「きょうの記録が、あすの壁になる。この壁が厚ければ厚いほど、効率的なトレーニングが必要だ。バイオ・テックを走りに導入したセイコーランナーズ。走行中の心拍数を自動表示して、ランナーにコンディションを告げる」。

同年、シチズンは、「ヘルス・コントロール・ウォッチ」として、「バイオスポーツ」を発売する。「脈拍数を感知。運動量を検出し、エアロビクスポイントと運動消費カロリーを算出。いま、ウォッチが生態科学機能をもった。バイオスポーツ。たんに走ればいいという時代は終わりを告げ、セルフ・コントロールする時代となる」。1980年代のランニング文化のなかで、自己の身体は制御と経営の対象となる。

ランニングの翳りと広がり

しかし、「走るよろこびと健康」という主題は、ランニングに一つのジレンマをつきつける。そのジレンマが、血圧計や脈拍計の市場を切り開いていくともいえるのだが、ランニングが心筋梗塞等の突然死と隣り合わせであった事実を見落とすことはできない。それ以外にも、自動車との衝突事故のリスク（1982年に「交通事故からどう身を守るか」が短期連載される）、膝の故障のリスク、さらには都市部での大気汚染の問題（1983年「都心ジョギング黄信号――どうする？ 汚染対策」）など、ランニングには障害がともなう。1984年には、『奇跡のランニング』の著者ジェイムス・フィックスが、心臓病によって52歳で突然死し、繰り返しその死因が考察される。

そのようなランニングにともなうさまざまな困難が認識される一方で、文化としてのランニングはさらに強度をましていく。100キロメートルを走るウルトラマラソン（1981年）、トライアスロン（1982年）といったより負荷の高い競技に注目が集まる。特にトライアスロンについては、専門誌も登場している。他方で、スポーツは「アスレティック」や「フィットネス」といった言葉とともに、社会に広がっていく。雑誌『アスレティック』がランナーズから派生して出版されている。また、1987年にはマガジンハウス社から『TARZAN』が創刊され、「快適主義」をうたっている。

1970年代のランニング文化のひろがりのなかで、すでにある程度、女性がくわわっていることも見逃せない。『ランナーズ』では、1977年には「女子マラソンの夜明け」が特集されている。1982年9月、東宝創立50周年記念作品の一つとして、『幻の湖』が公開される。原作・脚本・監督を橋本忍が務める。主人公の女性は、雄琴の性産業に従事し、日々、琵琶湖河畔を走ることを習慣とする。走るという営みは物語の最後まで貫かれ、この作品をまごうことのない「ランニング」の映画としている。

ランニングの文化とデジタル化する社会——ランニングと情報技術

１９８０年に入ると、腕時計では、よりスポーツを意識したラインナップが登場し、また、メモリ機能が追加される。１９８３年に発売された「セイコータイムトレーナー」は、８回分のタイムをセットすることができるメモリ機能を新たに搭載する。あらかじめセットした時間にアラーム音がなり、また、通過した時点でボタンをおすとそのタイムが表示され、記録される。この記録は呼び出すことができる。同様のメモリ機能は、同じ１９８３年に、シチズンが発売した「スポルディング・チャレンジスポーツ」という腕時計にも搭載されている。「カンで走る時代は終わった。より速く、あるいはより正確なペースで走るランナーのために、様々な機能を備えたストップウォッチ付時計が生まれたからである」。

また、計時という主題との関係で、見落とすことができないのは、プリンターの登場である。１９８１年のランニングの計器類を紹介する特集のなかでは、関東電子の「タイムプリンター」が紹介されている。「ランニング大会の着順とタイムが同時に何人も記録出来、プリントアウトする」。１９８２年には、関東電子はさらに「マイコン・ランナーⅡ」を発表する。「着順と時間を瞬時に記録し、連続一万人をプリントアウト」。１９８２年９月に、「SEIKOスポーツプリンター CT-816」が発売される（**図13**）。「記録がプリントされる。分析できる。活用できる。と、目標に手がとどく」。大会運営に用いることができる大会用着順プリンターとして宣伝される。内田洋行も「スーパーストップウォッチ UR-16」を発売し、その広告をだしている。「マイコン搭載、記録のとれるストップウォッチ」。これらのプリンターが、マラソン大会の運営を支え、大会そのものを無数に増殖させていく。

１９８３年、『ランナーズ』誌上で「ランナーズクラブ」が募集されている。入会とともに、参加した大会とそのときの記録を郵送し、コンピュータに打ち込むと、年間記録証のプリントアウトのサービスがうけられる。同時に、このクラブに入会することで、新しく導入されたRUNTESというランナーズ大会エントリーシステムを利用できる。会員情報を一括して大会に申し込むというシステムであり、「全国大会から地方大会（元旦マラソン大会なども含む）までほとんどの大会はカバーされ」ている。さらに、１９８４年には、RECS（Running Event by Computer System）が導入される（**図14**）。「大会運営のスピード化と省力化」のためである。参加者の情報をコンピュータに登録し、ゼッケンやあて名を作成し、バーコードを付与する。このシステムには、セイコータイムプリンターが組み込まれており、記録を登録し、順位一覧表や結果一覧表、記録証や記録集を作成することが可能となる。

ランニングと超精密の世界（１）――シューズの開発

とはいえ、短距離とは異なり、長距離の陸上競技の記録は秒単位で測られる。そのため、１／１００秒という単位は、記録可能であっても、それほど拘泥される対象ではないように思えるかもしれない。その意味で、水晶時計が刻む時間は、

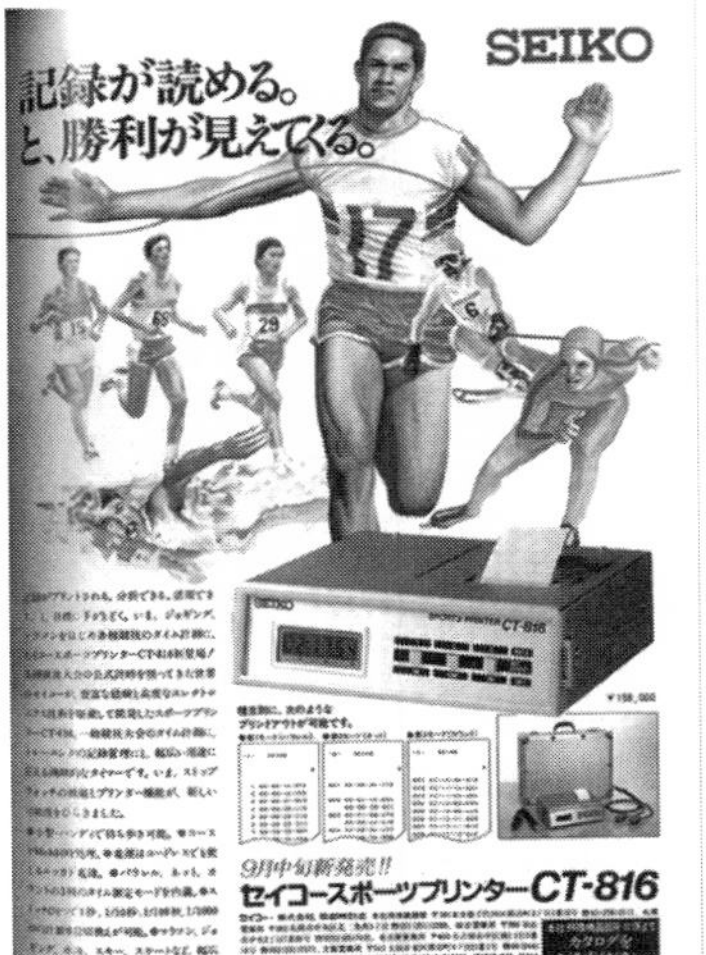

図13
「セイコースポーツプリンター CT-816」

図14
「RECS」について

ランニングという競技そのものには深く関わっていないように思える。だが、水晶時計が刻む時間は、記録そのものよりも、ランニングをとりまくさまざまなモノへと組み込まれ、ランニングという文化をつくりあげていく。

その一つの事例がシューズの高度化である。１９８０年代前半の『ランナーズ』では、シューズの開発と革新が記事となり、アシックス、プーマ、ナイキといったメーカーの広告では、こぞってその科学性が主張されていた。１９８２年、「走路と衝撃」という特集が組まれ、着地の衝撃の三次元グラフが掲載される。同年のアシックスの広告は、いくつもの配線でつなげられた機器とコンピュータの前で走るランナーの足にフォーカスした写真を掲げ、そのうえに「Biomechanics」という文字をおく（**図15**）。この広告によれば、「バイオメカニクス」とは、「いまだにその多くが謎につつまれている人間のからだの動きのメカニズムを、運動生理学や運動力学、さらに解剖学や物理学などの科学領域を総合して解明しよう」とする「新しい科学」である。

この年、『ランナーズ』には、ペンシルバニア大学のカバナー博士へのインタビューが掲載されている。「ランナーが着地してからつま先が地面を離れるまでの時間」のわずか０・２秒に生じる圧力の変化がグラフ化される（**図16**）。このデータが、足裏での圧力の移動のデータと組み合わされ、三次元グラフが作成される。カバナー博士は、別の号の特集で次のように紹介される。「ペンシルバニア州立大学のバイオメカニックス研究所は、おそらくシューズ研究としては世界の最前線を歩んでいる研究所だろう。教授のカバナー博士はアメリカのランニングシューズマーケットに多大

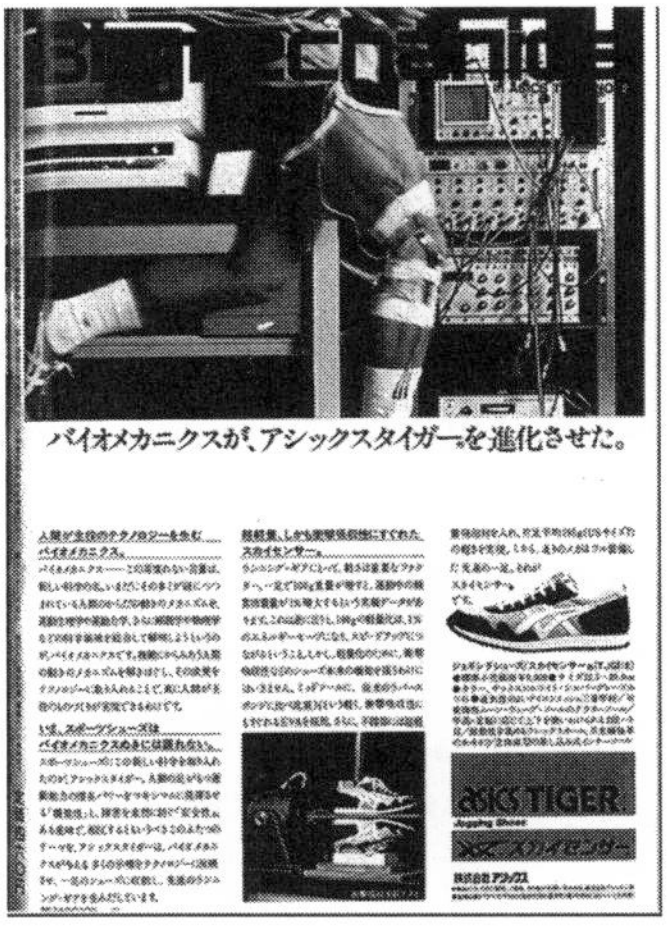

図15「アシックスタイガー」

な影響を及ぼしたランナーズ・ワールド誌のシューズサーベイの担当者で、コンピューターを駆使したデータ分析に定評がある」[28]。このような分析を通じて、「消費エネルギーの低い能率的なシューズ」の開発が可能となる。[29]

1983年のプーマの広告には、カバナー博士が登場している（**図17**）。「極限の機能を追究するためには、もっと基礎的なデータが必要だ。着地時に足が受ける圧力も、1000分の1秒単位で測定しなければ意味がない」。「1000分の1秒単位のデータが、スーパージョギングシューズを生んだ」。同年のナイキの「ペガサス」というシューズの広告では、同様の衝撃の図が掲載されている（**図18**）。さらにナイキの別の商品の広告では、「ランニング・エコノミー」という概念が示され、「燃費」の比喩で説明される。ナイキについては、1983年の「シューズ最前線」という特集で大々的にその研究所が紹介されている。そこは、「現在のエアーシューズの約2%の効率を5%に高め」ることで「マラソンで6分速く走れる」シューズの実現を目指す。さらに、シューズの制作にあたってCAD/CAMシステム（Computer Aided Design / Computer Aided Manufacturing）が導入されていることが紹介

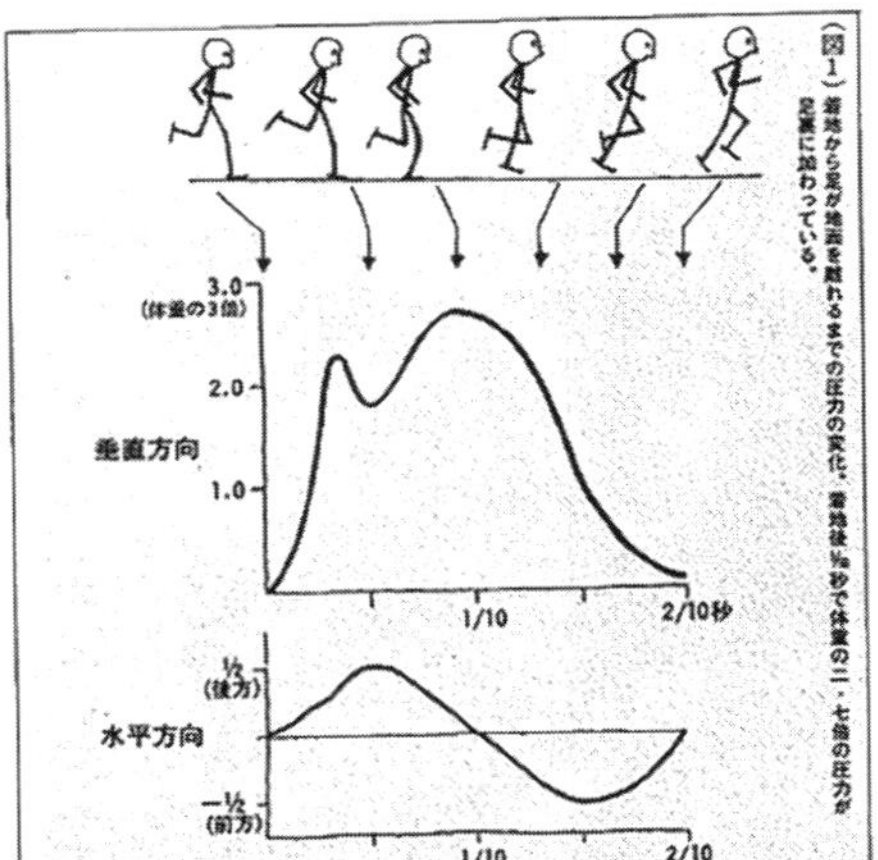

図16　着地時の圧力の変化のグラフ

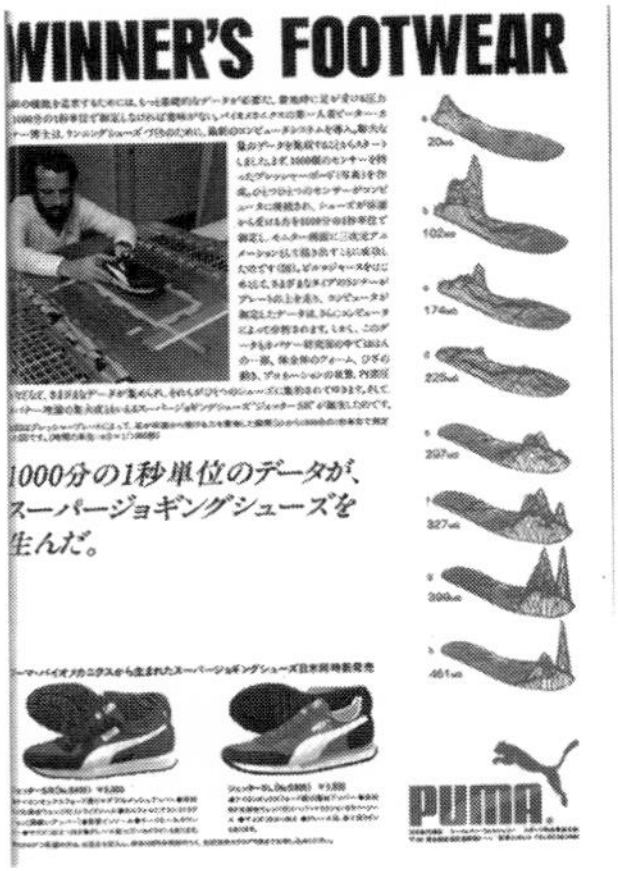

図17　PUMAのシューズの広告

されている。

このような運動する身体の測定は、ウェアの開発にも応用される。１９８５年のアシックスの広告は、次のようにバイオメカニクスを通じた開発について述べている。「運動時の身体の動きを一秒間１５０コマの高速度フィルムでとらえ、人体上に設定した36カ所にわたるチェックポイントの伸縮の変化をひとコマひとコマ数値化してコンピュータにインプットし立体的に３Ｄ解析。バイオメカニクス研究の成果に基づく最新の科学分析を駆使してスポーツブラを運動機能別に３タイプに分けることに成功しました」（図19）。

ランニングと超精密の世界（２）——ＧＰＳ

最後に現代のランニング文化には、水晶時計だけではなく原子時計が刻む時間がくみこまれていることを確認したい。

すでに述べたように、現代のランナーたちは、ＧＰＳ付の腕時計を装着し、自らの位置を捕捉し、時間と距離を計測し、パフォーマンスを測定し、記録している。ＧＰＳは、アメリカ軍によって開発された、人工衛星を利用して位置を測定するシステムのことである。１９９１年の湾岸戦争では、ミサイル（スマートボム）の

図 18　NIKE「ペガサス」

図 19「アシックス・スポーツ・アンダー・ギア」

誘導に用いられる。すでに民生用に開放されていたが、ノイズが除去されることで精度が格段に向上し、スポーツ競技者にも用いられるようになる。

このGPSは原子時計を用いて運用されている。GPSの原理は、ある一点について、位置がわかっている3つの地点との距離を測定し、距離を半径とする3つの円を描くことで、その位置を確定させるというものである。この3つの地点にあたるのが地球を周回する約30基の人工衛星である。すべての周回人工衛星の位置を確定し、衛星からの電波を受信する装置で、各衛星からの電波の到達時間を測定し、衛星までの距離を計算する。この情報処理によって受信機の地球上での緯度、経度、高度が算出される。人口衛星の時刻と受信装置の時刻を同期し、衛星から送られる電波の送信時刻と受信時刻を記録し、その差異が計算される。このときに用いられるのが原子時計による100万分の一秒単位の時間なのである。

おわりに

「腕時計」を身につけて走るランナーたちの実践は、かつての高級品であった時計が個人にまで普及した大衆化と個人化の物語のように思える。たしかに、腕時計の普及、さらにはそこに組み込まれたストップウォッチ機能は、計時する人を必要とせず、個人としてのランニングを可能にする。また、科学的管理法において、労働者の身体のパフォーマンスを測定していたストップウォッチが、「健康」への意識を通じて、再び脈拍や心拍を測定するために用いられる。このような欲望のうごきは、自らすすんで従属していくものとみるならば、規律の高度化とみることができるだろう。

だが、1964年から2020年にかけて生じた社会の変化には、このような大衆化、個人化、規律の強化といった文脈では十分に説明できないような事象がよこたわっているのではないだろうか。

かつて、工場で働く労働者は、時間に支配され、馴致された存在とみなされた。また、「時は金なり」のことばが示すように、時間は、近代資本主義と深くかかわっている。カール・マルクスやヴァルター・ベンヤミンが問題としてきたのは、このような時間をめぐる価値や意味の変容である。[30] 真木悠介（見田宗介）がいうように、そこには近代に特有の時間感覚の変容が、たしかにあると思われる。

だが、1964年から2020年にかけての社会の変化をみるとき、そこには水晶時計の普及や原子時計の実用化、さらには1秒の定義の確定にいたるまで、時間をめぐる大きな変化が経験されていることが浮かび上がる。水晶時計と原子時計が刻む時間からみれば、かつて「均質で空虚な時間」と呼ばれたものは、十分に均質でも、それほどに空虚でもない。電子や物理の世界からみるならば、機械時計の進みは不均等であり、1／10秒や1／100秒にはあまりに多くの出来事が収容されてしまう。

時間そのものの変容が、文化の変容の背後にある。たしかにランニングの競技は、短距離競技のように1秒以下の単位が問題になることは少ないように思える。むしろ長距離競技にとって重要なことは、ストップウォッチが測定できる時間の持続性の方であった。だが、1／1000秒よりもさらに小さな時間の世界が、ランニングの文化に関わってくる。この微細な時間のなかで、人間の運動が記録され、その動きを最適化してもっとも効率よいものとなるように、人びとが身につけるシューズやウエアといった素材が設計される。

さらに、移動する主体としてのランナーたちのもつ装置は、原子時計を内蔵しながら地球の周囲を途方もないスピードで旋回する複数の衛星から、電波を受信し、膨大な計算を瞬間的に処理し、自己の座標を定める。かつて航海術において、移動する存在は、太陽と北極星を眺めて位置を定めていた。現代の都市において、移動する存在は、地球を周る人工衛星との交信のなかで、送信時刻と受信時刻の差異を通じて、自らの座標を定める。身体は、

100万分の一秒の水準で補足され、その位置情報の差異が処理される。

1970年代のランニング文化は、機械化やオートメーション化が進行するなかで「健康」を目指すものであった。だが、その「健康」を実現するために、人びとは脈拍計や心拍計やストップウォッチなどを通じて、自らの身体をあたかも「機械」のように測定する。そして、その測定された数値を基に、自らの身体を制御し、計画する。身体のかじ取りは自己の生の経営でもある。そのような数値は、たとえばGPSを通じて、途方もない精密度の世界に突入しつつある。私たちはここに、現代社会におけるデジタル化と情報化の一つの内実を見出すことができる。

注

1 計時とスポーツについては、森（1993）、織田（2013）、小川（2008）を参照。
2 セイコーおよびセイコーエプソンについては、青柳（2000）、平野（1968）、伊藤（2005）、加藤（2004）、小林（1987）、大野（1980）を参照。また、織田（2013）、織田（2017）も参照。また、『信濃毎日新聞』2019年12月の連載「クオーツ刻んだ50年」を参照。
3 Mumford 1934=1972: 27
4 Mumford 1934=1972: 25
5 Wiener 1948=2011
6 Jünger 1957=1990: 104
7 Jünger 1957=1990: 130
8 Mayr 1986=1997: 169
9 O'Malley 1990=1994。また19世紀アメリカにおける時計の社会史についてはMcCrossen（2013）も参照。
10 ハリソンのマリンクロノメーターについては、織田（2017）、Winchester（2018=2019）を参照。ハリソンは、グラスホッパー脱進機を発明し、ベアリングやバイメタル板（サーモスタットに用いる）といった技術を開発している。その背景となる経度の測定についてはHows（1997=2007）を参照。
11 O'Malley 1990=1994: 188

12 O'Malley 1990=1994: 211
13 Jünger 1957=1990: 138
14 織田2013：45
15 織田2013：12–13
16 織田2013：46–48
17 織田2013：57
18 織田2013：98
19 織田2013：109
20 織田2017：131–135
21 織田2017：136
22 織田2017：148–162
23 たとえばLewis（2014=2014）を参照。
24 織田2013：98–99
25 Fixx 1977=1978
26 Cooper 1970=1972
27 1975年の『朝日新聞』で市民スポーツとして「トリム」を扱った記事は、2月7日朝刊16面、4月9日、10日、11日、12日、13日、17日、7月11日など。
28 『ランナーズ』1982年7月号8ページ
29 『ランナーズ』1982年7月号12ページ
30 こういった見解として、たとえば角山（1984）を参照。

文献

・青柳一弘、2000『セイコーエプソン——知られざる全貌』日刊工業新聞社
・Cooper, Kenneth H., 1970, The New Aerobics, M. Evans and Company Inc.（＝1972、広田公一・石川旦訳『エアロビクス——新しい健康づくりのプログラム』ベースボール・マガジン社）
・Fixx, James F.,1977, The Complete Book of Running, Random House.（＝1978、片岡義男・茂木正子訳『奇蹟のランニング』クイックフォックス社）
・平野光雄、1968『精工舎史話』精工舎

- Howse, Derek, 1997, Greenwich Time and the Longitude, Philip Wilson.(＝２００７、橋爪若子訳『グリニッジ・タイム――世界の時間の始点をめぐる物語』東洋書林）
- 伊藤岩廣、２００５『セイコーエプソン物語――内陸工業史研究ノート』郷土出版社
- Jünger, Ernst, 1957, Das Sanduhrbuch, Klostermann .(＝１９９０、今村孝訳『砂時計の書』講談社学術文庫）
- 加藤良平、２００４『エプソン――「挑戦」と「共生」の遺伝子』実業之日本社
- 小林隆太郎、１９８７『知られざる企業集団――セイコーグループ』日刊工業新聞社
- Lewis, Michael, 2014, Flash Boys: A Wall Street Revolt, W.W. Norton.（＝２０１４、渡会圭子・東江一紀訳『フラッシュ・ボーイズ――10億分の１秒の男たち』文藝春秋）
- 真木悠介、１９８１『時間の比較社会学』岩波書店
- Mayr, Otto, 1986, Authority, Liverty, and Automatic Machinery in Early Modern Europe, The Johns Hopkins University Press.（＝１９９７、忠平美幸訳『時計じかけのヨーロッパ――近代初期の技術と社会』平凡社）
- McCrossen, Alexis, 2013, Marking Modern Times: A History of Clocks, Watches, and Other Timekeepers in American Life, The University of Chicago Press.
- 森彰英、１９９３『スポーツ計時１０００分の１秒物語』講談社
- Mumford, Lewis, 1934, Technics and Civilization, Harcourt Brace Jovanovich.（＝１９７２、生田勉訳『技術と文明』美術出版社）
- 永瀬唯、２００１『腕時計の誕生――女と戦士たちのサイボーグ・ファッション史』廣済堂出版
- 織田一朗、２０１３『「世界最速の男」をとらえろ！』草思社
- 織田一朗、２０１７『時計の科学――人と時間の５０００年の歴史』講談社
- 小川勝、２００８『10秒の壁――「人類最速」をめぐる百年の物語』集英社新書
- O'Malley, Michael, 1990, Keeping Watch: A History of American Time, Viking Penguin Inc.(＝１９９４、高島平吾訳『時計と人間――アメリカの時間の歴史』晶文社）
- 大野玲、１９８０『セイコー・グループ――極限の技術に挑戦する』朝日ソノラマ
- 角山栄、１９８４『時計の社会史』中公新書
- Wiener, Norbert, 1948, Cybernetics：Control and Communication in the Animal and the Machine, The MIT Press.(＝２０１１、池原止戈夫他訳『サイバネティクス――動物と機械における制御と通信』岩波書店）
- Winchester, Simon, 2018, The Perfectionists: How Precision Engineers Created the Modern World, Harper Perennial .(＝２０１９、梶川あゆみ訳『精密への果てなき道――シリンダーからナノメートルＥＵＶチップへ』早川書房）

3 脳が科学するオリンピック

中田　大貴

近年の科学技術の発達は、スポーツの現場にも多くの恩恵をもたらし、選手達の競技力向上に貢献している。しかし同時に、スポーツの土台を支えている要因の1つであるフェアを欠く、「ドーピング」を行う選手もまた世界中で多く存在する。これもまた「検査を潜り抜ける新たなドーピング製剤の開発」という科学技術の発達に伴う問題でもある。ドーピングは一般的に「競技能力を高めるために国際オリンピック委員会（ＩＯＣ）や国際競技連盟などが定めた禁止薬物などを用いること」であると定義される。その項目として、①競技者の検体に、禁止物質またはその代謝物もしくはマーカーが存在すること、②競技者が禁止物質もしくは禁止方法を使用することまたはその使用を企てること、③検体の採取の回避、拒否または不履行など、計8項目がある。

そして、今後懸念されるドーピングの1つに「遺伝子ドーピング」がある。これは「細胞、遺伝子、遺伝因子、あるいは遺伝子表現の調整を競技力向上のために行う」ドーピングである。遺伝子ドーピングの基となる科学技術はゲノム編集であり、この技術を用いることにより、生物がもつ遺伝子を非常に高い精度で書き換えることができる。その応用は、農業の分野から再生医療に至るまで様々である。応用例の1つとして筋ジストロフィー症への治療がある。この病気は、神経に異常がなくても骨格筋が萎縮・壊死するものであり、筋力が低下し運動機能など各機能障害をもたらす病気である。２０１５年7月から指定難病となっているが、近年ではこの筋疾患を治すための遺伝子治療へ向けた研究が進められている。実際に、２０１８年にはイヌを用いて、体内で遺伝子の異常を修復できることにアメリカの研究チームが成功している。[2] また、２０１９年2月に日本国内で初めて遺伝子を使った遺伝子治療薬が承認され、治療が行われている。ここまでは筋ジストロフィー症の治療としてのゲノム編集技術であるが、この筋疾患を治すための遺伝子治療を悪用すると、理論上、一般成人でもアスリートであっても筋肉を増強することが可能であり、遺伝子ドーピングが可能となる。さらに、導入遺伝子が作り出したたんぱく質は筋肉の組織だけで生じて、血液や尿には現れないという特性があるため、元々人体の中にあったたんぱく質とは区別できなく、検出が難しいのではないかと懸念されている。

脳ドーピング

「脳ドーピング」の可能性については、２０１６年にイギリスの科学雑誌「Nature」で指摘されている。[3] この論文では、「パフォーマンス向上の一種として、脳ドーピングが道を切り開く」とされている。この報告では、オリンピック選手を含むノルディックスキージャンプの一流選手7人を被験者として、２週間の訓練中、４人の選手は訓練中に経頭蓋直流電気刺激法（transcranial Direct Current Stimulation: tDCS）を受け、他の3人は偽刺激[4]を受けた。その結果、偽刺激を受けたグループと比較して、実際にｔＤＣＳを受けた選手たちは最終的にジャンプ力が１・7倍向上した、とされている。ｔＤＣＳは頭皮上に電極を設置し、微弱な直流電流（1-2mA）を流すことによって、電極直下の大脳皮質の興奮性を変化させるものである。ｔＤＣＳではターゲットとなる大脳皮質領域に置く電極の極性により、脳機能を興奮性または抑制性に変化させることが可能である。例えば、大脳皮質の一次運動野[5]をターゲットとした場合、陽極電極を一次運動野の上においた場合は興奮性の上昇に作用し（陽極電極条件）、陰極を置いた場合は抑制性に作用する（陰極電極条件）。[6]

現在のところ、ｔＤＣＳは神経疾患に対する臨床応用が盛んに行われている。運動系での研究が多いことを背景に、脳梗塞後の麻痺に対するリハビリテーションへの応用が多数報告されている。その対象疾患は、脳梗塞、パーキンソン病、うつ病、アルツハイマー型認知症、慢性疼痛、耳鳴、てんかんなど、多くの臨床応用が試みられている。また、ｔＤＣＳが健常者の言語流暢性、言語学習能力、記憶能力等を向上させたという報告もあることから、ｔＤＣＳが健常者の認知機能を向上させる効果の検討もされ始めている。[7]

このように、近年は外的に脳を刺激する方法が開発されており、ニューロモジュレーションと呼ばれている。ニューロモジュレーションとは、電気刺激や磁気刺激などの人工的手段によって、脳内の神経活動状態を変える方法である。そして、従来、主に医学領域で盛んに研究されてきたが、スポーツ科学の分野でもｔＤＣＳをはじめとするニューロモジュレーションが注目されている。２０１７年10月に発行された「バイオメカニクス研究」においても特集されている。２０１７年の朝日新聞朝刊では、「スポーツへの脳科学の応用――電流で神経細胞を活性化――」という記事も紹介されている（『朝日新聞』２０１７・５・20）。また２０１７年２月にスイスの科学雑誌「Frontiers in Physiology」にもｔＤＣＳの運動への効果について総説論文が発表される[8]など、日本国内だけではなく世界的にも「脳ドーピング」の詳細なメカニズムと倫理的な問題について、注目されている。実際に、どのくらいの刺激強度で、時間で、どの脳部位でｔＤＣＳを行うとどのような効果があるのか、もしくは無いのか。またはアスリートと一般成人におけるｔＤＣＳの効果は同じなのか。副作用はあるのか。様々な問題が考えられるが、これまで報告されてきた研究をまず検討し、その現状と課題について考察する。

アスリートにおけるtDCSによる運動パフォーマンスへの効果

Montenegroら[9]は10名の自転車競技者と10名の一般成人を対象とし、側頭葉の島皮質（自律神経系に関係している脳部位）をターゲット部位としてtDCSを20分間行った条件と、偽刺激を20分間行った条件を設定し、自律神経系の心拍変動を記録し、比較した[10]。その結果、自転車競技者においては、tDCSを行うことによって、副交感神経系の神経活動が高まり、交感神経系の活動は減弱した。このような変動は、一般成人においては認められず、また偽刺激条件でも認められなかった。これらの結果は、自転車競技のパフォーマンスを直接的に向上させるものではないが、アスリートと一般成人においては自律神経系の神経メカニズムが異なること、またtDCSの効果が異なることが初めて報告された。Okanoら[11]は10名の自転車競技者を対象とし、側頭葉の島皮質をターゲット部位としてtDCSを20分間行った後に自転車運動を行った条件と、偽刺激を20分間行った後に自転車運動を行った条件を設定し、自覚的運動強度[12]、心拍数、心拍変動を記録し、比較した。実験の結果、偽刺激を行った条件と比較し、tDCSを行った条件の方が心拍数の上がりが抑えられ、自覚的運動強度も同様に上がりが抑えられたことが示された。つまり、tDCSを側頭葉に行うと、生理学的に心拍数の上がりが抑えられ、さらに心理学的にも運動時の疲労感が低減する可能性が示された。

Borducchietら[13]は10名のプロのアスリート（柔道選手4名・水泳選手3名・体操選手3名）を対象とし、左の前頭前野[14]にtDCSを1日20分間、10日間行い、前後で認知機能を比較した。その結果、うつ病傾向調査のスコア、注意機能（Alternated attention: Divided attention: Sustained Attention）、記憶が改善することが示された。

Sasadaら[15]は23名のアスリートを対象とし、30秒間の全力スプリントサイクリングの発揮パワー低下[16]について検討した。実験条件として、脳ではなく脊髄をターゲットとした直流電流刺激を行い、陽極電極条件、陰極電極条件、偽刺激条件を設定した。実験の結果、３条件とも最大パワーはほぼ同等だったが、その後に生じる発揮パワーの低下に注目すると、陽極電極条件および偽刺激条件と比べて、陰極電極条件で高い発揮パワーを保っていることが示された。このことから、脊髄に直流電流刺激をしても、運動パフォーマンスを向上させることができる可能性が示唆された。

Valenzuelaら[17]は、８名の国際レベルの水泳選手を対象とし、左の一次運動野をターゲット部位としてｔＤＣＳを20分間行った後に８００メートル泳ぐ条件、偽刺激を20分間行った後に８００メートル泳ぐ条件を設定し、８００メートルのタイム、自覚的運動強度、心拍数、乳酸値、気分に関する心理テストを記録し、比較した。実験の結果、心理テストにおける主観的な自己の活力感の項目は、ｔＤＣＳ条件の方が偽刺激条件よりも有意に増加した。しかし、その他の項目については、ｔＤＣＳ条件と偽刺激条件で有意な差は認められなかった。上記のようにｔＤＣＳが身体的機能だけではなく、認知機能への効果があることが示されているが、アスリートにおいても認知機能や心理的側面に関して、ｔＤＣＳの効果が見られるようである。

Mesquitaら[18]は、19名の黒帯のテコンドー選手を対象とし、両側の一次運動野をターゲット部位としてｔＤＣＳを15分間行った後にジャンプ課題とキック課題を行う条件、偽刺激を15分間行った後にジャンプ課題とキック課題を行う条件を設定し、それぞれの課題におけるパフォーマンスと自覚的運動強度を比較した。その結果、キック課題のパフォーマンスと自覚的運動強度はともに、ｔＤＣＳ条件の方が偽刺激条件よりも有意に悪くなった。ジャンプ課題のパフォーマンスに条件間の違いは無かったとしている。つまり、アスリートにおいては、ｔＤＣＳによって一次運動野の興奮性を上げることによって、逆に運動パフォーマンスが下がる可能性もあるということである。同様の結果は、ピアニストを対象に行ったFuruyaら[19]の研究でも得られている。彼らは、13名のピアニストと13名の一般成人を対象とし、両側の一次運動野をターゲット部位としてｔＤＣＳを15分間行った後に指動作課題を行う条件と、同様の偽刺激条件を設定した。実験の結果、一般成人において指動作課題のパフォーマンスは、ｔＤＣＳ条件の方が偽刺激条件よりも向上した。しかし、ピアニストにおいては逆の結果となり、ｔＤＣＳ条件の方が偽刺激条件よりもパフォーマンスが低下した。この現象のメカニズムとして、アスリートや音楽家における運動関連領野[20]の神経効率（Neural efficiency）が考えられる。神経効率とは、指・腕動作等の自発的動作を行う際に、アスリートや音楽家は一般成人よりも少ない脳内神経活動で同じ動作を行うことができる、神経可塑性[21]のことを言う。[22] Furuyaら[23]の研究では、音楽家の運動関連領野では神経効率が起こっているため、ｔＤＣＳによって一次運動野の神経活動の興奮性を上げてしまうと、反対に上手く指動作をコントロールできなくなってしまっている可能性が高いことを示している。

Charestら[24]は学生アスリート30名を対象とし、前頭前野をターゲットにしてｔＤＣＳを睡眠前90分間行う条件と、偽刺激を睡眠前90分間行う条件を設定し、睡眠ポリグラフ検査[25]、うつ病傾向調査、不安症状検査、ピッツバーグ睡眠質問票[26]、日中の眠気指標等のスコアを比較した。その結果、ｔＤＣＳを行った条件の方が偽刺激条件よりも主観的な睡眠に関するスコアが上昇した。つまり、睡眠前に前頭前野をターゲットにｔＤＣＳを行うと、主観的によく眠れるようになるということである。しかし、前頭前野をターゲットにしてｔＤＣＳを行うと、反対に睡眠時間が短くなる、もしくは効果が無いという報告もあり[27]、まだ詳細な検討が必要なようである。

このように、アスリートを対象にしてｔＤＣＳを行った研究は今のところ少ないが、その効果について報告され始めている。しかし、「Nature」誌で指摘しているような劇的な効果を認めている研究は見られない。[28] これまでの先行研究では、アスリートにおける実際の運動パフォーマンスが向上した報告は上記のように皆無であり、認知機能・

心理的側面・睡眠に効果がありそうだというところが現状であると思われる。さらにこれらの効果を報告しているBorducchietら[29]、Valenzuelaら[30]、Charestら[31]のいずれの研究においても、アスリートに対してのみｔＤＣＳの効果を検討しており、対照とするコントロール群を設けていない。そのため、これらの効果がアスリートのみで見られる特異的なものであるかは、明らかになっていない。以上のアスリートを対象とした研究からすると、「ｔＤＣＳによる脳ドーピングは、他のドーピングと同様に、もしくはそれ以上に効果があり、至急対処しなくてはいけない手法なのか」と言うと否の可能性が高い。最近では、Holgadoら[32]も「Frontiers in Psychology」誌において、「"Brain-Doping" Is it a real threat?（脳ドーピングは本物の脅威なのか?・）」というコメントを発表している。

一般人におけるｔＤＣＳによる運動パフォーマンスへの効果

一般成人を対象とし、ｔＤＣＳを行った際の運動パフォーマンスについて検討した報告もなされている。Okanoら[33]は、運動習慣が無い13名の一般成人男性を対象とし、側頭葉の島皮質をターゲットにしてｔＤＣＳを20分間行った後に自転車運動を行った条件と、偽刺激を20分間行った後に自転車運動を行った条件を設定し、自覚的運動強度、心拍数、心拍変動を比較した。実験の結果、先に示したOkanoら[34]の研究と全く同じ実験系ではあるが、心拍数と自覚的運動強度にｔＤＣＳの効果は認められなかった。つまり、一般成人が運動する際にｔＤＣＳを行った場合は、アスリートと同様の効果が得られるわけではない、ということである。２０１６年に発表されたBarwoodらの研究[35]においても、側頭葉をターゲットとしてｔＤＣＳを行ったが、一般成人にその効果が認められなかったとされている。Barwoodらは６名の一般成人を対象とし、ｔＤＣＳを20分間行った後に20㎞の自転車運動を行った条件と、偽刺激を20分間行った後に20㎞の自転車運動を行った条件を設定し、比較した。その結果、４㎞、８㎞、12㎞、16㎞、20㎞のいずれの時点においても、心拍数と自覚的運動強度に関し、tＤＣＳ条件と偽刺激条件とで有意な差は認められなかった。さらに、この研究グループは第2実験も行い、8名の一般成人を対象とし、33度の暑熱環境下で同様の実験を行った。しかし、外耳道温[36]、表面皮膚温、心拍数、自覚的運動強度、自覚的温熱感覚、自覚的快適感に関して、tＤＣＳ条件と偽刺激条件とで有意な差は認められなかった。これまでの側頭葉の島皮質をターゲットとしたtＤＣＳの研究をまとめると、何点かの可能性が考えられる。

まず1点目に、tＤＣＳのターゲット部位とされてきた島皮質と呼ばれる脳構造の違いである。島皮質は、味覚、嗅覚、触覚、痛覚などの感覚に加え、報酬、情動、共感、認知にまで広く関係し、その機能は多岐に渡る。[37] 運動能力と脳構造について検討した研究では、有酸素能力が高い人ほど、特に島皮質の構造がより大きいことが示されている。[38] そのため、同じ刺激強度・時間でtＤＣＳを一般成人に行ったとしても、島皮質の構造の違いから、アスリートと同じ効果が出るとは限らない可能性がある。2点目にtＤＣＳによるニューロモジュレーションの限界が挙げられる。これまで、tＤＣＳの有用性ばかりに着目されてきているが、問題点を指摘している総説も報告されている。Horvathら[39]はtＤＣＳの効果について、①個人間のばらつき、②個人内のばらつき、③偽刺激の有効性、④電流、などを問題点として挙げている。例えば、①個人間のばらつきに関して、一次運動野にtＤＣＳを行った研究では、1つのグループは刺激5分後に運動誘発電位（大脳皮質の一次運動野を頭皮上から磁気刺激して、被検筋の筋電図を記録する）の振幅（大きさ）が93・2％増加したが、別のグループでは9・2％の増加しか認められなかったとしている。[40] つまり、tＤＣＳによって誘導される脳活動の変化は、個人間のばらつきが大きいということである。tＤＣＳを含むいくつかの脳刺激法によるニューロモジュレーションにおいて、性差、運動時間、刺激を行う時間、年齢、被験者の注意、神経疾患既往歴、服薬状況、遺伝、脳由来神経栄養因子などが挙げられている。[41] さらに④電流の問題として、側頭葉の島皮質をターゲットにしたｔＤＣＳを行ったとしても、実際には電流が島皮質へ到達していない可能性がある。解剖学的に島皮質は、前頭葉、側頭葉及び、頭頂葉の一部である弁蓋と呼ばれる領域によって覆われており、外側溝という脳溝の奥に位置している。そのため、ｔＤＣＳの電流が島皮質に入る量が少なくなっている可能性がある。ｔＤＣＳの効果に関する個人差は、脳の構造差に由来する可能性も指摘されている。[42]

次に、一般成人を対象とし、島皮質とは異なる脳部位にｔＤＣＳを行った際の効果を検討する。Vitor-Costa ら[43]は11名の一般成人男性を対象とし、足部位の一次運動野をターゲットにして陽極電極を置き、ｔＤＣＳを13分間行った後に自転車運動を漕げなくなるまで行った（オールアウト）条件、陰極電極を置き、ｔＤＣＳを13分間行った後に自転車運動をオールアウトまで行った条件、偽刺激を13分間行った後に自転車運動をオールアウトまで行った条件を設定し、オールアウトまでの時間、心拍数、自覚的運動強度、心理検査（怒り、困惑、抑うつ、疲労、緊張、活力）、下肢の表面筋電図[44]（外側広筋、大腿直筋）を比較した。実験の結果、陽極電極を置いた条件の方が、陰極電極を置いた条件・偽刺激条件よりも有意に、オールアウトまでの時間が延長した。また自覚的運動強度も、陽極電極を置いた条件において、最も低い傾向が認められた。一方、心拍数、心理検査の各項目、下肢の表面筋電図においては、各条件の有意な違いは認められなかった。Montenegro ら[45]は11名の一般成人男性を対象とし、左の前頭前野をターゲットにしてｔＤＣＳを20分間行った後に中強度の自転車運動を行い、運動前後での心拍数と酸素摂取量を検討した。また同様に偽刺激条件も設定した。実験の結果、運動終了後の回復過程（運動10分後、20分後、30分後）において、ｔＤＣＳを行った条件の方が偽刺激条件よりも酸素摂取量が有意に増大した。また、ｔＤＣＳを行った条件の方が偽刺激条件よりも、運動終了後の余剰酸素摂取量[46]（Excess Post-exercise Oxygen Consumption: EPOC）は約19％高かった。これらの結果は、前頭前野をターゲットにしたｔＤＣＳは、運動パフォーマンスそのものと言うよりは、運動終了後の回復過程において、酸素摂取量とエネルギー消費量を高めることを示唆している。
Lattari ら[47]は11名の一般成人女性を対象とし、左の前頭前野をターゲットにしてtDCSを20分間行った後に自転車運動を行い、オールアウトまでの時間、自覚的運動強度を検討した。また同様に偽刺激条件も設定した。実験の結果、tDCS条件の方が偽刺激条件よりも有意にオールアウトまでの時間が延長し、自覚的運動強度には条件の差は認められなかったとしている。tDCSの効果と自転車エルゴメーターを用いた有酸素能力との関係性について、システマティックレビューを行ったMachado ら[48]によると、一次運動野をターゲットとし、陽極電極によるtDCSを行うとオールアウトまでの時間が延長するという効果を認めた研究はVitor-Costa ら[49]のものだけであり、メタアナリシスでこの報告を除くと、tDCSの効果は認められなくなるとしている。つまり、一次運動野へtDCSを行っても、自転車エルゴメーターを用いた際のオールアウトまでの時間が延長する可能性は低い、と考えられる。一方、Montenegro ら[51]とLattari ら[52]の研究[50]のように、前頭前野をターゲットにしてtDCSを行った場合、持久力系の運動パフォーマンスが向上する可能性もある。その理由として、これらの論文内では前頭前野や側頭連合野が中枢性疲労に重要な役割を果たしているためであるとしているが、自覚的運動強度はtDCSをしても変わらないため、詳細なメカニズムについては今後も検討する必要がある。

自転車エルゴメーターを使用し、持久力系を検討した研究の他にも、いくつかのスポーツ種目で検討した研究が報告されている。Zhu ら[53]は一般成人14名を対象とし、左の前頭前野をターゲットとして陰極電極によるtDCSを20分間行った後にゴルフパットのパフォーマンス、ならびに記憶に関係する課題のパフォーマンスを検討した。同様に、13名には偽刺激条件を設定した。その結果、tDCSを行った条件の方が偽刺激条件よりも、ゴルフパットの成功率が高いことが示された。一方、記憶課題では予想に反し、tDCS条件の方が偽刺激条件よりもパフォーマンスが減少していた。Mizuguchi ら[54]は一般成人男性24名を対象とし、右の小脳をターゲットとして陽極電極を置き、tDCS

を20分間行った後にダーツを行った条件、陰極電極を置き、tDCSを20分間行った後にダーツを行った条件、偽刺激を20分間行った後にダーツを行った条件を設定し、それぞれのパフォーマンスを検討した。その結果、どの条件においてもダーツの練習を繰り返していくとダーツパフォーマンスは向上したが、陰極電極によるtDCSを行った場合、特に元々パフォーマンスが低い被験者において、向上効果が顕著に見られた。この論文の解釈としては、上記でも示されていたが、個人差の1つとして、tDCSを行う前から元々スポーツパフォーマンスが低い人においては、小脳への陰極電極によるtDCSが有効であり、反対に元々スポーツパフォーマンスが高い人には、tDCSの効果が薄いと言える。しかし、この結果は上記の「アスリートへtDCSを行った場合には効果が見られ、一般成人に行った場合には効果が見られない」というOkanoらの一連の研究結果[55]と相反するものとも言える。その理由としては、tDCSのターゲットとした脳部位が島皮質と小脳とで異なること、心拍数や自覚的運動強度、ダーツパフォーマンスという、そもそも検討している項目が違うことが可能性として考えられる。

またSteinerら[56]は全身を使うバランスボード課題において、30名の一般成人を対象とし、小脳をターゲットとした陰極電極による10分間のtDCS条件、同様の陽極電極によるtDCS条件、偽刺激条件を設定した。被験者をそれぞれの条件ごとに3グループに分け、バランスボードに乗っていることができるバランス時間、ボードの角度を検討した。その結果、いずれのグループも回数を重ねるごとにパフォーマンスは向上したが、各条件での有意差は認められず、小脳へのtDCSの効果は認められなかったとしている。Mizuguchiら[57]の結果とも合わせると、小脳へのtDCSの効果が認められやすい人、認められにくい人、認められやすい課題、認められにくい課題などがありそうである。Kaminskiら[58]は同様のバランスボード課題において、陽極電極を補足運動野[59]—陰極電極を右前頭前野による20分間のtDCS条件、陰極電極を補足運動野—陽極電極を右前頭前野による20分間のtDCS条件、偽刺激条件を設定した。被験者をそれぞれの条件ごとに3グループに分け、バランス時間を検討した。その結果、陽極電極を補足運動野—陰極電極を右前頭前野によるtDCS条件におけるバランス時間は、偽刺激条件よりもパフォーマンスが下がり、有意に時間は短縮した。著者らは、前頭前野は複雑かつ全身を使う運動学習には重要な働きをし、運動準備や運動計画を行う補足運動野の神経活動は、バランスボード課題のような全身動作の運動学習には、それほど関与していない可能性があると考察している。さらに、Kaminskiら[60]は同様のバランスボード課題において、足の一次運動野をターゲットにしたtDCSを行った場合でも、バランスボードに乗っていることができるバランス時間が延長したと報告している。

一方、Pohjolaら[61]は同様のバランスボード課題において、手の一次運動野をターゲットにしたtDCSを行った場合では、その効果が見られなかったと報告している。Steinerら、[62] Kaminskiら、[63,64] Pohjolaら[65]の論文を考慮すると、バランスボード課題では小脳・補足運動野・手の一次運動野にtDCSを行っても効果は薄いが、前頭前野や足の一次運動野に行うと効果が高いかもしれない。これらの論文はバランスボード課題を対象にtDCSの効果を検討したものであったが、このようにいくつかの論文の結果を同時に検討することにより、tDCSの効果が出やすい脳部位や課題特性などがわかってくるのかもしれない。

さらにKaminskiら[66]は平均年齢67・7歳の高齢者を対象とし、バランスボード課題において、足の一次運動野をターゲットにしたtDCSを行った。しかし、一般成人のデータとは異なり、tDCSの効果は認められなかったとしている。上記のように、tDCSの効果が見られやすい「個人差」について検討されてきたが、これまでの研究では20歳代の若年者を対象としたものがほとんどである。そのため、今後は個人差の要因の1つに「年齢」や「性差」等も検討されるべき課題であると考えられる。高齢者ではtDCSの効果が見られにくかったが、その原因としては、ターゲットとされた脳部位である足の一次運動野の神経活動・神経解剖学的要因の可能性が高い。詳しい神経メカニズムは不明だが、例えば、高齢者を対象とする場合は、ｔＤＣＳの刺激強度を上げる、刺激時間を長くする、などの対応をすることによって、若年者と同様の結果が得られるかもしれない。

ｔＤＣＳの普及と今後の問題点

これらの研究で示されているように、一次運動野、前頭前野、小脳をターゲットとしｔＤＣＳを行うと、一般成人であっても運動パフォーマンスが向上する可能性があることがわかってきた。次に検討するべき課題はｔＤＣＳの普及である。大学や民間の研究機関でｔＤＣＳを行うのではなく、よりスポーツ現場に近い場所においてｔＤＣＳを行い、スポーツパフォーマンスの向上を果たせるのか、という問題がある。しかし、これはすでに販売されている商品を使用することで可能である。アメリカの Halo Neuroscience 社が「Halo Sport」という商品をすでに販売している。[67] また Halo Neuroscience 社のホームページには、実際にリオ・デ・ジャネイロオリンピックに出場していたトップアスリートも、すでに使用していると公表されている。ｔＤＣＳはヒトの脳力・能力向上のために今後もさらなる研究が進められていくのは疑いようはない。また「脳ドーピング」は電気を脳に流すだけなので、いつでも誰でもどこでも実施することが可能であり、実際に脳ドーピングの検査をすることは不可能である。さらに問題点として、運動パフォーマンスがどんどん向上するような研究成果が報告されたとしてもｔＤＣＳをドーピングとみなすことはできない。その理由として、現在、World Anti-doping Agency（WADA）は「ｔＤＣＳはドーピングではない。パフォーマンスのエンハンスメント、スポーツ精神に反すること、個人のリスク、この3つの内2つを満たせばドーピングという定義であるが、ｔＤＣＳはこれを満たしていない」としている。

今後の問題として、「脳科学がスポーツ発展のためにどのように貢献していくべきなのか」ということを検討していく課題が残されている。ｔＤＣＳはドーピングではないとＷＡＤＡが定義している以上、むしろ研究を推し進め、脳ドーピングの安全面や倫理面に関するガイドラインや安全基準を早急に作成する方が良いと思われる。ガイドライン作成の例として、高地トレーニングがある。高地トレーニングも「詳細な生体メカニズムはわからないが、実施すると効果がある」という経験則からスタートし、低酸素環境等の研究が進むなどし、トレーニング効果やメカニズムが明らかになってきた。[68] 高地では低酸素環境によって身体は酸素を取り込みにくくなり、血中の酸素濃度が低下する。それに対して身体は環境に適した酸素濃度を確保するために、体内で赤血球数やヘモグロビン濃度などを増加させることから、これらの適応能力をトレーニングに活かしている。実際に、日本スポーツ協会（旧日本体育協会）は高地トレーニングガイドラインを作成している。脳ドーピングに関しても、このようにｔＤＣＳのガイドラインを作成する方向性が必要であると考える。また、脳ドーピングというネーミングも、一般的なドーピングを連想させてしまうため、変えるべきであろう。ガイドラインの作成に関しては、まず日本臨床神経生理学会の委員会で発表されている基準に則るべきである。[69] その提言では、「電極面積が35㎠（５㎝×７㎝）程度の広い面積の刺激電極、それも電極と皮膚の間での反応を避けるため、ゴムの導電性電極を用いること。おおむね３ミリアンペア以内で30分より短い刺激ならば、ほぼ問題ない」とされている。またこの基準の中では、よく知られている有害事象は刺激に伴う火傷とされ、火傷をさけるためには、電極と皮膚の接触面積が最大になるようにするのが望ましいとされている。

さらに、今後の研究ではいくつかの課題を解決する必要がある。例えば、「脳がｔＤＣＳの刺激に慣れてしまうのではないか？」、「子どもは何歳から使って大丈夫なのか？」、「毎日使って大丈夫なのか？」、「長期間使って大丈夫なのか？」など、様々な問題は現時点では解決されていない。ｔＤＣＳの実際は今のところ研究段階であり、安全な刺激パラメーターの範囲もまだ十分に確立されているわけではない。また、ｔＤＣＳは科学的だけでなく、明らかにメディア的・商業的にも興味を持たれやすい方法であるため、透明性と客観性がある研究データを広めていく責任がある。たとえ「tDCSの効果が認められなかった」というネガティブデータであっても、どういった実験設定では効果があるのか、無いのか、理解を広めていく必要があると考える。そのような研究結果の積み重ねが、tDCSのガイドラインの速やかな作成等に関わってくると思われる。

注

1 日本アンチ・ドーピング機構 2018
2 Amoasii et al. 2018.
3 Reardon 2016.
4 シャム刺激とも呼ばれる。ヒトを対象とした計測では、刺激を受けた感覚や心理的影響によって、プラセボ（偽）効果が生じる場合がある。プラセボ効果ではないことを確認するために、実際の刺激による皮膚感覚や音に似せた刺激を用いて、比較・対照する。
5 運動の実行・コントロールを行う脳部位。
6 桐本&大西 2017
7 數田ら 2013
8 Angius et al. 2017.
9 Montenegro et al. 2011.
10 心拍1拍ごとの変動を測定することにより、心臓の自律神経系に関する緊張の指標となる。
11 Okano et al. 2015.
12 運動時の主観的負担度を数字で表したもの。代表的なものにBorgスケールがあり、6～20のポイントに10を掛けると、その時の心拍数に相当する。
13 Borducchi et al. 2016.
14 前頭連合野とも呼ばれ、脳の高次機能に関与している脳部位。
15 Sasada et al. 2017.
16 短時間の全力運動中に発揮される機械的パワーの値。疲労により運動時間の経過とともに徐々に減少する。
17 Valenzuela et al. 2019.

18 Mesquita et al. 2019.
19 Furuya et al. 2014.
20 随意運動に関わる脳領域の総称。一次運動野、運動前野などが関連する。
21 脳内の神経系が外的刺激などによって、構造的または機能的に変化をすること。
22 Nakata et al. 2010.
23 Furuya et al 2014.
24 Charest et al. 2019.
25 睡眠障害の原因と程度が正確に判定できる検査の1つ。
26 過去1ヶ月間における睡眠習慣の質問検査。
27 Frase et al. 2016; 2019.
28 ReARDon 2016.
29 Borducchiet al. 2016.
30 Valenzuela et al. 2019.
31 Charest et al. 2019.
32 Holgado et al. 2019.
33 Okano et al. 2017.
34 Okano et al. 2015.
35 Barwood et al. 2016.
36 耳の入り口から鼓膜までのS字状に曲がった管における温度。
37 Gogolla 2017.
38 Peters et al. 2009.
39 Horvath et al. 2014.
40 Fricke et al. 2011.
41 Ridding & Ziemann 2010; 桐本&大西2017
42 Kim et al. 2014.
43 Vitor-Costa et al. 2015.
44 筋肉で発生する微弱な電気活動を検出し、縦軸に電位、横軸に時間をとって図にしたもの。
45 Montenegro et al. 2014.
46 運動後、酸素摂取が亢進する。その運動後の酸素摂取量のこと。
47 Lattari et al. 2018.

48 Machado et al. 2019.
49 Vitor-Costa et al. 2015.
50 複数の研究の結果を統合し、全体的な分析による統計解析のこと。メタ分析、メタ解析とも言う。
51 Montenegro et al. 2014.
52 Lattari et al. 2018.
53 Zhu et al. 2015.
54 Mizuguchi et al. 2018.
55 Okano et al. 2015; 2017.
56 Steiner et al. 2016.
57 Mizuguchi et al. 2018.
58 Kaminski et al. 2013.
59 大脳皮質前頭葉のうち、一次運動野よりさらに前方内側に位置する。運動準備や両手の協調動作などに関係する。
60 Kaminski et al. 2016.
61 Pohjola et al. 2017.
62 Steiner et al. 2016.
63 Kaminski et al. 2013.
64 Kaminski et al. 2016.
65 Pohjola et al. 2017.
66 Kaminski et al. 2017.
67 Halo Neuroscience 2020.
68 Nakata et al. 2017 Ogoh et al; 2017.
69 日本臨床神経生理学会　脳刺激法に関する委員会 ２０１１

文献

- Amoasii L, Hildyard JCW, Li H, Sanchez-Ortiz E, Mireault A, Caballero D, Harron R, Stathopoulou TR, Massey C, Shelton JM, Bassel-Duby R, Piercy RJ, and Olson EN, 2018, "Gene editing restores dystrophin expression in a canine model of Duchenne muscular dystrophy," Science, 362: 86-91.
- Angius L, Hopker J, and Mauger AR, 2017, "The Ergogenic Effects of Transcranial Direct Current Stimulation on Exercise

Performance," Front Physiol, 8: 90.

- Barwood MJ, Butterworth J, Goodall S, House JR, Laws R, Nowicky A, and Corbett J, 2016, "The effects of direct current stimulation on exercise performance, pacing and perception in temperate and hot environments," Brain Stimul, 9: 842-849.
- Borducchi DM, Gomes JS, Akiba H, Cordeiro Q, Borducchi JH, Valentin LS, Borducchi GM, and Dias ÁM, 2016, "Transcranial direct current stimulation effects on athletes' cognitive performance: an exploratory proof of concept trial," Front Psychiatry, 7: 183.
- Charest J, Marois A, and Bastien CH, 2019, "Can a tDCS treatment enhance subjective and objective sleep among student-athletes?" J Am Coll Health (in press).
- Frase L, Piosczyk H, Zittel S, Jahn F, Selhausen P, Krone L, Feige B, Mainberger F, Maier JG, Kuhn M, Klöppel S, Normann C, Sterr A, Spiegelhalder K, Riemann D, Nitsche MA, and Nissen C, 2016, "Modulation of Total Sleep Time by Transcranial Direct Current Stimulation (tDCS)," Neuropsychopharmacology, 41: 2577-2586.
- Frase L, Selhausen P, Krone L, Tsodor S, Jahn F, Feige B, Maier JG, Mainberger F, Piosczyk H, Kuhn M, Klöppel S, Sterr A, Baglioni C, Spiegelhalder K, Riemann D, Nitsche MA, and Nissen C, 2019, "Differential effects of bifrontal tDCS on arousal and sleep duration in insomnia patients and healthy controls," Brain Stimul, 12: 674-683.
- Fricke K, Seeber AA, Thirugnanasambandam N, Paulus W, Nitsche MA, and Rothwell JC, 2011, "Time course of the induction of homeostatic plasticity generated by repeated transcranial direct current stimulation of the human motor cortex," J Neurophysiol, 105: 1141-1149.
- Furuya S, Klaus M, Nitsche MA, Paulus W, and Altenmüller E, 2014, "Ceiling effects prevent further improvement of transcranial stimulation in skilled musicians," J Neurosci, 34: 13834-13839.
- Gogolla N, 2017, "The insula cortex," Curr Biol, 27: R580-R586.
- Halo Neuroscience, (Retrieved January 24, 2020, https://www.haloneuro.com/）.
- Holgado D, Vadillo MA, and Sanabria D, 2019, "'Brain-Doping,' Is It a Real Threat?" Front Physiol, 10: 483.
- Horvath JC, Carter O, and Forte JD, 2014, "Transcranial direct current stimulation: five important issues we aren't discussing (but probably should be)," Front Syst Neurosci, 8: 2.
- 數田俊成・武田湖太郎・田中悟志・小田柿誠二・大須理英子・大高洋平・近藤国嗣・里宇明元，２０１３「経頭蓋直流電気刺激による聴覚言語性短期記憶の増強作用」『臨床神経生理学』41：18－22
- Kaminski E, Hoff M, Sehm B, Taubert M, Conde V, Steele CJ, Villringer A, and Ragert P, 2013, "Effect of transcranial direct current stimulation (tDCS) during complex whole body motor skill learning," Neurosci Lett, 552: 76-80.
- Kaminski E, Steele CJ, Hoff M, Gundlach C, Rjosk V, Sehm B, Villringer A, and Ragert P, 2016, "Transcranial direct current stimulation (tDCS) over primary motor cortex leg area promotes dynamic balance task performance," Clin Neurophysiol, 127: 2455-2462.

- Kaminski E, Hoff M, Rjosk V, Steele CJ, Gundlach C, Sehm B, Villringer A, and Ragert P, 2017, "Anodal Transcranial Direct Current Stimulation Does Not Facilitate Dynamic Balance Task Learning in Healthy Old Adults," Front Hum Neurosci, 11: 16.
- Kim JH, Kim DW, Chang WH, Kim YH, Kim K, and Im CH, 2014, "Inconsistent outcomes of transcranial direct current stimulation may originate from anatomical differences among individuals: electric field simulation using individual MRI data," Neurosci Lett, 564: 6-10.
- 桐本光・大西秀明、２０１７「経頭蓋直流電流刺激を利用した中枢神経興奮性の修飾とその臨床応用――ｔＤＣＳ百話」『理学療法学』44：１６６－１７７
- Lattari E, de Oliveira BS, Oliveira BRR, de Mello Pedreiro RC, Machado S, and Neto GAM, 2018, "Effects of transcranial direct current stimulation on time limit and ratings of perceived exertion in physically active women," Neurosci Lett, 662: 12-16.
- Machado DGDS, Unal G, Andrade SM, Moreira A, Altimari LR, Brunoni AR, Perrey S, Mauger AR, Bikson M, and Okano AH, 2019, "Effect of transcranial direct current stimulation on exercise performance: A systematic review and meta-analysis," Brain Stimul, 12: 593-605.
- Mesquita PHC, Lage GM, Franchini E, Romano-Silva MA, and Albuquerque MR, 2019, "Bi-hemispheric anodal transcranial direct current stimulation worsens taekwondo-related performance," Hum Mov Sci, 66: 578-586.
- Mizuguchi N, Katayama T, and Kanosue K, 2018, "The Effect of Cerebellar Transcranial Direct Current Stimulation on A Throwing Task Depends on Individual Level of Task Performance," Neuroscience, 371: 119-125.
- Montenegro RA, Farinatti Pde T, Fontes EB, Soares PP, Cunha FA, Gurgel JL, Porto F, Cyrino ES, and Okano AH, 2011, "Transcranial direct current stimulation influences the cardiac autonomic nervous control," Neurosci Lett, 497: 32-36.
- Montenegro R, Okano AH, Cunha FA, Fontes EB, and Farinatti P, 2014, "Does prefrontal cortex transcranial direct current stimulation influence the oxygen uptake at rest and post-exercise?" Int J Sports Med, 35: 459-464
- Morya E, Monte-Silva K, Bikson M, Esmaeilpour Z, Biazoli CE Jr, Fonseca A, Bocci T, Farzan F, Chatterjee R, Hausdorff JM, da Silva Machado DG, Brunoni AR, Mezger E, Moscaleski LA, Pegado R, Sato JR, Caetano MS, Sá KN, Tanaka C, Li LM, Baptista AF, and Okano AH, 2019, "Beyond the target area: an integrative view of tDCS-induced motor cortex modulation in patients and athletes," J Neuroeng Rehabil, 16: 141.
- Nakata H, Yoshie M, Miura A, and Kudo K, 2010, "Characteristics of the athletes' brain: evidence from neurophysiology and neuroimaging," Brain Res Rev, 62: 197-211.
- Nakata H, Miyamoto T, Ogoh S, Kakigi R, and Shibasaki M, 2017, "Effects of acute hypoxia on human cognitive processing: a study using ERPs and SEPs," J Appl Physiol, 123: 1246-1255.
- 日本アンチ・ドーピング機構、２０１８『世界アンチ・ドーピング規程２０１５版』（２０２０年１月20日取得、https://www.playtruejapan.org/upload_files/uploads/2018/04/wada_code_2015_jp_20180401.pdf）

- 臨床神経生理学会　脳刺激法に関する委員会，２０１１「経頭蓋直流電気刺激（transcranial direct current stimulation, tDCS）の安全性について」『臨床神経生理学』39：59－60
- 緒方勝也・飛松省三，２０１５「経頭蓋直流電流刺激（ｔＤＣＳ）の基礎と臨床応用」『計測と制御』54：１０６－１１３
- Ogoh S, Nakata H, Miyamoto T, Bailey DM, and Shibasaki M, 2018, "Dynamic cerebral autoregulation during cognitive task: effect of hypoxia," J Appl Physiol, 124: 1413-1419.
- Okano AH, Fontes EB, Montenegro RA, Farinatti Pde T, Cyrino ES, Li LM, Bikson M, and Noakes TD, 2015, "Brain stimulation modulates the autonomic nervous system, rating of perceived exertion and performance during maximal exercise," Br J Sports Med, 49: 1213-1218.
- Okano AH, Machado DGS, Oliveira Neto L, Farias-Junior LF, Agrícola PMD, Arruda A, Fonteles AI, Li LM, Fontes EB, Elsangedy HM, and Moreira A, 2017, "Can transcranial direct current stimulation modulate psychophysiological response in sedentary men during vigorous aerobic exercise?" Int J Sports Med, 38: 493-500.
- Peters J, Dauvermann M, Mette C, Platen P, Franke J, Hinrichs T, and Daum I, 2009, "Voxel-based morphometry reveals an association between aerobic capacity and grey matter density in the right anterior insula," Neuroscience, 163: 1102-1108.
- Pohjola H, Tolmunen T, Kotilainen T, and Lehto SM, 2017, "Using transcranial direct current stimulation to enhance performance in balance tasks," Clin Neurophysiol, 128: 501-502.
- Reardon S, 2016, "'Brain doping' may improve athletes' performance," Nature, 531: 283-284.
- Ridding MC and Ziemann U, 2010, "Determinants of the induction of cortical plasticity by non-invasive brain stimulation in healthy subjects," J Physiol, 588: 2291-2304.
- Sasada S, Endoh T, Ishii T, and Komiyama T, 2017, "Polarity-dependent improvement of maximal-effort sprint cycling performance by direct current stimulation of the central nervous system," Neurosci Lett, 657: 97-101.
- Steiner KM, Enders A, Thier W, Batsikadze G, Ludolph N, Ilg W, and Timmann D, 2016, "Cerebellar tDCS Does Not Improve Learning in a Complex Whole Body Dynamic Balance Task in Young Healthy Subjects," PLoS One, 11: e0163598.
- Valenzuela PL, Amo C, Sánchez-Martínez G, Torrontegi E, Vázquez-Carrión J, Montalvo Z, Lucia A, and de la Villa P, 2019, "Enhancement of Mood but not Performance in Elite Athletes With Transcranial Direct-Current Stimulation," Int J Sports Physiol Perform, 14: 310-316.
- Vitor-Costa M, Okuno NM, Bortolotti H, Bertollo M, Boggio PS, Fregni F, and Altimari LR, 2015, "Improving cycling performance: transcranial direct current stimulation increases time to exhaustion in cycling," PLoS One, 10: e0144916.
- Zhu FF, Yeung AY, Oolton JM, Lee TM, Leung GK, and Masters RS, 2015, "Cathodal transcranial direct current stimulation over left dorsolateral prefrontal cortex area promotes implicit motor learning in a golf putting task," Brain Stimul, 8: 784-786.

第3部

現代スポーツの行方

1 スポーツイベントにおけるボランティアとは——全日本トライアスロン皆生大会を事例として

浜田　雄介

ボランティアをめぐる期待と批判

東京２０２０オリンピック・パラリンピック競技大会（以下より東京２０２０大会とする）の開催に向けて、ボランティアが大きな話題になったことは記憶に新しい。このことに関しては第１部３で詳しく論じられているので、ここでは本稿の導入として、簡単に２つのポイントにまとめてみよう。

１点目は「期待」である。東京都と大会組織委員会は、東京２０２０大会におけるボランティアを次のように位置づけている。

東京２０２０大会を通じて、世界中の人々に日本の魅力を広く発信するためにも、大会ボランティア（大会の運営に直接的に関わるボランティア）・都市ボランティア（空港や駅などで案内をするボランティア）一人ひとりが「おもてなしの心」や「責任感」など、日本人の強みを活かした活動を行うことが大会の成功の重要な要素となる（括弧内筆者）。

また、ボランティア一人ひとりが、自ら進んで活動に参加し、自分の役割を心から楽しみ、チームとして笑顔でいきいきと活動する姿勢は、選手や観客にも伝わり、大会全体の雰囲気を盛り上げるとともに、大会の魅力を高めていくことに繋がる。[1]

ボランティアが「大会の成功の重要な要素となる」との考えを裏づけるかのように、東京2020大会ではオリンピック史上最多となる8万人の大会ボランティアを募集した。[2] 3万人の都市ボランティアと合わせて、より多くの参加者を集めようとするこうした数字からも、東京2020大会のボランティアに対する期待の高さがうかがわれる。

2点目は「批判」である。東京都と大会組織委員会は、「大会に関わる多くの人と一丸となって大会を作り上げることで、他では決して得られない感動を体験する貴重な機会となる」[3]と、ボランティア参加の魅力を訴えた。しかし1日8時間、合計10日以上の活動を基本とするなどといった参加条件が明らかになると、その厳しさから参加者の負担や定員の確保を懸念する声が上がった。[4] さらには、開催費用が膨らみ続けるなかで大会組織委員会や関連企業のような「貴族」が多くのボランティアを「タダ働き」させる東京2020大会の構造は、感動ややりがいを謳った「搾取」であるとの見方も出てきた。[5] 概して、インターネット上でも広く共有されたこれらの批判的な論調によって、ボランティアが東京2020大会を支える意味が問い直されることになったといえよう。

ところで、東京2020大会の大会ボランティア募集には、最終的に定員を大きく上回る20万4680人の応募があった。[6] 批判の一方で——全員が進んで応募したと仮定しての話だが——、これだけの人々が「他では決して得られない感動を体験する貴重な機会」に期待を寄せ、参加を望んでいることもまた事実なのである。以上のような東京2020大会のボランティアをめぐる期待と批判の錯綜をふまえて、本稿では「スポーツイベントにおけるボランティアとはいかなる存在なのか」という問いについて考えてみたい。そしてその手がかりとなるのは、オリンピックとは異質の地域スポーツイベントである。

日本初のトライアスロン大会

本稿で取り上げるのは、鳥取県の全日本トライアスロン皆生大会（以下より引用の場合を除いて「皆生」とする）である。[7] 水泳（スイム）、自転車（バイク）、ランニング（ラン）を連続して行うトライアスロンは比較的新しいスポーツで、日本では１９８０年代に入ってから各地で大会が開かれるようになった。なかでも１９８１年に始まった「皆生」は日本初のトライアスロン大会であり、発祥の「聖地」として現在（第39回大会時点）までその歴史を重ねてきている。スイム３㎞、バイク１４０㎞、ラン42・１９５㎞で構成される「皆生」は、国内では数少ないロングディスタンスという最長距離のカテゴリーに該当する大会である。この６つの自治体にまたがる広範な地域スポーツイベントには、個人の部９４０名および３人で１種目ずつをつなぐリレーの部60チームの選手とともに、合わせて約４４００名のスタッフとボランティアが参加している。[8] ４４００とは大会当日だけでなくその前後の協力者も含めての数字だが、競技自体は１日しかないことを考えると、かなりの人数が運営に関わっているといって差し支えないだろう。

もともと「皆生」は、鳥取県米子市にある皆生温泉の開発60周年記念事業として企画された。最初期の「皆生」の運営を担っていたのは、皆生温泉の旅館組合や自治会、土産品店会などの関係者、アルバイトの高校生だった。[9] 第１回大会について報じた新聞記事から、彼ら／彼女らの活動の様子を紹介した箇所を抜粋しよう。

選手に大モテだったのが、コース途中に設けられた休憩所。マラソンコースと（バイクコースを）合わせ、米子北高の生徒百人を含む約二百五十人を動員して応対にあたった。選手が通過するたびに「ファイト」「がんばれ」の声援を送り、冷たい水やスイカ、レモン、バナナなどをサービス。ノドを潤した選手らは大喜びだった（括弧内筆者）。[10]

「動員」という言葉に関して、第1回大会から現在まで「皆生」のスタッフを務めているAさんも、当時は「いわゆる動員、お願いでなんとか頭数そろえて」の開催だったと振り返っており、またボランティアという呼び方もされてはいなかった

【写真1】バイクコースの「休憩所」
（皆生トライアスロン協会提供）

【写真2】2人の優勝者
（同上）

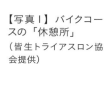

ようである。しかし現在のエイドステーション（選手が競技中に飲食物の提供や処置を受けられる場所）にあたる「休憩所」でなされた選手への「声援」や「サービス」は、のちに「皆生」のボランティアを、さらには「皆生」そのものを象徴する原風景となる。このことについて、もう1つの原風景というべき写真2にまつわるエピソードをもとに説明しておこう。

「皆生」の第1回大会には、2人の優勝者がいる。フィニッシュの直前まで競り合っていた2人の選手が互いに手を取り合い、高く突き上げて並んだままテープを切ったのである。そのうちの1人は「このレースは、全身の力を使っての結果ですからね。ドラマでないドラマです。人と人のふれ合いというか、現在の日本に欠けているもの——落し物を見つけたような気持ちです」[11]と、第1回大会における思いがけない発見について語っている。彼の言葉は、日本で初めて行われたトライアスロンが、かならずしも自分の限界に挑む「孤独の闘い」[12]に終始するものではなかったことを表している。つまり彼をはじめ参加者のほとんどにとって未知だった3種目の長く苦しい道のりには、競争を超えて手を取り合うことのできる、自分を支え励ましてくれる他者との「ふれ合い」があったのである。そしてこれからみていくように、ある時点から「皆生」にボランティアと呼ばれる人々が現れ、また大会の成立と不可分になるのは、この「ふれ合い」の文脈においてである。

ボランティアの登場と拡大

それでは、ある時点とは具体的にはいつごろだろうか。資料を確認すると、選手に配られる大会冊子に初めて「ボランティア」という語が出てくるのは、1985年の第5回大会である。[13] また第5回大会の開催を知らせる新聞広告にも、「ボランティアスタッフ募集！よりすばらしい皆生トライアスロン大会にするために、あなたのご協力・お手伝いを求めています」[14]という、前年の広告[15]にはなかったボランティア参加を呼びかける一文が添えられている。第5回大会以降、「皆生」のボランティア参加者数は急速に増えていき、420名の選手が出場した第8回大会のスタッフとボランティアの合計は2200名[16]と、現在の半分にまで達した。

「素晴らしい大会。来年もぜひ開催してほしい」との声を受けて、1回限りの予定から毎年のイベントになった「皆生」は[17]、大会を続けていくうえでの課題を抱えていた。大まかにいえば、その課題とはいかにして「皆生」が地域に受け入れられ、開催する意義を認めてもらえる大会になるかということだった。鳥取県西部の広域で競技を行うにも関わらず、あくまで「皆生温泉のイベント」の域を出ていなかった最初期の「皆生」は、地域の「〝市民権〟」を得るまでには至っていなかったのである。[18]

課題の克服に向けてまず必要とされたのは、大会の改善と継続をはかるための資金を提供してくれるスポンサーだった。「皆生」もトライアスロンもまだ全国的な知名度は低く、「けんもほろろ（Aさん）」な反応ばかりのなかで、地域活性化への情熱を持ったある地元企業の社長が協力を快諾してくれた。[19] Aさんはこのときのやりとりについて、地元で盛り上がってきた「皆生」は「ボランティアを育てるのにもちょうどいい」ということを社長に伝えたと述懐している。またこの地元企業が新たに共催団体として名を連ねた[20]第5回大会から「皆生」にボランティアが登場したことに鑑みると、「ボランティア」とは地域活性化（＝大会が抱える課題の克服）に通じる、皆生温泉以外の人々の「皆生」への参加や支援を指すのに適した呼び名だったのだと考えられる。

「皆生」が地域活性化と接合しえたのは、人々の「ふれ合い」の前景化によってだった。例えば「たくさんの市民の声援を受けながら競技したい」との声が高まったことなどからコース変更を施した第5回大会には、「マラソンコースで人通りの多い市街地のコースを増やすなど、人間の体力の限界に挑む選手と市民との〝触れ合い〟をより前面に押し出した心温まる大会になりそうだ」という期待が寄せられている。[21] コース変更やボランティアの参加を機に鳥取県西部の一大イベントとして認識され始めた「皆生」は、第6回大会の開催を前に、観光客の「夏枯れ」に合わせた平日開催からより多くの人々が参加できる日曜日開催に変更すること、バイクコースの拡張とともにコースとなる各自治体に運営参加を要請することなどの方針を決定した。[22] そして第6回大会からは米子市を含む旧10市町村が共催団体に加わり、[23] それぞれの「ジゲ（地域）起こし」としてコース管理やエイドステーションの運営などを行うようになった。[24] それとともに市町村の職員、高校生、市民団体、一般公募の市民などが参加したことで、ボランティアの数は第5回から「倍増」した。[25]

先にコメントを引用した第1回大会の優勝者の1人は、第6回大会出場時に感じた「皆生」の変化を以下のように綴っている。

一回ごとにコースものびて少しずつ本格化している。ボランティアが充実してきているのも大会の信頼が高まっている証明《あかし》です。何より街の表情が変わってきている。初めの頃は走っていても車の人も街の声援も冷ややかなものだった。今は二階の窓から手を振ってくれる人、自転車が通過する街々の声援……気がつくと皆生トライアスロンそのものが成長していました。一年ごとに着実に大会が育っているのです。[26]

彼のいう「成長」からは、かつては大会の外部にいた地域の人々に、「皆生」の「ふれ合い」が根づき広がったことが伝わってくる。彼だけでなく、「（第6回大会から）やっと地域の人にも認めてもらえたような気がします」というあるスタッフの実感のとおり、鳥取県西部を代表する広域イベントの地位を確立した「皆生」は、第7回大会から大会名を現在のもの（全日本トライアスロン皆生大会）に改めた。[27] また大会をさらに盛り上げるべく、企業などの各種団体に運営への参加を要請し、[28] 第8回大会ではその数が大幅に増えた。[29] あわせてこの時期には「コースの途中で選手に危険個所を知らせたり、飲食物の配布、競技の補助など、選手の世話をする」[30]「皆生」のボランティア像、そして「（雨のなかでも）選手同様ずぶぬれになりながら選手の世話に当たる」[31]「皆生大会ならではの選手とボランティアの心温まる〝ふれあいドラマ〟」[32] もでき上がった。このように「皆生」は、ボランティアの登場と拡大とともに「〝皆生の〟大会から〝地域ぐるみの〟大会に脱皮」[33] し、現在に至っているのである。

「お願い」と「熱意」

先に示した４４００というスタッフとボランティアの総数の根拠になっているのは、彼ら／彼女らに配られるTシャツの発注枚数である。第38回大会の場合、ボランティアが着用する緑色のTシャツの発注枚数の合計は４５４５枚で、その内訳には事前に会場の草刈りを行うシルバー人材センターや、業務中にTシャツを着用して大会をPRする地元企業などの分も含まれている。[34]

「皆生」の大会組織において前述したボランティア像にあてはまるボランティアを募集・管轄しているのが、ボランティア部と自治体ごとに置かれた支部である。それぞれのTシャツの発注枚数をみてみると、４５４５枚のうち、ボランティア部が２５５０枚、６つの支部が合計で６８０枚を占めている。[35] したがってこれらの部署を介して集まった約３０００名のボランティアが、式典など一部の担当を除いて、大会当日に選手の受付、エイドステーションでの飲食物の提供、コース上での誘導、フィニッシュ地点で完走した選手を迎えるといった直接的に競技に関わる活動にあたっているということになる。

第8回大会からボランティア部を担当しているのが、[36] 鳥取県西部中小企業青年中央会、通称「中央会」である。「中央会」は25歳から45歳までの地元企業の後継者や地域の自営業者などが集まった組織で、「皆生」ではボランティア部のほかにラン競技を統括するマラソン部、ランコースのエイドステーション1箇所の運営も分担している。第38回大会のボランティア部長であるBさんによると、「皆生」は会員の9割以上がスタッフあるいはボランティアとして関わる「中央会」の年間行事に位置づけられており、参加には「強制的」「義務的」な面があるという。また大山町や南部町のような役場の所轄課が担当している支部の場合でも、大会当日は職員をボランティアに「動員（第39回大会大山支部担当Cさん）」しての対応が必要になるとのことだった。

「皆生」のボランティアには、自ら進んで応募してくる個人ボランティアと、企業や学校などの団体単位で依頼を受けて参加する団体ボランティアの2種類がある。第38回大会のボランティア部管轄のボランティアの参加者数は名簿上で2532名だったが、そのうち個人ボランティアは365名しかいなかった。[37] 前記した2つの支部でも、参加者の大半が団体ボランティアである点は共通しており、大山支部の場合は地域の社会福祉協議会や交通指導員などに参加を依頼している。要するに「皆生」は必要な数のボランティアを、BさんとCさんの言葉を借りれば「お願い」によって集めているのである。

「動員」や「お願い」といった言葉は、自発的な参加という一般的なボランティアのイメージと乖離した印象を与えるかもしれない。一方でAさんは、「皆生」の側から「無理」をいわなくてもボランティア参加者が集まるようになった点で、現在の「動員」や「お願い」は最初期の「動員」や「お願い」とは異なると考えている。そのうえで、「「皆生」らしさとは何か」という問いへの答えに込められた、Aさんの「皆生」のボランティアに対する自負は興味深い。Aさんによれば、「皆生」には「3つの日本一」というものがある。「3つの日本一」とは、日本初のトライアスロン大会として現在まで続く歴史の長さ、距離の長さはもとより「灼熱の皆生」の異名をとるほどの暑さやバイクコースの険しい坂道に象徴的なコースのきつさ、そしてボランティアの「熱意」である。「たぶん私のみた限りでは」と前置きしつつ、Aさんは「頑張ってください、何が何でも完走してください」と選手を支えるボランティアの「熱意」は、国内のほかの有名な大会などと比べても日本一だというのである。

たしかに、ボランティアが熱意を持って活動していると語られることは往々にしてあるだろう。それにしても、多くが「お願い」によって参加している「皆生」のボランティアの「熱意」が日本一であるとは、どういうことだろうか。このある意味で逆説的ともいえる図式の内実へと目を向けていくことにしよう。

ボランティアへの思い

大きく分けると、「皆生」にはボランティアに対する2つの思いがある。1つは「皆生」を支えてほしい、長年続いてきた大会を守ってほしいという思いである。ボランティア部が大会前の説明会で配布する資料の冒頭には、「トライアスロン競技の聖地・皆生大会を支えていただきありがとうございます。皆生大会の素晴らしい伝統をボランティアの皆様と守っていくために、次の点にご留意ください」[38]と記されている。そして「安全管理」「地域への配慮」に続く「ボランティアとしてのマナー」という留意点には、「皆生大会のボランティアのホスピタリティーの高さは、大会の大きな誇りの一つです」[39]とある。ここでの「ホスピタリティー」が選手に向けられたものであることは、確認するまでもないだろう。例えば「選手の安全確保と交通誘導」を行うコースポイントボランティアには、もう1つ「選手への声援」という「任務」がある。[40]ボランティアの登場以来、「皆生」には「選手とボランティアの〝ふれあいドラマ〟」が息づいており、それが「伝統」として続いていくことが、大会のアイデンティティになっているのである。

もう1つは、ボランティアの活動を楽しんでほしいという思いである。個人ボランティアの参加を募る文書では、「今年も「感動」そして「楽しさ」のふたつをボランティアのスローガンにしてきたいと思っております」[41]と、心を動かされるような活動の楽しさが「皆生」のボランティアの魅力として掲げられている。同様にBさんも、「楽しかった、何か得るものがあったっていって帰ってもらいたい」との思いから、説明会の際にはボランティア参加者に対してかならず以下のような話をしたという。

選手から「ありがとう」っていわれることで、ボランティアの人もそれですごく楽しい経験をしてますよ、いい経験をしてますよってことを聞いてます。だからボランティアと選手っていうのが本当に一体となってつくり上げる大会ですから、ボランティアのみなさんも一生懸命頑張ってください、ボランティアさんにもスポットがあたりますからっていう話を、説明会のときには（Bさん）。

Bさんが参加者に伝えようとしていたことは、「皆生」のボランティアのやりがいと置き換えてもいいかもしれない。2つの思いについてまとめると、大会を支えるボランティアにとって重要なのは選手との関係であり、またその関係には楽しさが伴っているということになる。そしてこの支えることと楽しむことの両立があるからこそ、「皆生」では「無理」をいわなくてもボランティア参加者が集まり、また「お願い」と「熱意」の逆説的な図式も成立しうるのだと考えられる。こうしたことについて、いくつかの「ふれ合い」の場面をもとに確認していきたい。

〈自発的〉なボランティア

バイクコースの後半93 km地点にある大山町のエイドステーションでは、疲労や暑さから自転車を降りてゆっくりと過ごす選手が目立つようになる。自転車用のラック近くに置かれた大きなポリバケツの脇で、ボランティアの子どもたちが選手に「水かけますかー」と声をかけている。身をかがめた選手の頭や背中に2度3度と柄杓で水をかけて送り出すと、子どもの1人が「楽しい」とつぶやく。そして続いてやってきた選手が水の冷たさに歓声を上げると、跳ねるような仕草で水を汲みに戻る。選手に水をかけるという役割は、子どもたちにとって新鮮な体験の機会となっているようである。

同じエイドステーション内に設置されたテントの一画では、地産のメロンやスイカが選手たちにふるまわれている。自転車を押してテントのほうに歩いてくる選手に気づいたボランティアが、両手でメロンを差し出して彼を待っている。「ありがとうございます」と受け取ったメロンにかぶりついた選手が「うん、おいしい」というと、ボランティアは「おいしい?」と笑顔で問いかけながら「スイカもどうぞ」と勧める。このように「皆生」では、ボランティアのほうから選手に働きかける様子が多くみられる。

ランコースの最終盤にある山なりの陸橋を下った先に、2人のコースポイントボランティアが立っている。陸橋の頂点に選手が現れると、そこから目の前を通過していくまで、2人は拍手と声援を送り続ける。続いてやってきた選手に対しても同様に、「ラスト!」「ファイト!」といった応援を絶やすことはない。また陸橋を越えてさらに進み、フィニッシュ地点まで残りおよそ1 kmに迫った給水所では、ボランティアが「おかえりなさい!」と選手を労い、脚取りのおぼつかない選手には「大丈夫?」と心配そうに声をかけている。積極的に選手を支えようとするボランティアの姿からは、彼ら/彼女らがただ与えられた「任務」をこなしているのではないということが推察できる。

完走が認められる制限時間まで残り1時間を切った同給水所の向かいで、応援者たちが1人の選手の帰りを待っている。やがて暗がりのなかに選手の姿をみつけると、応援者たちは名前を叫び、歓喜で迎えようとする。するとボランティアの1人が、「(水を)みんなでかけますか?」と、持っていたスポンジを応援者たちに手渡す。応援者たちは受けとったスポンジで選手にひとしきり水をかけると、「押せ押せ」「いけいけ」と選手の後ろについて走り出す。この場面からわかるのは、「皆生」のボランティアはつねに自身の役割にしばられたり、あるいは役割によって周囲と隔てられたりしていないということである。このことが明確な場面を、もう1つだけ紹介しておこう。

2015年7月19日午後9時28分、「第35回全日本トライアスロン皆生大会」はスタートからの総合制限時間である14時間30分が経過しようとしていた。そのとき、フィニッシュ地点となる陸上競技場に1人の選手が帰ってきた。フィニッシュゲートの周りには多くの選手、応援者、ボランティアスタッフが集まり始め、それらはやがて大きな声援と拍手、踊躍が混じり合った渦となる。その渦に引き込まれるかのように、最後の直線に入った選手の走りは勢いを増す。制限時間のわずか3秒前に両手を上げてフィニッシュゲートを駆け抜けた選手は、急に失速してその場に立ち止まると、幾許かのあいだ両手を膝についてうつむいたのちに、鳴り止まない拍手に向けて何度も深く頭を下げるのだった。[42]

この場面を記録した映像には、まるで自分も走っているかのようにジャンプして手を叩きながら、「いけー!」と選手を応援するボランティアが映っている。ボランティアにとって、「皆生」は文字どおりほかの参加者と「一体となってつくり上げる大会」なのである。

以上の各例のような、楽しむ、働きかける、応援する、即興を起こす、我を忘れて夢中になるといった「皆生」

のボランティアのあり方を総じて、〈自発的〉と形容することにしよう。Aさんのいう日本一の「熱意」とは、参加の動機や経緯に関わらず、「ふれ合い」のなかでボランティアが〈自発的〉に活動できたことの所産であり、またボランティアが〈自発的〉になれる環境がある限りにおいて、「皆生」では支えることと楽しむことが両立しうるのだと考えられる。

「皆生」が残しているもの

なぜ〈自発的〉になるのかということについて、「皆生」の15周年記念誌に寄せられたボランティアの体験談は示唆的である。

【写真3】大山町のエイドステーション

（筆者撮影）

【写真4】同上

（同上）

日常では決して感じることのできないことを、山のように感じさせてくれる、それが私の中の皆生トライアスロンです。そして、アスリートたちの、苦しさ、満足感、汗、涙、笑顔、その迫力の全部で、疑似体験をさせてもらっています。(中略)あそこまで限界に近づいてスポーツをしている人を間近に見ると、知人、友人関係なく、公平な気持ちで心から声援を贈りたくなるのです。

記録係を担当したときにも、もたもたしていたら迷惑をかけてしまうのでは、と気が気ではなかったくらいに、みなぎるパワーに圧倒されてしまいます。でも、そんな緊張感までも、振り返れば楽しいとさえ感じている自分がいます。そして、「ボランティアのお陰で最後まで走ることが出来ました」。そんなアスリートのみなさんの言葉に勇気づけられて、また、真夏の皆生に来てしまうのです。

アスリートの中には、エイドステーションに寄るたびに「ありがとう、ご苦労さま、また来年も来るよ」の言葉を残し駆け抜けていく人がいて、逆にこっちが励まされ心なごむ一幕もあります。有名選手が来ないとか、地味だとか言われますが、そんなことは気にしないで、競技志向に走ることなく、いつまでも今のままの姿であって欲しいと願っています。アットホームな温もりがあってこそ皆生トライアスロンなんですから。[43]

順を追って整理すると、まず「皆生」のボランティアは「限界」近くで競技する選手を「間近に見る」、選手の「パワーに圧倒され」るといった体験をしている。そしてこれらの体験によって、ボランティアは「心から声援を贈りたくなる」思いに駆られて選手を応援したり、「楽しい」と感じられるような「緊張感」を伴って活動したりといった、

〈自発的〉になることへと開かれていく。

また〈自発的〉な活動に対する選手からの応答によって、支える側であるはずのボランティアが「勇気づけられ」たり「励まされ」たりもする。つまり選手とボランティアは「ふれ合い」において互いに競技する力と支える力を与え合う関係[44]にあり、そのなかでボランティアは「日常では決して感じることのできないことを、山のように感じ」ている。ボランティアが「また、真夏の皆生に来てしまう」のは、〈自発的〉な活動や選手との「ふれ合い」が、まさに非日常の体験であるからにほかならない。

加えて、3番目の引用にある「競技志向に走ることなく、いつまでも今のままの姿であって欲しい」という願いにも言及しておこう。この願いの背景にあると考えられるのは、「皆生」から〈自発的〉な活動や「ふれ合い」が失われてしまうことへの危惧である。もし「皆生」が競技の公正性を徹底すれば、例えば競技員であるボランティアのほうから選手に働きかけたり、持っているスポンジを応援者に渡したりといったことは許されなくなるだろう。そしてこの願いに応えるかのように、競技性の不徹底さや曖昧さ、換言すれば以下のAさんの語りにある「自由」を容認することで、「皆生」は〈自発的〉な活動や「ふれ合い」の可能性を現在まで残し続けている。

あんまり「あれしてください、これして」っていい過ぎちゃうと、ルール化し過ぎちゃうと、「これは駄目ですよ」とかって。やってて楽しくないですよね、ボランティアのみなさん。ぎりぎり許容範囲までは自由にやってくださいという(Aさん)。

ボランティアの「自由」の例として、「皆生」では長年の経験を有した団体ボランティアに、基本事項を周知したうえでエイドステーションの運営を「おまかせ（Aさん）」している。その1つである企業グループの地区会の場合、ランコースのエイドステーション1箇所の運営および周辺のコースポイントボランティアを担当するのに、例年100名を超えるボランティア参加者を集めている。この地区会の青年部会長でボランティアのまとめ役をしているDさんと、その前任者であるEさんによれば、同会ではたくさんの参加者が無理なく活動できるよう、独自に2時間交代のシフトを組んでいる。また冷凍食品会社の強みを生かした保冷車を導入しての食品管理や氷の提供が、選手たちに喜ばれている。

Dさんと Eさんも含めて、地区会のボランティア参加者のほとんどは、「皆生」からの「お願い」を受けて会員向けにかけられる募集に進んで応じたリピーターである。Dさんは、地区会の会員たちが「皆生」のボランティアに参加するのは「一緒になって盛り上げたい」「自分でもできることをやりたい」といった思いがあるからだと考えている。ならば繰り返しの参加は、実際に「皆生」が会員たちの思いに応える場になっていることの証左だろう。また自分たちと同じ「刺激を受けてもらうために」、この地区会ではともに活動する地区会以外の中高生たちに積極的に飲食物の提供を担当してもらっている。なかには所定の時間が終わっても帰りたがらないほど活動を楽しんでいる生徒もおり、その楽しさは会員たちにも伝わってくるとのことだった。

第39回大会の支部のなかでもっとも多くのボランティアが参加している南部町の担当者であるFさんも、団体ボランティアの「常連さん」に活動の仕方を「まかせて」おり、またそれらの団体が参加を「すぐやめてしまわない」ことを前向きに捉えている。バイクコースの前半にあたる南部町では、定点ごとに2人から4人ずつコースポイントボランティアを配置しているが、そのなかに1つだけ、例外的に人数の多い箇所がある。Fさんによれば、そこに集まっているのは、コース変更によって現在はなくなってしまったエイドステーションをかつて担当していた団体のメンバーで、ボランティア兼「応援団」としていまも参加を続けているのだという。

みんなごつそり「行きたい」といつて。そこは本当に2人とかしかいらないんですけど、その思いをあんまり、「いらないです」とはいえなくつて。そのままもうごつそり「来ていいよ」と。ちよつと本部にもお願いして、ちよつと30人くらい（Fさん）。

Fさんの対応について、Aさんは「まずは盛り上がりというか参加意欲。声出すだけだけど行つてみたいとか、その場にいたいとか。それが何よりもありがたいんで」と、管理や規制で「がんじがらめ」にはしない「皆生」の考え方を説明する。そのようにして「皆生」に集まった人々との「交流」を第1回大会から続けてきたAさんは、「気がついたら何千人も友だちが増えた」かのような感覚が、大会運営を「自分がやる意味合い」につながっていると述べている。また「やりたいって自分で手を上げた（ボランティア）部長じゃない」と自認するBさんも、「生きてきたなかであんまりなかった」というほどの大会終了後の「やりきった」感覚をふまえて、ボランティアにとって重要なのは「出るか出んか」の違いだと考えている。「自由」に活動できる「その場」にいてくれさえすれば、そこに〈自発的〉になれる、「ふれ合い」が生まれる可能性があることを、「皆生」の人々は知っているのである。

スポーツをともにするボランティア

第40回の記念大会を前に、「皆生」は「BRAVE & TRUE」というフレーズを添えた新しいロゴマークを発表した。Aさんによれば、「BRAVE」は「勇気を出して闘う」選手のことを、「TRUE」は「真心を込めた本当のやさしさ」を持つボランティアのことをそれぞれ表現しており、[45]「選手の勇気と、ボランティアの真心、やさしさが1つになったのが皆生大会なんですというのをあらためて発信しようという。だからもう50%はボランティアの力で成り立っている」との思いが、このフレーズには包含されている。「ボランティアの力で成り立っている」とは、大会を開催するのに必要な人員という意味にとどまらないだろう。ボランティアがいなければ、「皆生」は「皆生」ではなくなってしまうのである。

以上のことから、「スポーツイベントにおけるボランティアとはいかなる存在なのか」という問いに対して、本稿では「スポーツをともにする存在でなければならない」と答えておこう。「スポーツをともにする」とは、スポーツイベントが織りなす非日常のなかにボランティアも入り込み、選手が競技にすべてをかけ、観客が応援に熱中するのと同じように〈自発的〉に活動するということである。

図1では、ボランティアが非日常に入り込む度合いが大きくなる（＋）につれて、ボランティアが〈自発的〉に活動できる可能性へと開かれていくことを表している。反対に非日常から遠ざかる（－）につれて、ボランティアが〈自発的〉になれる可能性は閉ざされていき、その活動は〈強制的〉な色合いを強めることになる。〈強制的〉とは、例えば大会の成功に向けて、ボランティアが所定のしなければならないことをさせられるような事態を指している。あくまで程度問題ではあるが、このときボランティアの活動は、成果主義的な管理下にあるがゆえに日常との違いをつくり出す〈自発的〉なものにはなりにくい。[46]ここから冒頭の東京2020大会のボランティアをめぐる期待と批判を、非日常／日常の水準に対応させることができる。すなわち、期待は〈自発的〉になれる活動（例えば線分AB）に向けられているのであり、批判は〈強制的〉にさせられる活動（例えば線分CD）に向けられているのである。

「皆生」がボランティアに容認する活動の「自由」には、東京2020大会と相入れない部分も多いだろう。ただ「皆生」が意義ある大会として地域に受け入れられ、現在まで続いてきたのだとしたら、それはボランティアをはじめとする参加者の「一人ひとり」が非日常の体験を積み重ねてきた結果なのではないだろうか。このことを延期が決まった東京2020大会の「成功」になぞらえるなら、どうすれば——日常が回復し、人々が再びスポーツイベントの非日常を求められるようになったあとで——東京2020大会のボランティア参加が本当に「自分の役割を心から楽しみ、チームとして笑顔でいきいきと活動する」ことのできる「他では決して得られない感動を体験する貴重な機会となる」のかを、あらためて考える必要があるように思われる。

謝辞

調査の遂行にあたって多大なご支援とご協力をいただいた皆生トライアスロン協会ならびに関係諸団体の方々に、深甚の謝意を表します。

【図1】スポーツイベントにおけるボランティアの活動のあり方

（筆者作成）[47]

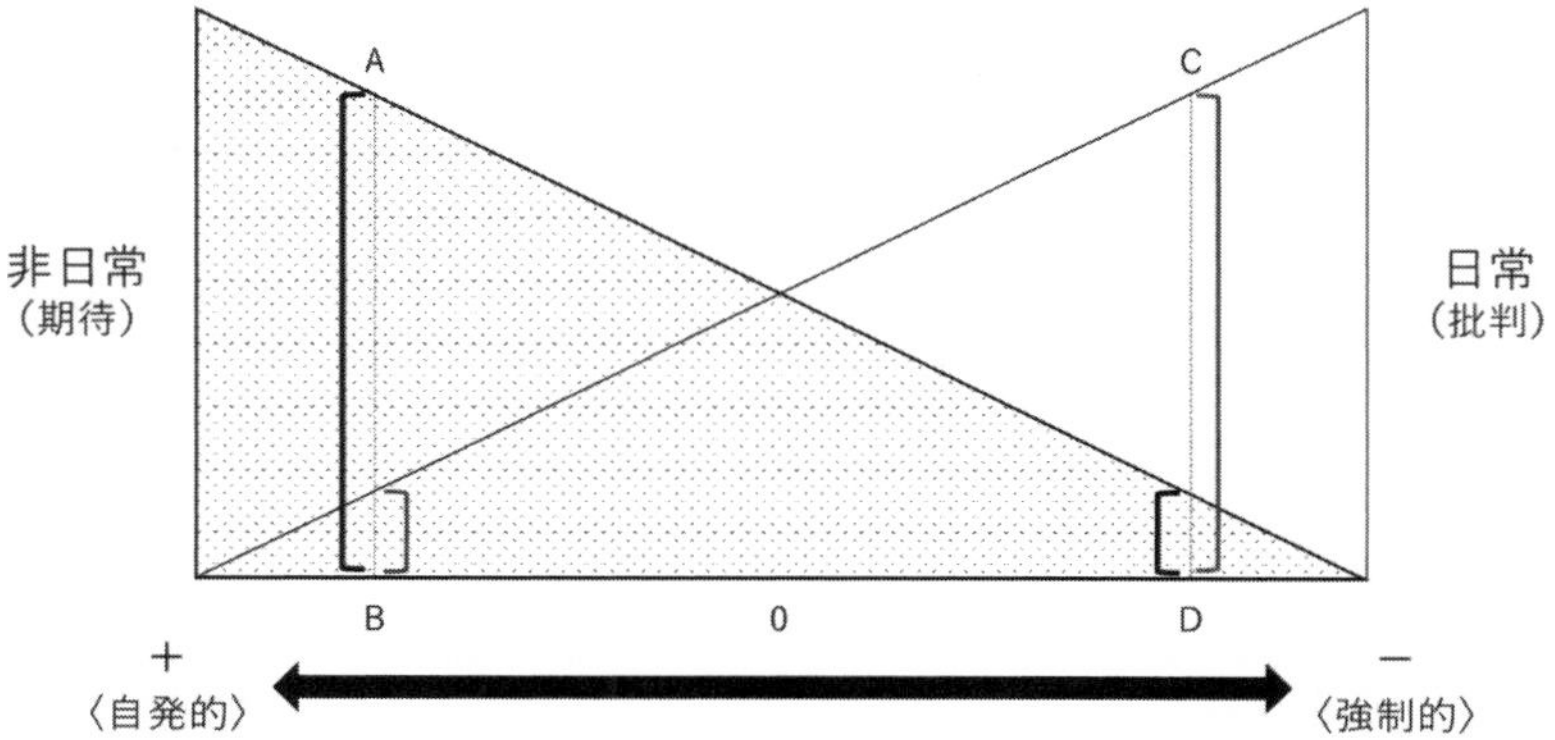

付記

本稿は第6回奈良女子大学オリンピック・公開シンポジウム「オリンピックとスポーツ・ボランティア」における報告「トライアスロン大会におけるボランティアとは」の内容に修正を加えたもので、日本学術振興会科学研究費助成事業（課題番号：JP15K16478）と京都産業大学学術研究推進支援制度（課題番号：E1818およびE1914）による研究成果の一部である。なお本稿中の写真の肖像権はすべて皆生トライアスロン協会に帰属する。

注

※「皆生」が発行した資料については、それぞれに表記された部署名または大会主催団体名を発行元として記載している。

1 東京都・公益財団法人東京オリンピック・パラリンピック競技大会組織委員会 2016：4
2 井上ほか 2019：35-36
3 東京都・公益財団法人東京オリンピック・パラリンピック競技大会組織委員会 2016：1
4 例えば「五輪ボランティア 高い壁」（『日本経済新聞』2018・4・29）と題した新聞記事には、「8時間×10日以上■交通・宿泊は自腹」「20年東京11万人集まるか」といった見出しがつけられている。
5 本間 2018：113-126
6 公益財団法人東京オリンピック・パラリンピック競技大会組織委員会「東京2020大会ボランティアの応募者数について」（2020年5月18日取得、https://tokyo2020.org/ja/games/volunteer-news/vn-20190124-01/）
7 「皆生」がどのような大会であるかについては、別稿（浜田 2020）も参照されたい。
8 第38回全日本トライアスロン皆生大会競技委員会広報部「第38回全日本トライアスロン皆生大会〈報道資料〉」1-3。なお「皆生」において、スタッフという呼称は大会運営の中枢を担う役職者全般を指して用いられることが多い。またその場合のスタッフの活動は、ごく一部を除いてボランティアと同じく無償である。一方で、例えば注34の資料名や注14および42の引用のように、ボランティアを大会運営に携わるスタッフとして括ることもある。
9 「裏方さんも充実 盛り上がる大会に」（『山陰中央新報』1986・7・18 鳥取県版）
10 「53人 体力の限界に挑戦」（『日本海新聞』1981・8・21）
11 「のん気で楽しい鉄人レース」（『朝日新聞』1981・8・21夕刊）
12 「泳いだ、こいだ、走った109キロ」（『山陰中央新報』1981・8・21）

13　皆生温泉トライアスロン協会・米子市観光協会「皆生トライアスロン'85」1–2。代表者の挨拶文のなかに、ボランティアへの感謝や敬意の言葉を確認することができる。
14　「皆生トライアスロン'85」（『日本海新聞』『山陰中央新報』1985・7・8）
15　「皆生トライアスロン'84」（『日本海新聞』『山陰中央新報』1984・7・1）
16　「スタッフら過去最高」（『日本海新聞』1988・7・21）
17　「ザ・トライアスロン①」（『日本海新聞』1987・7・11）
18　「ザ・トライアスロン④」（『日本海新聞』1987・7・14）
19　間瀬 2000：238
20　皆生温泉トライアスロン協会・米子市観光協会「皆生トライアスロン'85」3
21　「〃触れ合い〃より前面に」（『日本海新聞』1985・7・14）
22　「日曜開催を目指す」（『日本海新聞』1985・12・26 鳥取県西部版）
23　皆生温泉トライアスロン協会・米子市観光協会「皆生トライアスロン'86」8
24　「裏方さんも充実 盛り上がる大会に」（『山陰中央新報』1986・7・18 鳥取県版）
25　「2千人 がんばれ!コール」（『日本海新聞』1986・7・21）
26　ランナーズ、1986『トライアスロンJAPAN』10：51
27　「ザ・トライアスロン④」（『日本海新聞』1987・7・14）
28　「応募者すでに100人超す」（『日本海新聞』1987・6・29）
29　「鉄人レースを振り返って」（『日本海新聞』1988・7・26）
30　「応募者すでに100人超す」（『日本海新聞』1987・6・29）
31　「沿道に温かな声援」（『日本海新聞』1987・7・20）
32　「スタッフら過去最高」（『日本海新聞』1988・7・21）
33　「海潮音」（『日本海新聞』1988・4・22）
34　Tシャツの枚数は皆生トライアスロン協会提供の業務資料（「第38回大会スタッフ用Tシャツ（グリーン）」）および資料の内容に関する補足情報による。
35　井上ほか（2019：58）を訂正。
36　「出場競争率3・8倍に」（『日本海新聞』1988・4・29）
37　井上ほか（2019：58）を訂正。なおボランティアの参加者数と内訳は皆生トライアスロン協会提供の情報による。
38　第38回全日本トライアスロン皆生大会ボランティア部「ボランティアの任務と心得」：1
39　第38回全日本トライアスロン皆生大会ボランティア部「ボランティアの任務と心得」：1
40　第38回全日本トライアスロン皆生大会ボランティア部「ボランティアの任務と心得」：2

41 第38回全日本トライアスロン皆生大会皆生トライアスロン協会ボランティア部「第38回全日本トライアスロン皆生大会ボランティアご協力のお願い」
42 浜田 2017：217
43 皆生トライアスロン協会 1995：24
44 浜田 2017：211
45 井上ほか（2019：71）を訂正。
46 拙稿（浜田 2019）ではスポーツの楽しさを損なう成果主義の弊害について、非日常／日常の区分との関連から論じている。
47 図1は、社会学における生成の論理と定着の論理の関係（作田 1993：30－33）および小丸超氏（駿河台大学）の助言から着想のヒントを得ている。

文献

・浜田雄介、2017「純粋贈与としてのエンデュランススポーツ」広島市立大学国際学部〈際〉研究フォーラム編『〈際〉からの探求：つながりへの途』文眞堂：210－221
・浜田雄介、2019「スポーツの楽しさについて—日常と非日常を分かち、つなぐスポーツ—」田島良輝・神野賢治編『スポーツの「あたりまえ」を疑え！—スポーツへの多面的アプローチ—』晃洋書房、187－204
・浜田雄介、2020「トライアスロンにみるスポーツ空間の「ゆとり」—市民スポーツ／地域スポーツはいかにして「スポーツになる」のか」水上博司・谷口勇一・浜田雄介・迫俊道・荒井貞光『スポーツクラブの社会学—『「コートの外」より愛をこめ』の射程』青弓社、57－81
・本間龍、2018『ブラックボランティア』KADOKAWA
・井上洋一・仁平典宏・石坂友司・浜田雄介、2019「〈報告〉第6回奈良女子大学オリンピック・公開シンポジウム採録「オリンピックとスポーツ・ボランティア」」奈良女子大学スポーツ科学研究21（1）：30－77
・皆生トライアスロン協会、1995『FRONTIER 全日本トライアスロン皆生大会15周年記念誌』
・間瀬庄作、2000『皆生温泉湯けむり裏ばなし』今井書店
・作田啓一、1993『生成の社会学をめざして—価値観と性格』有斐閣
・東京都・公益財団法人東京オリンピック・パラリンピック競技大会組織委員会、2016「東京2020大会に向けたボランティア戦略」（2020年2月28日取得、https://www.city-volunteer.metro.tokyo.lg.jp/asset/img/about/strategy02.pdf）

2 競技スポーツ文化の行方を競技ルールから考える

西山　哲郎

この章の目的は、東京２０２０オリンピック・パラリンピック競技大会の開催を契機に、将来のスポーツ文化、それも特に競技スポーツ文化がどう変わっていくのかを考えることにある。本書の第二部で議論されたような科学技術の進歩と、その進歩と軌を一にする競技スポーツのレベルアップは、それらが進めば進むほど、競技スポーツ文化そのものの立脚点を掘り崩すような矛盾をもたらしてしまう。この矛盾をどう乗り越えるかが今後の課題になるが、その課題に取り組むにあたり、まずは競技スポーツ文化とはいかなるものか、その本質をなす競技ルールについて考えることで、その本来の意味と存在意義を整理したい。

競技スポーツ文化の根幹をなすルールの意味

競技スポーツとは何かを考えるうえで、まずはその定義から考えたい。「定説」と呼ぶにふさわしいものを紹介すると、国際体育・スポーツ評議会によって１９６４年の東京オリンピック直後に草稿が検討され、１９６８年のメキシコオリンピック開催前夜に発表された「スポーツ宣言」の前文冒頭で、スポーツは以下のように定義されていた。

スポーツとは、プレイの性格をもち、かつ自己あるいは他者とのたたかい、または自然の構成要素との対決を含む身体活動である。

勝敗を競う競技としてスポーツを行うには、ゲーム自体を成り立たせるため必然的にルールの設定が必要になる。ただし、そのルールの決め方について、残念ながら日本では競技関係者であっても十分に理解ができていない人がいるように思われる。ルールそのものと運用については周知されているものの、そのルールがなぜ生まれたか、そのルールによって何が実現されているのかを検討したことのある人はそう多くないようだ。本当の意味でルールを理解するには、公平な競争を行うためという理由以外に、いくつか考えるべきことがあるのだが、それについて以下で順に整理してみたい。

公平性を保つ以外にルールの存在意義としてよく指摘されるのは、「選手の安全を守るため」という理由であろう。特に格闘技系のスポーツは、ルールがなければ単なる暴力に堕してしまう。ボール競技でもルールの縛りがあるから選手は安心して競技が続けられるし、スキージャンプで飛距離に「飛型点」を加算するのも安全な着地姿勢を評価することで怪我を防ぐ意味がある。

こうした安全のためのルールというものは、怪我のリスクを考慮せずにプレイする選手やチームが競争に有利になるのを防ぐ意味もある。例えばサッカーで、ドリブルする相手選手のボールではなく足を引っかける行為は、怪我を防止するためにルールで禁止されている。相手を傷つけても足をかける人やチームが有利になってはいけないという理由から、このルールがあるのは公平な競争を保証するためでもあるといえよう。

公平性と安全性という2つのポイントは、スポーツルールの存在意義にとって重要ではあるが、ただし、それらはともに手段でしかない。公平性と安全性の先にあるのは、その競技を楽しくするという動機である。スポーツに「プレイの性格（the character of play）」[2]を与え、プレイを楽しくするためにこそ、安全は守られる。競技の公平性も、公平な競争を実現するのがゴールではなく、対戦が公平でないと楽しくないから守るのが本来の意義である。逆にいえば、楽しさを拡大できるなら、ゴルフのように参加者にハンディキャップをつけても構わないのだ。公平性や安全性は中間地点であるのに、そこばかりを気にして、最終目標が楽しむためであることを忘れては、スポーツにならない。

トップアスリートがアマチュアリズムを忘れ、プロであることを理想としてから久しいが、それが単にビジネスであるなら、どんな成果を出したとしても利害関係のない他人が称賛する理由はない。競技スポーツで成果となる記録や勝敗は、それ自体が直接他人に財や利得をもたらすものではない。競技スポーツでの活躍が価値をもつのは、選手自身はもちろん、観戦する人すら遊びの世界に引き込む「プレイの性格」があるからだ。[3]

「審判は絶対」か

日本のスポーツ界では、しばしば「審判は絶対だ」というようなことが主張される。特に学生スポーツの世界では、ルールの判定に関して審判が言ったことにケチをつけるな、と教える指導者が少なくない。その主張は必ずしも間違っているわけではないが、スポーツの歴史を振り返ってみると、少しズレた指導といわざるをえない。少なくとも、sportという言葉を発明した近代のイギリスでは、選手自身がルールを把握し、審判がいなくてもフェアにプレイができることが理想として考えられていた。そして現在でも、ゴルフやテニスではセルフジャッジの原則が尊重されているし、カーリングではオリンピックの公式試合でもセルフジャッジが行われていることは周知のことだろう。[4]

審判に従順であることが重要なのではなく、審判がいてもいなくても同じようにルールの運用ができるくらいの知性とプライドをもってプレイするのがスポーツの理想である。誤審があった場合、自己の利害は脇において、抗議によってゲームがつまらなくなるならやめるべきだし、逆に審判の誤った判断がゲーム進行をつまらなくするなら正すべきだ。（もちろん、その際の抗議は、しかるべき手順を踏んで、よくある例では監督やコーチを通じて、冷静に行われるべきなのはいうまでもない。）審判といってもルールを間違えることはある。特に野球のようにあまりにもルールが多いと、審判であってもルールを常に適切に運用することは難しい。審判がルール適用を間違ったせいでゲームがつまらなくなるぐらいなら抗議すべきであって、「黙って従いましょう」的な教育が行われている方が問題となる。プレイを面白くするためにルールがあるのであり、神聖視する態度はむしろスポーツをダメにするだろう。

スポーツルールは常に変わるもの

前節で述べたことを延長すると、競技を面白くするためには、ルールは変えてもいいという議論も出てくる。ルールを神聖視してしまうと、変更をイレギュラーなものと捉える姿勢が出てしまうが、現実には技術や用具の進歩に合わせて常に更新が検討されている。もともとルールの数が少ない陸上のトラックレースでも、同一レースで2回目にフライングした者が失格だったものが、1回目で失格になるようルールが改正されることはある。水泳でも平泳ぎで頭が水面下に沈むことが泳法違反として禁止されていたものが解禁されたり、肌を締めつけて水の抵抗を減らす水着が使用禁止になったりしたことは記憶に新しいだろう。

それにもかかわらず、ルール変更を常態として想定していない日本では、日本人が活躍するとルールが変えられてしまう、という誤解が生じやすくなっている。ヨーロッパやアメリカの役員たちが主導する国際競技連盟によって、日本人が表彰台を独占するとルールが変えられ、不利な立場に追い込まれるという陰謀論は、スポーツファンならしばしば耳にすることだろう。[5]

代表的な例として、現在スポーツ庁長官を務める鈴木大地が、１９８８年のソウルオリンピックで、１００メートル背泳ぎで優勝した際に話題になった潜水泳法（バサロ泳法）の制限があげられる。飛び込みスタートができないせいで、スタート直後に勢いをつけにくい背泳では、しばらく水の中に潜ったまま泳ぐことでスピードアップがはかられる。１９８８年当時は、この泳法に制限がなかったせいで、鈴木選手は前半の50メートルでプールの半分以上、7割がた（30メートル程度）潜ったまま泳いでいた。インターネットに公開されている動画で確認したところ、鈴木選手は競争相手よりはるかに長く潜っていた。それだけが優勝の理由ではないとしても、他の選手との違いが潜水泳法の距離に求められても仕方がない展開があった。そのためか、鈴木選手が金メダルをとった直後にルールが変わり、背泳での潜水泳法の距離が制限されるようになった（現在のルールではスタートから15メートル以内）。この変更は、創意工夫をした日本選手の足を引っ張るものではなく、潜水競争が長引くことで選手の生命にリスクが高まることを恐れ、安全性を高めるためにルールが変えられた、とみるのがより公平な評価であろう。

あるいは、１９９８年の長野オリンピックで、日本代表はスキージャンプでメダルを量産した。そのあとジャンプスキー板の規程が変わって、日本代表は勝てなくなる。といっても、正確にはルール変更直後のシーズンでは勝てていたのだが、その翌シーズンから十年以上にわたって日本代表の活躍が見られなくなった。[6] この時も「日本人が活躍しすぎたからルールを変えられたんだ」というような主張が、負け惜しみまじりに語られたことを記憶している。

スキージャンプでルールが変わった時、実際に何が起こったのか。長野オリンピックでは、どの選手も80センチまで身長より長いスキー板をはくことができた。日本人選手は平均身長がヨーロッパの選手より低い。日本の平均身長に近い170センチぐらいだと、プラス80センチで250センチの板がはけていた。その長さは身長比でいうと147％にあたる。ヨーロッパの選手、特にスキージャンプが強い北欧の選手は、180センチが平均的な身長になる。その板の長さは、長野オリンピックではプラス80センチで260センチになり、身長比で考えると144％の長さの板をはいていた。スキージャンプというのは、スキー板で風を受けて飛ぶので、板が長く、面積が広い方が有利になる。こうした数字から、日本人ばかり勝つのは背の低い選手を優遇するルールのせいだという話になり、それ以後は身長比のパーセントを揃えることになって、身長が何センチでも板の長さは身長×146％にすることが決まった。その結果、身長170センチの選手は250センチではなく248・2センチの板になり、180センチの選手は260センチの板ではなく2・8センチ増えた262・8センチの板をはけるようになって、ヨーロッパの選手が日本人を上回るような成績を出せるようになった。こうした変化を板の長さだけからみれば、身長が低い選手より高い選手のほうが有利になるようルールが変えられたといえなくもない。しかし、比率で考えれば、より公平なルールになったといえるだろう。

そもそも、長野オリンピックの頃に日本代表がスキージャンプで大活躍できたのは、身長＋80センチという規定が1994年に設定されたことが原因のひとつとなっていることを忘れてはならない。板の長さ制限は、V字ジャンプの普及で飛距離が伸びすぎ、危険度が増したことが理由で1992年に導入されたものだが、当初身長＋85センチだった規程が2年後に＋80センチとなったことが日本代表の飛躍につながった。[7] その経緯を考えると、ルールが日本代表に不利になった時だけ騒ぐのは、公平な態度とはいえないだろう。

こうした葛藤事例を、自国贔屓を忘れ、スポーツ実践ではルール変更が常であることを前提として見直すと、また違った姿がみえてくる。日本人が活躍したからルールが変えられたのではなく、一つの国の選手が一方的に勝てるということは、ルールに偏りがあるのではないか、というふうに疑う方が、本来的な競技スポーツ文化に沿った見方である。というより、競技場だけで活躍するのがスポーツではなく、会議場でその競技をより面白くするためにルールを決める、変えるところからスポーツは始まっているとみるべきだ。会議場のゲームにおいて、日本代表は、語学的なハンディを背負っているという意味では、もちろん不利な立場にある。そして、競技ルールを決める際に、関係役員が常に公平な立場を保っているとはいえず、自らの背景にある国や企業の利害を持ち込んでいることもないとはいえない。そうした不純な動機が見え隠れするとしても、会議場での競技は、本来「ゲームをより面白くする」という価値をめぐって争われることをここで強調しておきたい。

そうした競技スポーツ文化の先進例として、スピードスケートでオランダの人々が示した姿勢を紹介したい。オランダ代表は、スピードスケートの世界では常に強豪であり、特に2000年代に入ってからは、大会でメダルを独占することも目立っていた。スピードスケートは、陸上のトラック競走と同様、シンプルな運動であるだけにルールを変えにくく、オランダ代表が勝利を独占したからといってルール変更はできなかった。そうして連勝を続けた際、オランダのスピードスケート関係者はどう対応したか。自国の代表だけが勝つような競技は人気が下がり、興味をもたれなくなることを恐れ、自らのノウハウを公開することをためらわず、ライバル国のコーチを受け入れてきた[8]。また、日本の小平奈緒選手は、2014年のソチオリンピックで満足のいく滑りができなかったあと、オランダのプロチームに入ってノウハウを学んだ[9]。それ以降、国際大会でメダルが取れるようになった小平選手は、2018年の平昌オリンピックでは500メートルで金メダルを獲得している。

競技スポーツのルールを揺るがす「ジェンダートラブル」

前節までは、競技スポーツ文化の本来の意味を理解するため、そのルールの役割を整理した。本節では、現代において、そうした競技スポーツ文化のあり方を難しくしている課題として、男女のジェンダーによるクラス分けについて考えてみたい。

スポーツを面白くするには、公平で公正な競争を実現することが原則であるのは間違いがない。しかし、多様な性のあり方が社会で認められるようになると、性に違いがあるからといって同じ競技で競技クラスを分けることが公平と主張するのは、容易ではなくなってきた。

こういう時に、公平性は二つの意味で疑問に付されることがあって、一方では女性の側で、男性と試合をしたいのにさせてもらえない、ということに不満が出てくる。他方で男性側からすると、女性の競技クラスで優勝できる選手でも、男性の競技に出てきたら優勝する実力はないのに、テニスの4大大会のように優勝すれば男女で同じような金額の賞金を得られるのは不公平だといわれることが出てきた。

この問題について、一般的な見解では、女性と男性では平均すれば身体能力に差があるから、公平な競争をするには競技クラスを分けたほうがいいとされてきた。それはレスリングや柔道にある体重別のクラス分けと同じ理屈と考えられてきた。これに対して、女性文化の独自性を貴ぶ人々には、男性と女性で分かれて競技する方が公平、というより公正という見方もあるかもしれない。しかし、本稿冒頭の「スポーツ宣言」がまとめられた1960年代後半を境に、世界中で「ウーマンリブ（Women's Liberation）」の声が高まり、性に対する見方が多様化し始めた頃は、競技スポーツにおける男女のクラス分けに挑戦する動きが目立つようになっていた。

そのうち、女性が男性とのクラス分けに挑戦した最初の例は、おそらくマラソンであったと記憶されている。アメリカのボストンでは、19世紀の終わりから世界最古の市民マラソン大会が行われているが、このボストン・マラソンに限らず、1960年代まではマラソン競技に女性の参加が認められていなかった。しかし、1967年のボストン・マラソンで、キャサリン・スウイッツァーは、選手登録する際、キャサリンをKというイニシャルだけにして公式出場に成功した。[10] スウイッツァーは走っている途中に競技役員に発見され、進路を妨害されたが、周囲にいた仲間に助けられ、完走を果たすことができた。この事件をきっかけに、男性だけのものであったマラソン競技は、女性に門戸を開き、両性ともに楽しむことのできる競技に生まれ変わることとなった。

両性間の戦い（Battle of the Sexes）

反対に、男性の方が男女のクラス分けに挑戦した例は、マラソンの例とほぼ同時期のテニスで現れた。1960年代の後半から80年代に入るまで、世界で長く活躍した女性テニス選手にビリー・ジーン・キングという人がいた。しばしば女性の権利と解放について発言するキングに対し、当時すでに引退していた元全英・全米チャンピオンの男性選手、ボビー・リッグスは、「男女同権を求めるなんて生意気だ。俺はもう歳だけど、女のチャンピオンになら勝てる」といったようなことを公言して、対戦を求めた。[11] まず、キングの前に二番手クラスの女性選手と試合が組まれ、対戦したところ、リッグスが勝利した。そこでキングが最後にチャンピオンとして、世界初のドーム球場であるアストロドームで1973年9月に対戦し、女性が勝利するという、ある種のドラマが展開された。[12] この試合は、いかにもアメリカ的なショウとみなすこともできるが、女性のプロスポーツに注目と資本が集まるきっかけを作ったという評価もされてもいる。

性別区分の曖昧さ

競技スポーツで男性と女性のクラスを分けることについて、体重でクラスを分けるのと同じという一般論があるが、そこには実は違いがある。体重差は、体重計で量ればすぐに明らかにできる。しかしながら、性別には簡単に測れる単一の測定器などない。

しかも、性別を機械的に分けられないという話は、性自認や性的指向性といった、心理学的な問題だけに関わるものではない。生理学的な事実として、人間という生物の性別は単一の指標で分けることはできない。少なく見積もっても、性別は、解剖学的、性染色体を含む遺伝学的、さらには内分泌系（男性ホルモンと女性ホルモンのバランス）的な観点から語ることができて、それぞれの視点から単純に男女に分けられない事例があることが知られている。[13] それらを複合して、単純に男女に分けられない人が全人口の何パーセントいるかは、性別の決定要因として何を重視するかによるので軽言はできないが、国際連合人権高等弁務官事務所によると、人口の0・05％から1・7％が性差についてどちらともいえない特徴をもつとされている。[14] この幅の大きな数字をどう受け止めるかは議論があるだろうが、いずれにせよ人間の性差は競技クラスを男女の二つに分けて済むような構成にはなっていない。生理学的には、人間の性別は多元的に理解すべきであって、ここまでは男性で、そちらから女性というような境界線を引くことはできない。

それにも関わらず、競技スポーツの世界では男性と女性の競技クラスを二項対立的に分けてきた。そうした二項対立的なクラス分けは、当初は自己申告を認められていたが、來田享子によると、1948年にイギリス女子陸上競技連盟によって性別確認検査が導入された。[15] その後、オリンピックでも同様の性別確認検査が導入されたが、医師による外部生殖器の視認という検査方法が女性選手に屈辱を与えるものという批判が高まり、1968年のグルノーブル冬季大会から、口腔粘膜から性染色体を採取する方法が導入された。しかし、この性染色体による検査法も、1980年代になると前述のような性別の多元性が広く知られるようになり、一元的な基準で性別を判定することの是非が問われるようになった。そこで、国際陸上競技連盟は1992年に性別を確認する検査を廃止し、原則として選手の自己申告に従うことにした。それに遅れたオリンピックでも、2000年以降は原則的に性別確認検査を廃止し、疑わしい事例が表れた時のみ、口腔細胞や毛根からY染色体の有無を調べる検査法（この「ポリメラーゼ連鎖反応法」自体は1992年から採用されていた）を実施するようになった。[16]

そうした「疑わしい事例」として話題になったのは、南アフリカの陸上競技代表、キャスター・セメンヤであった。彼女は、2009年の世界陸上で800メートルの金メダルを獲得した際、見た目が女性らしくないという理由から、前述の検査を受けることになった。しかし、一元的な方法ではどちらとも判定できなかったので、大会後に医学的に複数の尺度から性別確認検査を受けさせられることになった。その結果は、女性とも男性ともいえない中間的な性とされ、ひとまずは自己申告通り女性のクラスでの出場資格が認められた。しかし、現在に至っても彼女の女性としての「資格」には論争が続いている。

セメンヤ選手の性としての「資格」に疑念が集まるのは、その筋肉質な見た目が原因となっているようだが、解剖学的な特徴だけで性別が決定できないのは前述の通りである。見た目では完全に女性らしくみえていても、染色体を調べると男性的であったということも現実には存在している。染色体や遺伝子という「人体の設計図」を調べても、性別を確定できないことが明らかになった今、競技スポーツにおける性別区分は、血中の男性ホルモン量で判定されるようになった。

これらを踏まえて、2011年から国際陸上競技連盟は女性の競技クラスに出場できる資格を、血中テストステロンが10 nmol/L 未満の者と定めた。[17] これはつまり、競技スポーツにおける性別区分を一般社会の性別とは異なるものと割り切って、男性ホルモンの血中濃度だけでクラスを分けることにしたものと理解することができるだろう。

こうした競技団体の判断について、女性の側でも賛同する人がいることは確かである。しかし、「疑わしい事例」とされて女性のクラスでの出場資格を否定された選手本人にとっては、競技上の性別区分と一般社会の性別は違うといわれても、簡単に容認できるものではない。そこには、プロとして生計を立てる手段を奪われることへの反発もあるが、女性としての性自認と誇りを競技団体によって否定されてしまうことへの怒りも含まれている。

その一方で、男性と女性のクラス分けを、社会通念に依拠するのではなく、血中の男性ホルモン量で判定した国際陸上競技連盟は、そこからさらに踏み込んで、女性として出場したい選手に血中テストステロン濃度を基準値以下に下げる薬の服用を勧めるようになった。[18] この決断は、インターセックスの選手に対する救済措置ではあるが、「疑わしい事例」とされていない一般の女性選手の血中テストステロン濃度がわからない現時点では、本当に公平な措置であるのか疑問が残ってしまう。かといって、すべての女性選手に血中テストステロン濃度の検査を課すことは、せっかく廃止された性別確認検査を復活し、競技スポーツに関わる女性から自身の性別に関するプライバシーをはく奪する問題を再発させてしまう。競技スポーツにおける性別の問題は、このような意味で現在、困難な局面を迎えている。

なにより、血中の男性ホルモン濃度が生まれつき高い人に対して、濃度を下げる薬を飲むよう勧めていることは、医療目的以外で薬物を摂取させないドーピング管理の原則に反することを指摘しておきたい。

性別以外の身体特徴による競技クラスに潜む問題

ここで競技スポーツにおける性別の問題をいったん離れて、それ以外の身体特徴の問題について考えてみたい。現状、身体特徴によるクラス分けは、オリンピックでは性別と体重別しか採用されていないが、それは果たして公平なことなのか。競技を面白くするため、それ以外のクラス分けを採用する余地はないものだろうか。

そういう観点で考えると、身長別のクラス分けも採用を検討されてしかるべきだろう。最近、ようやく日本人選手が世界最高峰のプロリーグで活躍できるようになったバスケットボールなどは、身長が2メートル近くないと世界的に活躍はできない。バレーボールも同様の事情を抱えているが、チームスポーツだからといって身長別のクラス分けが導入されないのは、「プレイの性格」を守る原則からすると問題をはらんでいる。

こうした批判に対して、実際、国際バレーボール連盟でも2002年に一度は真剣な検討が行われ、2004年にインドネシアで、男性で185センチ以下の世界大会が試験的に開催されている。[19] この大会について、日本代表が参加しているにもかかわらず報道は少なく、当時の強豪国が参加しなかった（他の参加国は、インドネシア、ミャンマー、台湾、ロシア）せいもあって、残念ながら継続して開催されるほどの盛り上がりには至らなかった。しかし、体重別があるのなら身長別があってもいいんじゃないかという発想は覚えておいて、将来に生かす道が残されている。

実際、関西の大学バレーボール連盟では、1976年から毎年身長制限のある大会が開催されている。[20] 男性は175センチ以下（180センチ以下の年もある）、女性は165センチ以下の規程で、普段は出場機会を得られなかったり、守備的な役割を担ってきた選手たちが、攻撃的な役割を演じられる貴重な機会として活用されてきた。[21] こうした大会が広がることは、バレーボールだけではなく、行き詰まりをみせる競技スポーツ文化に可能性を拓くものとして注目に値するだろう。

身長以外にも、スポーツの全般的な競技水準が高まったために、クラスを分ける可能性を検討すべき身体特徴は増えているが、その候補の一つに酸素運搬能力の差というものがあげられる。マラソンなどの持久種目で、血中に赤血球がどれぐらい含まれているか、あるいは赤血球の中にある酸素を運ぶヘモグロビンの量がどれだけあるかは、当然ながら競技成績に大きく影響する。陸上競技だけではなく、水泳や自転車競技でも、距離の長い種目には影響が大きい。

そのため、こうした心肺機能の持久力が結果を左右する種目では、自分の血液を試合よりかなり前の段階で抜いておいて、試合直前に赤血球だけ戻すことで成績をあげる方法を採用する選手が出てきた。この方法は、人工的な薬物を摂取するものではないが、健康に害を及ぼすので「血液ドーピング」と呼ばれ、禁止されている。血液ドーピングは、薬物ドーピングと違って検出方法が実質ないことから、副次的な問題を生じさせてきた。血液ドーピングでは一般的な薬の副作用は生じないが、血液濃度が濃くなるので、酸素運搬能力は高まっても、血管が詰まって心筋梗塞や脳梗塞が起こるリスクを高めてしまう。

血液ドーピングを検査するには、競技会の時だけではなく、定期的に選手の血中ヘモグロビン濃度を検査して、その変化を見定める必要がある。ヘモグロビンの濃度がある程度以上（年齢や性別によって、通常これくらいだろうと予想される数値より上）だと違反とされ、処罰が行われてきた。

しかしながら、人間、誰もが平均値に近いからだで生きているわけではなく、生まれつき血中ヘモグロビン濃度が高い人がいる。そういう人が検査を受けると、平均より濃度が高いせいでドーピングの摘発を受けてしまう。いわれのない疑いと罰則に不満をもち、抵抗しようとしても、スイスにあるスポーツ仲裁裁判所へ控訴し、さらに長期間血液検査を続けて、ようやく出場資格を認められるようなトラブルが競技スポーツの世界では定期的に起きている。

ドーピング、医療、競技の公平性

生まれつきの身体能力の差は、これまで一般の競技スポーツの世界では、仕方のないこととして目をつむり、公平性の判断から外していた。しかし、現代のように全体の競技レベルが上がり、同時に様々なドーピングの手段が開発されると、生まれつきの格差を含めて身体をどうコントロールするのかという問題が生じてしまう。競技スポーツの面白さを担保する公平性をどう確保するのか、競技スポーツ文化の行き詰まりを避けるために、新しい挑戦が必要な時代がやってきたともいえるだろう。

科学技術の発達によって、血中のヘモグロビン濃度や男性ホルモン濃度が正確に計測できるようになったために、それが必ずしも競技成績を決定するものではないとはいえ、公平性を保つには計測しないわけにはいかなくなる。そうしたジレンマが突きつけられている。また、誰がドーピング違反で、誰がドーピング違反でないかという問題も、スポーツ選手が同時に日常生活を生きる人間である以上、簡単には分けられなくなっている。

2018年の平昌オリンピックの前後、ロシアの選手が国家ぐるみのドーピング違反を疑われ、ロシア代表として大会に出られないという事件があった。2020年に予定されていた東京大会についても、ロシアは国家代表を送り込めないことが決まってしまった。この事件は、単にロシアを悪者にして済む話ではなく、ドーピング管理と医療の現代的な緊張関係を示すものと理解したい。

率直にいって、ドーピングの管理（と実行）には、国家間にある医療技術の能力格差が影響している。つまり医療技術の低い国は、ドーピングを実行する上で隠す技術も低くなる。それ以上に問題を難しくするのは、持病があって治療のために薬を使う選手については、ドーピング薬を使っても違反にならないことだろう。ドーピングの監視機関は、単に検査で違反の有無を判断しているだけではなく、医療措置として禁止薬物を合法的に飲める選手と飲むことを許されない選手を分ける判断を行ってしまっている。[22] その判断に恣意性や権力の介入があったかどうかは確かめようもないが、国家単位で出場を禁止されたロシアの選手が不公平を訴えたくなる感情は理解できる。

こうしたドーピング検査に関する問題は、厳しい処罰を受けているロシアがメダル大国であるだけに、アメリカを中心とした西側有力諸国の陰謀として語りたくなる人も出てくるだろう。しかし、ドーピング管理の実情を知ると、実際はもっと複雑で、安易な政治介入が難しいほど専門化していることがわかる。競技スポーツ選手の健康を守るために行われているドーピング検査が、医療措置で健康を守る行為によって公平な執行が難しくなっていることは今後も競技スポーツ界の宿題として残されている。

パラリンピックが示す先進事例

身体的な格差への対処について、これまでの議論から、オリンピックを中心としたトップアスリートの世界では、現状とりあえず「玉虫色」といわれても仕方がないような政治決着で済ませていることがわかった。それに対して、最近はオリンピックとセットで行われているもう一つの国際スポーツ大会、パラリンピックでは、よほど先に進んだ解決策が示されている。

パラリンピックに限らず、障がい者が競技するパラスポーツでは、個々の選手の身体的に不自由な部位が千差万別で、身体条件を揃えて競技を公平に行うという健常者のスポーツの理想が、もともと実現しようもない問題として突きつけられてきた。しかし、長年その問題に取り組んできただけに、昨今のパラリンピックでは解決の糸口が見えはじめている。

パラリンピックのアルペンスキー競技では、選手の身体条件が様々に異なるために、競技レベルが高い選手を一つのクラスに集めて公平に競争させること自体が困難だった。片脚に障がいがあり、片脚だけ義足をつけて立ったまま滑っている人。両脚とも障がいはないが片腕で滑る人、脊髄等に損傷があってチェアスキーで滑る人。様々いる中で、競技の公平性を保とうとすると、これまでは競技クラスを細分化して、それぞれで競争させるしかなかった。夏季パラリンピックの陸上トラック競技でも、同様のクラスの細分化が行われているが、そちらは競技人口がはるかに多いので、

表1　パラリンピックでのアルペンスキーのカテゴリーとクラス
（日本障がい者スポーツ協会「アルペンスキーガイド」より一部修正）

スタンディングカテゴリー（立位）		
LW 1クラス	下肢障がい （座位カテゴリーを選択することも可）	障がいが重い タイム係数は小
LW 2クラス		
LW 3クラス		
LW 4クラス		障がいが軽い タイム係数は大
LW5/7-1 クラス	上肢障がい	障がいが重い タイム係数は小
LW5/7-2 クラス		
LW5/7-3 クラス		
LW6/8-1 クラス		
LW6/8-2 クラス		障がいが軽い タイム係数は大
LW9-1 クラス	上下肢障がい	障がいが重い
LW9-2 クラス		障がいが軽い
シッティングカテゴリー（座位）		
LW10-1 クラス	下肢障がい（※チェアスキーを使用）	障がいが重い タイム係数は小
LW10-2 クラス		
LW11　クラス		
LW12-1 クラス		
LW12-2 クラス		障がいが軽い タイム係数は大
ビジュアリーインペアードカテゴリー（視覚障がい）		
B1クラス	※ガイドと一緒にコースを滑走	障がいが重い
B2クラス		
B3クラス		障がいが軽い

競争が成り立っていた。しかし、冬季種目は競技が可能な地域が世界的に少ないことと、高価な用具が必要なため、競技人口に制約があることで問題が大きくなっていた。1998年の長野大会の頃は、パラリンピックでもクラスによっては出場した選手の大半が入賞してしまうようなことが生じていた。

こうした状況に対して、2006年のトリノ大会から、タイムを競う種目の特性を踏まえ、身体条件によって異なる係数を掛け算して処理する道が開かれた。[23] 実際には、次に示す**表1**と**表2**のような仕組みで実走タイムに異なる係数を掛けて、身体条件にかかわらず公平な競争を実現している。

こうすることで、身体条件に多様な違いがあっても、それを越えて、一つの競技としてパラリンピックのアルペンスキーは競技ができるようになった。ただし、その係数の設定次第で有利や不利が出てくるので、この係数をどう決めるかについては議論の余地があるだろう。また、用具の発達で、それまでできなかったことができるようになり、この係数を変えなければいけなくなる、ということも起きるだろう。しかしそれでも、オリンピックでは解決できていない身体格差の問題が、生まれつきの身体能力の格差には

表2　ハンディキャップ・システム（計算タイム制）

（日本障がい者スポーツ協会「アルペンスキーガイド」より一部修正）

	障がいの程度	実走タイム	係数		計算タイム
A選手	比較的軽い	９０秒	９０％	➡	90 秒×90％＝８１秒
B選手	比較的重い	１００秒	８０％		100 秒×80％＝８０秒

表１で分類されたクラス（選手）ごとに「係数」を決める。
障がいの程度が軽いと計算タイムの係数が大きくなり、重いと係数が小さくなる。
障がいの程度が一番軽い選手を係数1（実走タイムと計算タイムが同じ）とする。
※実走タイムではA選手の方が早かったが、計算タイムではB選手の方が早くなる。

じまり、後天的な障がい問題までを含めて、少なくともタイム種目については整理できる可能性が示されたといえる。

そこに残された課題があるとすれば、そういう詳細な表を参照しないと競争の意味がわからない競技を、我々はどう楽しむのかという問題かもしれない。本稿の冒頭で書いたように、公平性を保つことはスポーツの面白さを高めるための手段にすぎないのであれば、競技スポーツ文化の未来は、パラリンピックのアルペンスキーが示した先進性を認めつつも、その先を求めなければならない。

競技スポーツ文化の未来：「ユニバーサルスポーツ」を超えて

競技スポーツの将来を展望するなかで、係数による掛け算での解決を、さらに洗練する試みも考えられる。たとえばマラソン競技で、血液の酸素運搬能力が生まれつき異なる人が競走する際、血中ヘモグロビン濃度に合わせて係数を設定し、実走タイムに掛けて競走することもできるだろうが、それよりは、はじめから身体条件の違いに合わせてスタート地点を調整し、ゴール地点では横並びで、目に見えるかたちで競う方が面白いかもしれない。

あるいは、ハンマー投げや重量挙げについて、男女は関係なく、血中のテストステロン濃度によって用具の重量に段階的にハンディをつけて競技を行う発想もあって良いのではないだろうか。

男女の差異というものは、我々の価値観の根本的なところに、それもたいていは保守的なかたちで浸透しているものであるから、こうしたオルタナティブな試みから面白さを引き出すにはまだまだ考えるべきことがあるだろう。しかし、近代オリンピックの創始者であるクーベルタン男爵が、女性がスポーツする姿を「非常識で、興味をひくものではなく、美的でもない」と述べた時代と比べれば、現代の我々の感性ははるかに遠いところにある。[24] それを思えば、希望はある。

さらに、前節と本節で考えたようなハンディキャップ・システムを活用すれば、オリンピックとパラリンピックの間の壁が、少しずつ取り払われていく未来もあるかもしれない。

もちろん、すべての壁を取り払って、一つの大会にしてしまうことが常に正義とはいえないし、パラスポーツや女性スポーツに固有の文化を守ることには意義がある。しかし、競技によっては一つにしてしまう方が面白い場合も考えられる。たとえば、バネ足の義足で幅跳びを競技するマルクス・レームがオリンピックでメダルが取れそうな記録を出してもパラリンピックにしか出場を認められない一方で、マラソンではシューズの底にグラファイトのバネを収めて競技しても許される矛盾に我々は直面している。[25] そのことを思えば、身体条件とバネの強さを比較して、適切なハンディをつけることで、いわゆる健常者と障がい者が同じ舞台で幅跳びを競う可能性もあって良いのではないだろうか。

こういうハンディキャップの工夫で行われる新しいスポーツ像について、2001年の拙論では「ユニバーサルスポーツ」という名前で提案していた。[26] こういうオルタナティブなスポーツ文化の提案というのは、ともすれば非現実的なユートピアとして響くかもしれない。しかし、幅跳びとマラソンでのバネ使用を比較した先の事例からわかるように、今の競技スポーツは、これまでと同じ発想では限界に近づいているのも確かである。新記録の達成が頭打ちになると、用具の進歩に頼るところや、生まれつきの身体条件で勝敗が左右されるところがあからさまになってしまう。アフリカの一部の地域出身の人しか勝てないとすれば、マラソン競技に未来はあるのか。そういう身もふたもない話を考えると、ユニバーサルスポーツ的な工夫は荒唐無稽なものではなく、オリンピックやトップアスリートの世界で活用してこそ、競技スポーツがさらに面白くなる可能性が拓かれるかもしれない。

残念ながら2021年に延期開催される予定の東京オリンピックでは、ユニバーサルスポーツ的な工夫は検討されていないようだが、現実には、セメンヤ選手に代表される「ジェンダートラブル」や、ドーピング検査をめぐる混乱など、あまり日本のメディアが取り上げない問題が次々と競技スポーツの世界を襲っている。それらの矛盾を何らかの工夫で乗り越えないと、今後も我々が競技スポーツを文化として享受することは難しくなるだろう。それでもスポーツが現実を遊びの次元につなげる舞台となることを忘れなければ、各自の縛りやこだわりをカッコに入れて、誰もが楽しく〝プレイ〟できる視界が開かれることを覚えておいていただきたい。

注

1 坂上 2014：73
2 国際体育・スポーツ評議会 1968：9
3 西山（2006）第1章を参照。また、社会学者の井上俊（1977）は、世俗化し個人主義が浸透した現代において、かつて宗教や信仰心が担っていた働きの一部が、遊びの次元で代行されるようになったと指摘している。人の世は、個々人の欲に基づく行動だけでは成り立たず、損得抜きの宗教儀礼や祝祭を定期的に集団として行うことで支えられてきた。しかし、信教の自由が許され、社会的な権威にさえ無条件でしたがう必要がなくなった今となっては、宗教行事よりむしろスポーツイベントにおいてこそ、損得抜きで感動を共有し、自己を超越したもの（といっても神ではなく半神、すなわちヒーロー）に近づく機会がある。競技スポーツに「プレイの性格」を保つことは、自分の損得を考える以前の、世界観という「ゲーム」を共有する力につながっている。
4 日本カーリング協会 2018
5 柳川 2018
6 後藤 1999、藤山 2000
7 堀井 2000
8 『読売新聞』2008・12・2東京夕刊
9 『朝日新聞』2014・12・25朝刊
10 CNN 2017
11 『朝日新聞』1973・9・21朝刊
12 『朝日新聞』1973・9・21夕刊
13 西山（2006）第3章を参照。

14 松下・高島 2019：65
15 來田 2018
16 IOCが性別判定検査に対する態度を改めた背景には、1994年にイギリスのブライトンで開催された第1回世界女性スポーツ会議で出された声明（ブライトン宣言）の存在がある。社会とスポーツにおける公正と平等を求めたこの声明の影響は大きく、現在ではIOC憲章自体にもジェンダーに関する差別の禁止が明記されるようになっている。
17 国際陸上競技連盟（2018）は、その後、女性として競技に出場できる血中テストステロンの数値基準を5nmol/l未満に下げているが、オリンピックでは10nmol/l未満のままとなっている。
18 『朝日新聞』2018・4・27朝刊
19 『朝日新聞』2002・4・13朝刊：FIVB 2004
20 『読売新聞』2018・12・21大阪夕刊
21 『読売新聞』2005・1・29大阪夕刊
22 多田・入江・石田 2010：44−45
23 小林 2018
24 來田 2004：46
25 『朝日新聞』2016・7・2朝刊、2020・2・1朝刊
26 西山 2001：113−115

文献

・CNN、2017「ボストン・マラソン、初の『公式』女性参加者、50年後に再びレースへ」（2020年2月26日取得、https://www.cnn.co.jp/showbiz/35099893.html）
・FIVB（fédération international de volleyball）,2004,Men's U-185 World Invitational（2020年2月13日取得、http://www.fivb.org/EN/Volleyball/Competitions/Under185/）
・藤山健二、2000「ルール改正から1年、不振のジャンプ陣に一層の奮起を促す」『Sports Graphic Number』105（16）：186−187
・後藤新弥、1999「ルール改正ものともせず、日本の〝鳥人〟トリオ金銀銅の〝ラージ〟ジャンプ」『アサヒグラフ』4018：33
・堀井正明、2000「W杯ルール改正でジャンプ惨敗―日本つぶしにリベンジだ」『週刊朝日』105（16）：186−187

- 井上俊、1977「パースペクティブとしての遊び―聖―俗理論からの展開」井上俊『遊びの社会学』世界思想社、113―155
- 関西大学バレーボール連盟、2019「2019年度第44回大阪府学生バレーボール6人制身長制優勝大会開催要項」（2019年12月28日取得、http://www.kansai-uvf.org/topics/2019/topics_20191105_009473.html）
- 小林章郎、2018「冬季パラスポーツ最前線―冬季パラリンピックスポーツのクラス分け」『日本義肢装具学会誌』34（1）：11―15
- 国際陸上競技連盟、2018「IAAF introduces new eligibility regulations for female classification」（2020年3月21日取得、https://www.worldathletics.org/news/press-release/eligibility-regulations-for-female-classifica）
- 国際体育.スポーツ評議会、1968「スポーツ宣言（Declaration on Sport）」（2020年2月10日取得、https://www.icsspe.org/sites/default/files/Declaration%20on%20Sport_english.pdf）
- 公益財団法人 日本障がい者スポーツ協会、2020「アルペンスキーガイド」（2020年2月10日取得、https://www.jsad.or.jp/about/referenceroom_data/competition-guide_07.pdf）
- 松下千雅子・高島亜理沙、2019「スポーツする身体のジェンダー―トランスジェンダーとDSDアスリートに対する高校生の受容に関する研究」『超域的日本文化研究』10：64―75
- 日本カーリング協会、2018「競技規則」（2020年2月13日取得、http://www.curling.or.jp/senmoniinkai/kyogi/new-rule-2018-11-p01-p37.pdf）
- 西山哲郎、2001「差異を乗り越えるものとしてのスポーツ―スポーツにおける文化帝国主義とグローバル文化の可能性」『スポーツ社会学研究』9：106―118
- ――――、2006『近代スポーツ文化とはなにか』世界思想社
- 來田享子、2004「スポーツへの女性の参入」飯田貴子・井谷惠子編『スポーツ・ジェンダー学への招待』明石書店、42―50
- ――――、2018「性別確認検査」飯田貴子・熊安貴美江・來田享子編『よくわかるスポーツとジェンダー』ミネルヴァ書房、150―151
- 坂上康博、2014「スポーツ文化の価値と可能性―1960～70年代の国際的な宣言・憲章を中心に」『一橋大学スポーツ研究』33：72―79
- 多田光毅・入江源太・石田晃士、2010『よくわかるドーピングの検査と実際』秀和システム
- 高峰修、2020「2020年東京オリンピック開催に向けたスポーツ政策における女性アスリートの身体―『女性特有の問題』としての生殖機能の保護と管理」日本スポーツ社会学会編集企画委員会編『2020東京オリンピック・パラリンピックを社会学する―日本のスポーツ文化は変わるのか』創文企画、111―129
- 柳川悠二、2018「この“不条理”に納得できますか？―スキージャンプ、バレーボールほか“奪われたお家芸”から、サッカー『バックパス』、野球『リクエスト』まで、スポーツ『ルール変更』で起きたまさかの劇的ドラマ10」『週刊ポスト』50（8）：50―53

本稿は、2017年12月3日に奈良女子大学で開催されたシンポジウム「科学技術が変えるオリンピックの現在と未来」で、コメンテイターとして登壇した際に用意した論考が元となっている。その後、2018年6月1日に愛知淑徳大学ジェンダー・女性学研究所に招かれて講演を行ったが、その記録（西山哲郎、2019「スポーツを社会学する」『2020年東京オリンピックに向けて!――ジェンダーの視点で見るスポーツ（連続講座 第6期）』愛知淑徳大学ジェンダー・女性学研究所、1-26）を大幅に加筆、修正したものがここにある。

3

「単独性」のある〈つながり〉の創発へ

——オリンピック・パラリンピックの式典に関する人類学的試論から

岩瀬　裕子

「障害者も普通の人間だ」と言えば、多くの人が「そうでしょうね」と答えるだろう。でも、それが実は当たり前にはなっていない。そこが問題なのだ。」

決定の瞬間のただなかから——序にかえて

２０１３年９月、アルゼンチンで開かれた国際オリンピック委員会（以下、ＩＯＣ）第１２５次総会で、２０２０年のオリンピック・パラリンピック開催地が「TOKYO」と決定した時、私は発表会場となったホテルの控室にいた。２０１６年大会の招致活動同様、スペイン語担当として期限付きで雇用されていたからである。「TOKYO」招致団の熱狂ぶりの一方で、長いこと、宮城県で暮らしていた私には、どこか手放しで喜び切れない思いが芽生えていた。２０１１年に起きた東日本大震災から2年半で、一国の首相が世界に向かって「Under control」と言い切ってしまったことと、出身地である関東圏を離れて東北で暮らし、働いたことで知った、いつも一人勝ちしている「TOKYO」——少なくとも私にはそう、感じられていた——に、どこか嫌気がさしていたのかもしれない。

私のこうした態度は偽善なのではないかと問われるだろう。私が招致活動の任務に就いたのは、活動のウチにいる人びとを知り、肌で感じたかったからである。ニュースで見聞きする「ＩＯＣ委員」の人となりを体感したかったのである。ウチの論理や思いについては更なる調査を続けて別稿を期したいけれども、本稿では、少しばかり特異な経験を重ねた〈わたし〉の視点から、東京大会決定以降、声高に叫ばれるようになった「共生社会」――とりわけ、参画と多様性の議論――について、これまでのオリンピック・パラリンピックの式典を振り返りながら検討したい。まずは、招致活動で経験した二つのエピソードから始めてみよう。

開催意志と「ボールペン」――「単独性」のある〈つながり〉

２００９年当時の招致活動で私に大きく突き付けられたのは「本当に、TOKYOの人はオリンピックを開催したいのか」という、あるＩＯＣ委員からの思いであった。この言葉は、ブラジルのリオに２０１６年大会の開催が決定したあと、その委員から投げかけられたものである。もちろん、委員たちがどこに投票したかは知らない。ＩＯＣの独自調査により、東京の支持率が低いことはかねてから指摘されていた。その委員は、それまで私に見せたことのないような真顔になり、苛立ちを見せた。そして、珍しく言葉数が少ない中、先の言葉に続けて、次のように私に畳みかけてきたのである。

「TOKYOは本気なの?」

その委員は日本を何度も訪れたことがあり親日派と見られていた。来日した際に家族で委員に会いに行ったり、個人的にメールを交わしたりすることを繰り返していると、その委員のスポーツに対する思いが、メダルを取れる環境をつくりたい、強化費用を増やしてほしいといった欲望からではなく、それより、ずっと手前にある、その委員を取り巻く、ぐっと小さな範囲の、切迫した手触りのある生活体験がもとになっていることがわかる。委員が望んでいたのは、委員の周りにいる〈顔〉の見えるこども達に、委員がかつてそうであったように、スポーツで友だちをつくり、スポーツでこども達を育てたいという願いの実現であった。その委員は、自分の個別的経験に根ざしたスポーツへの強い期待と、経済的格差をもたらす「世界」に対する個人的な違和感を決して手放してはいなかった。委員は金メダリストである。IOC委員のバッジをつけていても、「世界」に対する怒りが決して一般化されたものの表明ではなく、彼女の個別・具体的な経験から突き上げられているように思えた。

もう一つのエピソードは、メキシコでの出来事である。メキシコは「TOKYO」が2016年大会の招致活動で初めてIOC委員を前にプレゼンテーションを行った場である。中南米のIOC委員はスペイン語を話すため、立ち話で私と冗談を交わすような場面がよくあった。私が「TOKYO」のメンバーであることを伝えると、不思議なほど、それを聞いて、真っ先に挙げてくる日本人の名前が重なっていた。固有名詞の明言は避けるけれども、その日本人は、商売で、長年、中南米とのつきあいがあった。IOC委員たちは、その人からお土産に日本の「ボールペン」をよくもらったと話していた。「何度書いても、インクが擦れなくて、これが書きやすいんだ」という。たかが「ボールペン」と思うかもしれない。日本の文房具の質の高さは知られるところであるけれど、あるIOC委員は、その人から昔もらったという「ボールペン」を大事そうに胸ポケットにしまって持ってきていた。私の想像は、その人と委員の間柄だけでなく、わずか1本の「ボールペン」がその人の生活の中にあること、そして世界に誇るボールペンの製造に日夜携わる人びとがいることに及んでいた。

民間外交というものが、いかなるもので、具体的にどのような役目を果たし得るのかについて身をもって考えるようになったのは、この時の経験によるところが大きい。本稿で用いる「民間外交」とは、国家間の交渉や交際に対置するものではなく、広く人びとの〈あいだ〉で取り結ばれる「やりとり（社交 :sociability）」を指す。なぜ、こうしたエピソードを紹介したかというと、いずれも、本稿で論じる「共生社会」について重要と思われる「やりとり（働きかけ）」や「社交」でもたらされる「単独性」のある〈つながり〉に関わる事例だからである。

単独性に関する議論は学術的に種々あるが、本稿における「単独性」は「人と人、人やモノなどといった〈あいだ〉に生成される代替不可能で反復のきかない行為や出来事から生成される関係性」を表す。それは、直接・間接を問わず、〈わたし〉と誰か（動植物などの生命あるものも含む）、〈わたし〉と何かの融合により生成される他性を含む二者関係で、出会いのたびに更新されていくものである。もちろん、その組み合わせがよいものもあれば、望ましくないと思われるものもあるだろう。その時々で変化もする。前述した事例に添えば、前者の委員は、「TOKYO」に対して親しみを持っていたからこそ、開催決定に至らなかったやるせない気持ちを怒りにかえて筆者にぶつけてきたといえる。後者の委員は、投票行動との関係性はさておき、ある人からもらった「ボールペン」への記憶がそのまま「TOKYO」への思いと重なることを表明していた。つまり、2人の委員と「TOKYO」との〈あいだ〉にもたらされた「単独性」のある〈つながり〉には、とりわけ、前者の委員のように、共感だけでなく、すれ違いや軋轢などといった異なる感情を含み込む関係性が生成されていたのである。本稿では、そうした一人称的な感覚や経験、感情などといった「共有しえないもの」を持ち寄ることによって、その都度の現れかたをする関係性を「単独性」のある〈つながり〉と呼んでいる。

寄せられる期待と「われわれ」に託されたもの

公益財団法人東京オリンピック・パラリンピック競技大会組織委員会の公式発表によれば、オリンピックとパラリンピックにおいてそれぞれに行われる開・閉会式は、一連の四部作として演出される。新型コロナウィルスの影響で東京大会が延期になったことで、閉会式の簡素化や式典の内容や演出などの見直しが検討されているものの、全体のコンセプトには、平和、共生、復興、未来、日本・東京、アスリート、参画、ワクワク感・ドクドキ感の８つが挙げられている。[2] 式典を通して、前述したような「単独性」が生成されるのか、生成されるとしたら、どのような出会いや違和感を含めた気づきがもたらされるのであろうか。ジュールズ・ボイコフが祝賀資本主義の権化として糾弾するように、[3] 商業主義化されたオリンピック・パラリンピックには世界的な批判が寄せられている。その批判の大きさを知りながらも、東京大会を肯定する論者たちが一回性のイベントに終わらせることなく、それを契機として、私たちの生活をより良いものへと橋渡しできるものとして期待を寄せるのは、そこに、さまざまな人びとの学びとしての社交の場が開かれているからではないだろうか。

過去30年間に行われた８つの夏季オリンピック・パラリンピックにおける式典テーマと基本コンセプトを整理してみると、例えば、１９８８年のソウル大会は、正式名称が「パラリンピック」となった大会であるだけでなく、参加をボイコットしていたアメリカとソ連の二大国が12年ぶりに揃ったことで、パラリンピックに先立って開催されたオリンピックの開会式では「調和と進歩」ならびに美・力・平和を特徴とする韓国文化がテーマに掲げられ、世界の融和を目指す姿勢が窺える。続く１９９２年のバルセロナ大会でもその流れを受けて「ずっと友達（Amigos para siempre）」を大会スローガンとして、多様性や想像力等が基本コンセプトになっている。１９９６年のアトランタ大会も多様性を謳う流れが続くものの、近代オリンピック１００周年を若者の祝典と位置付け、若者を取り込む動きが見てとれる。シドニーで行われた２０００年のシドニー大会もアボリジニ出身のキャシー・フリーマンが聖火最終ランナーを務めるなど、アボリジニとの融和の上に現在のオーストラリアがあることを世界に向けて発信した。

２００４年のアテネ大会はギリシャの財政難により、シドニー大会に比べて、かなり縮小した規模で開催された。アテネでは、ギリシャの芸術と文明を参照しつつも、オリンピックの式典では博愛や人類の発展などといった普遍的なテーマが焦点化され、自国の歴史や繁栄といった内向きの演出ではなかったことが注目に値する。またアテネ・パラリンピックの開会式からは「生命力（strength of life）や宇宙固有のエネルギー（energy inherent in the universe）」といった個別テーマが発表され、国際パラリンピック委員会より式典に関して出される情報が増えていくことが確認できる。

２００８年の北京大会では再びシドニーを上回る大規模な演出に戻った。オリンピックの開会式における芸術的な部分は「輝かしい文明」と「栄光の時代」と名付けられた二つのパートから構成され、国家の威信をかけて中国四千年の歴史が創り上げられた。他方、パラリンピックの開会式は、“One World, One Dream（一つの世界、一つの夢）”を実現するために、超越・統合・平等、閉会式では、未来の形成と人びとの共生が表現された。

続く２０１２年のロンドン・オリンピックでは、開会式が「驚きの島々」、閉会式が英国音楽の協奏曲、パラリンピックでは“Live as one（一つになろう）”という大会スローガンのもと、開会式が啓発、閉会式が炎の祭典として演出された。とりわけ、ロンドン・パラリンピックでは、障がいのあるプロの俳優やスタッフによる英国の劇団「グレイアイ・シアター・カンパニー」で芸術監督を務める、聴覚障がい者のジェニー・シーレイが開会式の共同ディレクターに招聘されたことでも話題になった。

２０１６年のリオ・オリンピックの大会テーマは、“A New World（新しい世界）”であった。公式サイトによると、ブラジルの素晴らしい音楽の遺産に、社会的メッセージと気候変動危機への警鐘を込めた形で開会式は構成された。

パラリンピックの開会式では「愛情（heart）に限りはない。誰もが愛情を持っている」ことが表現され、閉会式では、生命の多様性をテーマにしたショーなどが展開された。さらに特筆すべきは、パナソニックのＡＶＣネットワーク社が「プロジェクションマッピング」と呼ばれる技術を陰で支えていたことである。これはプロジェクターを使って建物や物体に映像を映し出すもので、東京大会でもこうしたテクノロジーの力が強調されることは間違いないだろう。東京大会以前の過去３つの夏季オリンピックの開会式ではいずれも映画監督が演出に起用されるなど、映像重視の流れが続いていることが指摘できる。それでは、こうした実際の式典を、国内のマスメディアはどのように報じてきたのであろうか。

マスメディア報道から

ロンドン、リオといった過去二大会の新聞報道では、コンパクトな式典、環境に配慮、テクノロジーとの関係性、身の丈にあった運営、多様性、クリーンな競技といった内容が散見される。例えば、ロンドン・オリンピックの開会式では、ＩＯＣが開会式の時間短縮のために行進できる役員を減らした。ロンドンより一つ前の北京大会で行進した日本選手団は約２４０人だったのに対して、ロンドン大会ではその3分の1の選手44人を含む76人に限る（『朝日新聞』２０１２・７・28）など、コンパクトな式典への流れがある。また、開会式が行われた五輪公園では、イモリ類４０００匹などを保護や移動させ、水生植物30万本を植えたり、式典の衣装類5万７０００点にペットボトル4万本が再利用されたりと、自然と共生して環境に配慮した式典（『毎日新聞』２０１２・７・28）であることが注目されている。

また義足ランナーとしてオリンピックでは初めて陸上男子短距離のオスカー・ピストリウス（南アフリカ）がロンドン大会に出場（『朝日新聞』２０１２・７・28）したり、義足による男子走り幅跳びで、リオ・オリンピックの金メダル記録（８ｍ38㎝）を上回る障がい者アスリートの世界記録（８ｍ40㎝）を持つマルクス・レームが注目（『朝日新聞』２０１６・９・８）されたりと、障がいをカバーする用具、つまりはテクノロジーの介入による競技のありかたに対して大きな議論が巻き起こっている。一方、リオ・パラリンピックに関する新聞報道を分析した遠藤華英によると、２０２０年への提言（24・８％）に続いてドーピングに関する報道（12・４％）が多かった。[4] つまり、競技スポーツの要素であるルールのもとに保ってきた「公平」、「公正」が根本的に揺さぶられ、外在的なテクノロジーとオリンピック・パラリンピックとの関係性や大会を取り巻く「自然」とのありかたを検証する必要性が問われているのである。

国内経済が急速に悪化する中で行われたリオ大会は、オリンピックとパラリンピックの開・閉会式にかかる費用の合計が５５９０万ドルに削減される等、２００８年北京大会の20分の１、２０１２年ロンドン大会の12分の１（『朝日新聞』２０１６・８・７）に規模が縮小されたことも報道された。この流れはロンドン大会からあり、「住民向けの運動施設を閉じておいて、巨額を投じてエリート向けの施設を作るのは納得できない」とする、選手村の建設によって立ち退きを命じられた人のインタビューを掲載し、「国のためかどうかより、市民のためになる五輪かどうかが厳しく問われる時代が来た」（『朝日新聞』２０１２・７・28）と評する紙面もあった。「物語の主役 国から人に」と見出しがつく流れは、はたして東京大会でも見られるのであろうか。

リオで行われたパラリンピック開会式の前半部では、無数の人びとの個別な顔写真を画面いっぱいに映し出して、その後、演出された一つの心臓がそうした多くの人びとの鼓動の重ね合わせだとする「多様性」のメッセージが発信されていた。近年、式典において表象されることの多い多様性についての議論は後述するけれども、「身の丈」の大会をどのように教訓とするのか（『毎日新聞』２０１６・８・23）、東京大会では、国や都市の表象や富よりも「人」をいかに世界に発信するかが大きなカギと思われる。

次に、１９９２年のバルセロナにおけるオリンピック・パラリンピック（スペイン語圏）と２０１６年のリオにおけるオリンピック・パラリンピック（ポルトガル語圏）を事例として、「共生社会」について考えていきたい。これらの大会は、世界のメインストリームである英語圏ではなく、経済的にも中心ではなく周縁にある開催地であったことに加え、本稿で検討する「参加（参画）」と「多様性」を思考するのに望ましい事例だからである。

「ウチ」と「ソト」を越えた参画をどう捉えるか――バルセロナ・オリンピック・パラリンピック

「バルセロナ・モデル」と呼ばれる名称を生むまでに、オリンピックを用いた都市再生に成功したとされるバルセロナ大会は、オリンピックが１９９２年７月25日から８月９日までスペイン・カタルーニャ州の州都であるバルセロナで、パラリンピックは続く９月３日から14日までバルセロナとスペインの首都マドリードで開催された。マイケル・ペインは「バルセロナは開会式・閉会式の演出で金メダルを獲得した」[6]といい、当時、ＩＯＣ会長だったサマランチがバルセロナ出身であり、何かにつけて組織委員会や市長に意見したことも役立ったとされる。アーチェリーのパラリンピアンであるアントニオ・レボジョ選手が魅せた、火のついた矢によるドラマチックな聖火台への点火や１万人の選手を覆いつくしながら徐々にその象徴的な姿を現したオリンピック旗など、劇的で、サマランチが注文をつけた視覚に訴えた演出方法が功を奏したと評される。スイスのローザンヌにあるオリンピックミュージアムで１９９５年に行われた第１回国際シンポジウムでは、すでに当時、テレビが式典の解釈に欠かすことのできない役割を担っていることが指摘されている。[7]こうしたテレビ視聴者をいかに惹きつけるかという演出は、多額の放送権料を支払っている放送局やスポンサー企業に向けたものとして、今日も継続した流れにある。

しかし、近年、そうした「テレビ向け」に視覚を重視して演出することで、スタジアムのスタンドで観ている人には（演出の説明が随時入るわけでもなく）伝わりにくいところがあるのではないかという声が、演出側から上がってきている。スタジアムでの座席位置によってはどうしても見えない範囲ができてしまうのだという。[8]つまり、限られた人のみが高いお金を払って入場できる式典において、チケットのない「ソト」の人の方が式典を堪能できる可能性が広がっているともいえる。帰りの混雑も存在しない。もちろん、スタジアムの「ウチ」で生観戦できるその空気感などにみる経験としての単独性はブラウン管を通した「ソト」とは共有し難いものがあるであろう。「ウチ」の体験はスポーツ観戦の醍醐味でもある。しかし、どこが「ウチ」でどこが「ソト」か、その境界が不明瞭になればなるほど、式典は開かれたものとなる。たとえ、「ソト」にいてもテレビをほかの人たちと共有することで、そこには二次的な祝祭空間が生まれる。「ソト」にいながらにして自分たちが楽しめる「ウチ」の空間を創り込めるのである。つまりは「式典に入れた恵まれた人」と「そうではない人」とされる枠組みも、その関わり方次第で実に流動的なものになるのである。そこには、（一見、恵まれていないとされる条件にあっても）いかにして「われわれ」のものとして楽しく変えていけるかといった「参画」と「遊び」の視点が重要になってくる。そうした意味において、バルセロナ大会の式典はユニークだといえるかもしれない。オリンピックの開会式におけるオープニングで、グラウンド上にできた「HOLA（オラ：「やあ！」の意味）」の人文字とともに、会場にいる「ウチ」の人たちによる「オ〜ラ（HOLA）、オ〜ラ（HOLA）」の大合唱と万歳の連続は、単純でシンプルな演出ながら視覚と聴覚に訴え、大会の始まりにふさわしく「ソト」の私たちをも身体的に引き込む演出であったといえる。

バルセロナ・パラリンピックの陸上競技で4つの金メダルを手にしたハビ・コンデ選手は「町全体が祭りのようだった。選手もボランティアも観客も、楽しみたいという思いを持った一つの家族だった」[9]と、当時を振り返りながら語った。つまり、バルセロナで評価されている参画とは、「楽しみ」を一つのコモン（共有財）として、参画の輪が町全体へ拡がりを持ってなされていた点といえよう。そうした観点で考えていくと、東京大会の基本コンセプトの一つに挙げられている「参画」が、いったい、どのような意味を示すのか、ということに考えが及ぶ。大会を観戦すれば「参画」なのか、観戦しなければ「参画」しないことになるのか。東京大会がオリンピックやパラリンピックの価値観を体現して、世界の平和を推進していくためのものであるとするならば、むしろ「参画」しない人やそれが叶わない人の存在を含み込んだ社会の長期的な変化、つまりは私たち一人一人の変容こそが重要に思われる。さらに、パラリンピックに全ての障がい者が出場できるわけではないように、広く「障がい者」の「参画」と捉えれば、パラリンピックの枠組みに入れない人びとといかに暮らしていくかも大切な視点と考えられるだろう。

日本の障がい者運動は１９５０年代に芽生え、70年代に大きく花開いた。荒井裕樹によれば、この時期の運動において重要なことは、日本では脳性麻痺者が中心となり、特に重度者が牽引する形で運動が進められた点と、障がい者たちによる運動が機関紙や同人誌といった紙媒体を中心的な舞台にし、個人的な感情を綴ることによって展開したという、二点である。[10] また、荒井は、欧米のセルフケアグループがユダヤ・キリスト教の「告白」の文化に起源をもち、語り合うことを通じて発展してきた「語る・まじわり」であったのに対し、日本のそれは伝統的な「身辺雑記」の文化に起源をもち、綴ることを通して発展してきた「綴る・まじわり」であったという岡の主張を取りあげている。[11] こうした日本における障がい者運動の歴史も考慮に入れると、東京大会を契機に生成される「綴る・まじわり」は、オリンピック・パラリンピックがもたらす二次的な大会への「参画」として捉えられるのではないだろうか。さらに、そのまじわりも、先のＩＯＣ委員と筆者とのやりとり同様に、異なる感情を含み込むまじわり、つまりは「単独性」のある〈つながり〉となり得る。現在では、インターネットなどの普及によって、より時空間の制約なくコミュニケーションが可能になっているけれども、そのまじわりは綴り合う関係性の中で時間的には遅れてやってくることもあり得るであろう。障がい当事者の視点による「綴る・まじわり」という「参画」が、東京大会のいかなる側面を触媒としてなされ、それぞれの生に対する語りや行為を発露として、いかに、生きた社会参画として接合されていくのか、長期的視野に立って学際的に調査することが求められよう。

多様性という罠——リオ・オリンピック・パラリンピック

近年、さまざまな分野で互いの違いを認め合おうという多様性という言葉が聞かれるようになった。ロンドン大会では、23人の選手が性的少数者（以下、LGBTと略す）であると「カミングアウト」したが、続くリオ大会ではその倍以上にも上る50人以上のLGBTが出場したと報じられた（『朝日新聞』2016・8・23）。英国女子ホッケーチームの同性婚者が揃ってリオ大会に出場するのは五輪史上初めてとされる（『毎日新聞』2016・8・6）。さらにオリンピックの開会式でブラジルのプラカードを掲げていたのは、ブラジル出身でトランスジェンダーのスーパーモデルであるリア・Tさんであった。聖火リレーでゲイカップルがキスをしたシーンやラグビー7人制女子ブラジル代表のイサドーラ・セルロ選手や、男子競歩イギリス代表のトム・ボスワース選手の、同性パートナーとの公開プロポーズも話題になった。[12] こうして2016年8月5日から21日まで行われたリオのオリンピックと9月7日から18日まで開催されたパラリンピックの式典においては「多様性」の側面が強調されたことから、その報道においても「多様性」の文字があふれていた。

しかし、ここで多様性という語を用いる上で注意したいのは、それが誰にとっての多様性なのかという視点である。社会人類学者の小田亮は、この多様性に関して、三浦展の『脱ファスト風土宣言』を例に、以下のように説明している。[13] 三浦の前掲書は、現代日本で景観が悪化しているという言説の代表的なものとして挙げられる。三浦は、クルマ中心社会と郊外のショッピングセンターによって、歴史的な景観をもってきた地方都市の市街地が空洞化し、郊外の道路わきには同じような全国展開のチェーン店やショッピングセンターなどが並び、どこも同じような景色になってしまったという。そして、そのことを、三浦は、ファーストフードとかけて「ファスト風土化」と呼んで批判している。[14]つまり、近代以前から続く生活文化、つまりは食べ物や住まい等まで、均質化すべきではない、文化には多様性が必要だと三浦は指摘するのである。それに対して、小田は、一見、もっともだと思える三浦の批判を、都市から地方を訪れた人が「地方に来たのだから都市では味わえない、地方特有のものが食べたい」と願うように「都市のまなざし」に過ぎないのではないかと反論する。小田によれば、地方の風土において固有の食文化を守っている地域の人々は、その多様性を味わうことはできない。逆に、都市にあるショッピングセンターが地方に進出したことで、それまで都会に出ないと買えなかった世界各地で作られた多様な食品を、地方の人でも買うことができるようになったであろうと指摘する。

そして小田が問題だと主張しているのは、こうした三浦に代表されるような視点が「都市のまなざし」であることに無自覚なまま、多様性はいいことだといっていることである。本稿の文脈に戻して、「都市」の住人を「健常者」、「地方都市」の住人を「障がい者」と置き換えて考え直してみるといいだろう。つまり、「健常者」(都市)では味わえないものを味わうために「障がい者」(地方都市)があるのではない。「健常者」のまなざしで「多様性」のある社会を思考する際に「障がい者」がいてくれることで役者が揃うと考えるのは筋違いの話なのである。

実際、「両手両足が使えない」お笑い芸人のホーキング青山も「(私たち障がい者は)多様性のために生きているのではない」、「治せるものなら障害なんて絶対に治したいし、他の障害者も治すべきだ」、「障害者の存在意義は、社会の『多様性』のためだけなのか?」[15]と述べている。青山自身「多様性」が大切だと真剣に思っていることを前置きした上で、何となくその言葉に重み、真実味を感じられないでいるという。なぜなら、「社会のため」というのは、障害者の存在の意義づけとしては聞こえがいいが、例えば、障害者に限らず、成果が上がらないという理由等で「『社会のためにならない（であろう）』」という人をことごとく排除してきた結果として、今日の社会は成立しているのでは」[16]ないか、とも主張しているのである。つまり、障がいのある・なしに関わらず、人間の価値が成果や効率といったもの等によって語られることを危惧しているのである。

「多様性」を尊重するなら、まずは「障害者」という大雑把な括りを捨てること、障害者も健常者と同じ人間であること、そして何よりも目の前の個々の人たちを知る努力をすることが必要だと青山は力説している。[17]「キレイごとだけが横行している間は、結局物事は何も進まない」[18]。つまり、青山は、一般化された「障がい者」への対応をしているうちは、個別的な「単独性」のある〈つながり〉が生まれていかないことを主張しているのであろう。

また文化人類学者の松田素二による「異質化の罠」についての議論も、多様性を考える上で参考になるだろう。松田の議論は、植民地支配における被支配者（ネイティブ）の語りを、「抑圧される無力な被害者」という一枚岩の集団として表象する「均質化の語り」と、それを批判した「異質化の語り」への再考から始める。「異質化の語り」とは、支配される人びとを一枚岩にして語る「均質化の語り」に対して、被抑圧者も抑圧者も、みな異質な多様な個性をもつ一人一人の人間として捉えるものである。「異質化の語り」は、「均質化の語り」で見られる一枚岩な像を解体し、支配される側の人びとの主体性に焦点をあてることで、支配的な公式文化による包摂に適応する主体的な過程を取りあげるものである。しかし、松田によれば、ポストコロニアル研究で見られるような、支配される側の主体性を描く「異質化の語り」が、植民地支配における暴力性を隠蔽してしまったと指摘し、これを「異質化の罠」と呼んだ。[19]

つまり、本稿の文脈で考えてみると、「障がい者」（被抑圧者）という一枚岩の枠組みで語る暴力性をそのままにして、「障がい者」個々の営みから、一人一人の多様性を主張し、「障がい者」の主体性や多様性の語りを繰り広げることが、そもそも「障がい者」と「健常者」といった非対称に固定された枠組み(権力関係)がもつ暴力性を見えにくくしてしまっているのではないかということができる。

こうした松田の主張に立てば「LGBT」や「トランスジェンダーのモデル」といった新たな属性の構築によって多様性を主張したつもりになるのではなく、「多様性」という語のもつ罠を自覚する必要がある。そして、青山が語るように、それぞれをひとりの人間として本気で理解しようと努めること、加えて、「一般化」された「障がい者」という側面と「○○さん」といった個別・具体的な側面の「二重社会」[20]を、私たちが生きていることを自覚して、後者で見られる個々の「単独性」のある〈つながり〉を創発していくことこそが必要なのではないだろうか。「単独性」のある〈つながり〉とは何か、そのことをいい表した小説の一節があるので紹介しよう。

「新しいスポーツ小説」として注目を集めた浅生鴨の『伴走者』には、目の見えないスキー選手の晴が、マスメディアの取材を受けるにあたりお化粧をしてきたことに対して、伴走者である涼平と、次のようにやりとりする場面が出てくる。[21]

「晴、お前、化粧してるのかよ」(……)

「それって、どういう意味ですか。目の見えない人はオシャレをしちゃダメだっていうんですか」

晴は机に突っ伏したままクッと首だけを持ち上げた。

「そんなことは言ってない」

「せっかく写真撮られるんだったら綺麗にしたいじゃないですか。私、乙女なんですよ!」

「化粧したって晴には見えないだろ」

出会ったばかりの頃には、とても口にはできなかったことを、涼平も平気でいうようになっている。

「何言ってるんですか。自分じゃわからないからこそ、周りの人が不快な思いをしないように気を遣ってるんですよ」

寮で先生にやってもらったメイクを周囲に褒められ嬉しそうな顔になる晴に対して、涼平は、晴を目が見えない一般的な障がい者として扱う一方で、いつになくおしゃれをする晴に個別的なツッコミを入れるといった二重の姿を見せている。また、晴の方も、一般化された障がい者のイメージを受け入れつつも、自分では、たとえ見えなくても綺麗でいたいという乙女としての個別的な面を覗かせる。つまり、私たちは、一般化された意味やイメージと、それを切り崩す個別的なやりくりといった二重性を行き来しながら生活しているのである。いい換えれば、私たちは、「障がい者」といったような一般化された画一的なイメージを受容しつつも、身近なところで自分（たち）のために、一般化された「障がい者」とは異なる意味づけをすることで「単独性」のある〈つながり〉を生成したり、取り戻したりしているのである。

そうした「単独性」のある〈つながり〉が、私たちの生きた足場になり得るのは、その〈つながり〉が、その都度、それぞれの人の代替不可能な一人称的な感覚や経験を失わないようなやりかたでなされるからである。時に、すれ違いを含んだとしても、お互いを受容しつつ、個別・具体的なやりとりで関係性を編み直していくことが、人間関係が希薄になったといわれる日本の現代社会に、本気で求められていることなのではないだろうか。冒頭の発言をしたホーキング青山が問うているのも、障がいのある・なしに関わらず、こうした「普通の人間」同士がなす、時に他性が露わになってしまう関係性を取り戻す必要性なのではないかと考える。

生活に埋め込まれた式典へ

本稿では、「参画」や「多様性」に関わる人類学的議論から、私たちが二重社会を生き、その中でも一般化に抗する「単独性」のある〈つながり〉を創発していく必要性を主張してきた。このことは、東京大会以降も考え続けなければいけないテーマである。最後に、私の考える式典について私見を述べて終わりたい。

東京大会では、日本のテクノロジーがその演出の中心的な役割を果たすことは間違いないであろう。しかし、注意しなければいけないのは、そのテクノロジーが「豊かとされる」[22]国の単なる自己アピールであってはならないことであろう。「TOKYO」を「豊か」で「進んだ」空間として一枚岩に色づけることは、日本や東京に潜在する様々な貧しさを隠蔽することであり、一部の裕福な者との分断を助長することにつながる。

テクノロジーを論じたフィーンバーグは、労働、教育、および環境の悪化は、その根源がテクノロジーそのものにあるのではなく、むしろ、テクノロジーの発達を支配している反民主主義的な価値観のうちに存するという[23]。テクノロジーは社会がよい社会であるために個人としての自由の増大をもたらすものであり、成員にたいして、徐々に幅広い公的活動への有効な参加を許すものである必要がある。そして、そもそも人間的であるとはいかなることか、といったことにかかわる取捨選択を含むようになると主張する[24]。つまり、東京大会において、いかなる価値観のもとでテクノロジーを用いるかが問われているのである。

日本は、情報技術の革新に力を注いできた。テレビはデジタル放送になったことで、誰でも字幕（CC：クローズドキャプション）を表示して見られるようになった。２０１５年時点で、ＮＨＫ（総合）で84・8％、在京キー5局の平均で95・5%に字幕がつくようになった。2014年、総務省が「スマートテレビ時代における字幕等の在り方に関する検討会」を立ち上げ、これまで字幕をつけることができなかったテレビのコマーシャルにも字幕をつけていくことと、東京大会の開催に向けて、多言語字幕の実現について検討してきた。[25]

国内外からユニバーサルデザインの施設として高い評価を受ける羽田空港では「当事者参加型」のワークショップを繰り返すことで、非常時のモニターには4か国語で文字表示をしたり、トイレの個室にいるときに逃げ遅れることがないように天井に設置された火災報知器と連動したフラッシュライトが、ピカピカと光って危険を知らせてくれたりする。なぜなら、聴覚障がい者がエレベーターに閉じ込められてしまった際、通常の音声による非常ボタンでのやりとりでは用をなさないからである。そのため、新たな「聴覚ボタン」を押すことで、聴覚障がい者の存在を係員に知らせることができるようになった。そして、エレベーター内の液晶モニターに「係員が向かっています」という文字が表示され、係員が筆談の準備や手話ができるスタッフとともに駆けつけるという仕組みになっている。[26]

1998年の長野オリンピックでは、長野（長野県県民文化会館と開会式の会場となった長野オリンピックスタジアム）と世界五大陸（北京、ベルリン、ケープポイント、ニューヨーク、シドニー）の合唱団による衛生同時中継によるベートーヴェンの交響曲第九番の合唱と演奏を行った。この「同時性」によって、長野大会の式典の一部は、スタジアムという狭くて一部の人のために創られた「ウチ」の空間を越え、一定のお金を払って式典鑑賞ができる一部の裕福な人のものから、より多くの人の手にわたることになった。式典の会場内にいる人だけが、オリンピック・パラリンピックのファミリーではない。それらを支える人びとのつながりがあってこそ成り立つ大会であることを、思考の上でも発信できないであろうか。例えば、世界を結ぶ生中継を用い、時間・気温・場所などさまざまに異なる空間をつなぐ、思考の上での水平化という試みをしたらどうだろうか。ただ、世界同時中継によって同じ行為を世界でなすことは、世界中がオリンピック・パラリンピックを一斉に応援しているという、「いま」の均質性を過剰演出してしまう危険性を孕む。そこで重要になるのが、「不参加」というメッセージの発信である。式典に「不参加」という風景を取り込むことで、「いま」の均質性を切り崩して「いま」の複数性を発信できるのではないだろうか。そして、さまざまに異なる現実を含み込んだ同時性を映し出すことが、「不参加」が持つ意味を、地続きで想像しえる契機になり得ると考える。

例えば、オリンピック・パラリンピックの文脈とは全く異なる文脈におけるいまを、映像を通して発信することは、「不参加」の背景を映し出す鏡になり得るのではないか。スタジアムを少し離れれば、式典の盛り上がりとは別に、夜のスーパーで値下がりした総菜を買って帰る人や残業でパソコンに向かっている人の姿もあるだろう。オリンピックの式典の際に、続くパラリンピックでの活躍に向けて練習に励む合宿中のパラアスリートのいまを伝えることもできるであろう。その際には東京が進める「共生社会ホストタウン」との連携も生かせる。また、選手入場の際に選手の故郷である遠隔地と結ぶことで、大型モニターを介して子どもの雄姿を家族に届けることも可能になるであろう。逆に、故郷のパブリックビューイングのもとで自分の子どもを見守る母親の姿を、わずか1人というその国の代表として東京で誇り高く歩く選手に届けることも可能であろう。

式典映像の視聴を続けていると、およそ2時間にも及ぶ行進の中に、いったい、その国がどこにあるのか、どういった産業のもとに成り立つ国で、どのような人びとが、いかに生活しているのかも見当がつかない参加国や地域があるのが本音である。子ども達の晴れ舞台を目にできない家族や友達は、いま、どこで、どのような思いで、時空間を共有しているのかと想像が掻き立てられる。そうした差異をも、まるごと映し出す場面が少しでも挿入されることで、行為の複数性が映し出す、いまの厚みを、世界に向けて届けられるのではないだろうか。たとえ、「TOKYO」は暗い夜でも、あたたかな太陽が昇り始める朝の風景はあるし、オリンピック・パラリンピックに全く関心を示さない／示せない人びとがいるのも現実の姿なのである。

ゴリラ研究の世界的権威である京都大学の山極は、イギリスの人類学者であるロビン・ダンバーが喝破した「人間の会話のほとんどはゴシップでできている」という話を取りあげる。[27] そして、人びとはそのゴシップを共有することで、世の中で起こっていることを知り、知識を共有するという。さらに「道徳というものも、本来は文字に書かれた言葉ではなく、話し言葉で紡がれたストーリーで伝えられるべきもの」とも語っている。この発言は、マスメディアの情報がゴシップでできているといっているのではない。「人と人がリアルに接して、生身の体を使って話をする、共同作業をする」、つまりは、たとえ、放送を介したとしても、そこに集った者同士がその場で繰り広げるストーリーから肌感覚で世界を理解していく有効性を指摘しているのである。

テレビ離れが叫ばれている中、ひとつの式典という場を現地において生で体感したり、それが叶わなくても多くの人たちと同じ場で映像を共有したりすることで、共同作業としての「ゴシップ」や身体に刻まれた記憶が広がる可能性がさらに高まっていくのではないだろうか。オリンピック・パラリンピックの開催に反対する人びとが創る「いま」も一つの共同作業なのである。

裕福な者の「格好良さ」の発信とその「格好良さ」が隠すもの

世界的なパンデミックに伴い、東京大会が開催されるか否かは不透明であるが、すでに、さまざまな方法で東京大会のチケットは販売されてきた。高いお金を払った者だけが享受できる価値がなければ、式典に足を運ぶ人は増えないのかもしれない。会場における生の式典鑑賞は、スタジアムの「ウチ」だけで得られる現場性と、誰もが生で見られるものではないという希少価値が魅力となっているのであろう。

しかし、筆者はあえて、裕福な者（やチケットを手にするという運に恵まれた者）やスポンサー企業の「格好良さ」のありかたを、今一度、考えてみても良いのではないかと思っている。筆者自身、いまだ手つかずの調査分野であるが、実際、過去の大会において、アスリートの周りにいる家族や友人は、どの程度、チケットを入手できてきたのであろうか。長く障がい者スポーツを支えてきている人びとはどれだけ直に応援に駆け付けてこれたのであろうか。プロの野球やサッカーでは「○○席」といって、選手の冠がついた座席があり、選手が年間を通して保持している席に子どもたちを招待することはよくある。それを4年の1度のオリンピック・パラリンピックにも、一部、応用するのである。そうすれば、大会以降も、人びととアスリートとの〈顔〉のある「単独性」が創発されていくのではないか。スポンサーによる多額の協力がないと、肥大化した大会の継続に至らないことは重々、承知している。けれども、前述した松田の議論に拠って立つならば、一部の裕福な者の、裕福な者による、裕福な者のための商業主義や社会的貢献によって、そうでない人びとが喜びを受けることは、結局のところ「異質化の罠」を見過ごしていることと同じなのではないだろうか。

こうした、さまざまな形で「もてなし」の席を考案するとき頭に入れておかなければいけないのは、席はもらえても会場までの移動費や宿泊費を自腹で賄い参加している人びとがいることである。人生に一度のことだから、招待される側も少しは負担をするべきだと果たしていい切れるのであろうか。東京大会への協力を乞う無償ボランティアも、一部、同じ構造にあると思われるけれども、結局のところ、東京から遠い者、つまりは中心から遠い者の負担が大きくなる図式なのである。

私は15年ちかく宮城で暮らしてきた。２０１１年の東日本大震災後に行われたチャリティーイベントや慈善試合の多くが「会場までは自分で来てください」という条件のものだったと聞く。内陸部は別として、被災した人の中には津波で車を流される等、移動できる手段を持ち合わせていない人も多くいた。と同時に、たくさんのイベントに駆り出されたり参加を促されたりすることで、被災者自身の持ち出し（負担金）も多くなっていったという。とはいえ、人びとの「善意」あってこそのものであることから、申し出を無碍にできない現状があったと語る。中には珍しく「交通費を持ちます」という申し出があったため、ありがたく詳細を聞いてみると「フェリーで来てください」と告げられたという。新幹線より安価だからであろうが、「津波で辛く悲しい思いをした子どもたちに海路を利用して移動させることに伴う心痛には想像が及ばなかったのであろうか」と、私の友人は話していた。そして彼は、主催者に対して「子供たちは、その海でいやな思いをしたんですよ」とだけ伝え、泊まりがけの親善試合に関する申し出を断ったという。趣旨へ賛同していたチャリティーイベントが、当事者の風景から眺めると、実にゆがんだ形に見えてくることがある。

こうした話を幾人かの人に話すと、「そこまでいわれると支援ができなくなるよね」と返されたことがある。私は、なぜ、是か非の二択になって話が終わってしまうのかと頭を悩ましたけれども、支援の限界や善意が隠すものを知っておく必要があるだけでなく、お互いにとって、「すれちがい」や「いざこざ」があったところからが本気で知り合う過程なのではないかと考える。つまり、この過程こそが本稿で主張する「単独性」のある〈つながり〉であり、綺麗に共鳴し合う関係性だけでなく、「共有しえないもの」さえも持ち寄ることで開かれていくものだと考えるからである。そうでないと、例えば、「支援者」（健常者）と「被支援者」（障がい者）の上下関係は変わっていかない。そもそも、支援とは「他人を支え、助けること」とされる響きの良い言葉ではあるけれども、むしろ、「支える側」の方が「支えられる側」から助けられる可能性やそれらの関係性が時間の経過の中で、その都度、その都度、変化していくことが織り込まれていないように思う。つまり、関係の流動性や助ける行為の中身の変容や濃度、質の違いなどが想定されていないのである。さらにいえば、「支援」の先、たとえ、その関係性が細くても、永くトモニアルこと（共棲すること）が前提になっていないのではないかとさえ思えるのである。

ともに生活しつづけるということ——結にかえて

本稿を閉じるにあたり、私が前述したように考えた体験を示すことで、本稿の主張する共生社会（ともに生活しつづけること）の風景をシェアしたい。

私の親友の息子に知的障害のあるTくんがいる。私たちは彼の出生時からさまざまな体験を共有してきた。Tくんが幼少の頃、夕暮れを走る自動車のライトに反応し、急に道路に飛び出す時には幾度となく肝を冷やした。Tくんが思い通りにならない時には、握っている私の手をぎゅっと噛むことで意志を示した。年を追うごとにそうした反射的な動作は減少していき、Tくんが我が家に遊びに来て、たとえ、大声を発していても特段の心配をしなくなっている。無類の偏食は周りにいる大人を困惑させるものの、せいぜい、夜だったら、外に怒鳴り声が聞こえないように窓を閉める程度であろうか。義務教育の終わりを前にしたTくんは、自身の iPad を巧みに操り、大好きなウルトラマンシリーズの映像を何度も何度も眺めている。「太り過ぎだよ〜」というと、けらけら笑う。親の心配をよそに、炭酸飲料のがぶ飲みをしては、「げふっ」とゲップをしてみせる。親友のため息は止まらない。

一方、ある仕事で、シッティングバレーボールの女子日本代表であるSさんの体験談を2度続けて聞いた日のことである。私は帰り際にSさんに御礼の気持ちを伝えたいと考え、彼女を追いかけた。「今日はありがとうございました。いろいろ考えさせられました」とSさんに頭を下げた。するとSさんは「ダメダメ！　そういうのがダメ。暗い」と、私を一喝した。彼女は「そういうのはいいから、普通にしてください」とつけ加えた。私は咄嗟に「すみません」と苦笑いしながら、なんとかその場を取り繕った。しかし、Sさんのタクシーを見送ったあと一人棒立ちになってしまった。何が「普通」で、何が「普通」ではないのか――筆者の頭の中は真っ白になってしまったのである。

ただ、明らかに前者Tくんとの関わり方に比べると、私のSさんへの対応はかしこまっている。もしかしたら、私の対応が「障がい者であるSさん」の域を出ていなかったのかもしれない。本稿の用語でいえば、私は、Sさんに対して障がい者一般への対応をしただけで、決して〈わたし〉とSさんだけの替えのきかない単独的なやりとりをしたわけではないのである。Sさんは、打ち合わせの場で「ブーイングが出て初めて、日本代表だと思ってもらえる」と話していた。彼女は、「自分のプレーが日本代表のレベルにないことを知っている」ともいっていた。日本では、障がいのあるアスリートの高齢化と減少が叫ばれているけれども、Sさんも「障がいのある若い人がバレーを始めてくれれば、日本の選手層が厚くなるのに」と語っていた。私は、パラリンピックの舞台で、Sさんにブーイングすることを楽しみにしている。Sさんのミスを見つけては、「ダメダメ！　そういうのがダメ！」とリベンジしたいからである。

東京大会が開催されれば、東京は、二度目の夏季パラリンピックを開催する史上初の都市になる。共生社会という言葉は耳障りがいいし、知った気になれる。しかし、私たちは、いかに自らの周りの人びとを学校や近所等から排除することなく、互いをまるごと受け入れあう日常を過ごしているのであろうか。生産性や効率性という脅し文句の前に、職場から仲間を排除してはいないだろうか。目にみえない生きづらさや障がいに思いを巡らせることがあるのか。そこに、障がいのある、なしは関係ないだろう。おそらく「障がい者スポーツの見方が変わった」、「障がい者なのに、すごい」、「これなら社会で（使えるから）共生できる」等といった「健常者からのまなざし」による言説は増えるだろう。そうした言説を自分の強みとして利用して社会進出や自己実現の契機にすることは歓迎すべきことなのかもしれない。しかし一方で、そもそも「健常者」をメインストリームとして創られた社会に潜在する、障がいのある人と健常者のあいだの権力関係には自覚的でなくてはならない。「TOKYO」の式典や大会を、「他者(「障がい者」)」が目の前を通り過ぎるだけのショーウィンドーにするのではなく、私たち一人一人の〈生〉にくさびを打つような契機とする。つまりは、障がいのある・なしに関わらず、同じ人間として「もつれ」や「しがらみ」といった避けきれない他性を含み込む「単独性」のある〈つながり〉を創発していくきっかけにしていかなければならない。そうすることが、すでに私たちの手に負えなくなっているオリンピック・パラリンピックといった「化け物」を、より身近なところから、自分たちの手で切り崩していくことにつながるのではないか。

本稿は、その「化け物」に飲み込まれた、でも私たちと同じように「生きる」ウチの人びとと、トモニアルことで見えてきた〈わたし〉の「いま」の単独的な覚え書きである。

注

1 ホーキング青山 2017：72
2 組織委員会 2017
3 ボイコフ 2016＝2018
4 遠藤 2017：33–35
5 白井 2016：105
6 ペイン 2005＝2008：259
7 Moragas Spà et al. eds. 1995:347.
8 藤浪 2016：19
9 Ramiro 2017:256.

10 荒井 2011：12－14
11 荒井 2011：14－15
12 CNN 2016; Huffpost 2016
13 小田 2018：9－10
14 三浦 2006
15 ホーキング青山 2017：48－54
16 ホーキング青山 2017：51
17 ホーキング青山 2017：53
18 ホーキング青山 2017：54
19 松田 1999：142－145
20 「二重社会」もしくは「社会の二層性」という視点は、湖中真哉が牧畜二重経済の研究（湖中 2006）によってよみがえらせた、J・H・ブーケの「二重経済」論（ブーケ 1953＝1979）の前提となっている「二重社会（dual societies）」という用語を、小田亮（小田 2009）が、レヴィ＝ストロースのいう「真正性の水準（niveaux d'authenticite）」（レヴィ＝ストロース 1958＝1972）の議論の帰結を表すのに援用したものを参考にしている。
21 浅生 2018：202
22 「豊かとされる」と表記したのは、斎藤幸平らが指摘するように（ガブリエルほか 2019）、筆者の認識においても国内の政治経済の状況は悪化するばかりで、とりわけ、生の豊かさという観点からすると、現状の日本には課題が多いと思われるからである。「1年以内に自殺未遂を経験したと推計された人数は全国では53万5、000人」という国（日本財団 2017）なのである。
23 フィーンバーグ 1991＝1995：1
24 フィーンバーグ 1991＝1995：2
25 松森 2015：64
26 松森 2015：65－67
27 鷲田・山極 2017：36－37

文献

・荒井裕樹、2011『障害と文学――「しののめ」から「青い芝の会」へ』現代書館

・浅生鴨、２０１８『伴走者』講談社
・Boeke, Julius Herman, 1953, Economics and Economic Policy of Dual Societies as Exemplified by Indonesia, New York: I.P.R.（＝１９７９、永易浩一訳『二重経済論――インドネシア社会における経済構造分析』秋董書房）
・Boykoff, Jules, 2016, Power Games: A Political History of the Olympics, London: Verso（＝２０１８、中島由華訳『オリンピック秘史――１２０年の覇権と利権』早川書房）
・ＣＮＮ、２０１６「五輪女子ラグビー、選手に恋人女性がプロポーズ――祝福受ける」（２０１６年８月10日）（２０１８年５月29日取得、https://www.cnn.co.jp/showbiz/35087302.html）
・遠藤華英、２０１７「リオデジャネイロ・パラリンピック大会に関する新聞報道の傾向分析と一考察」『パラリンピック研究会紀要』７：33－35
・Feenberg, Andrew,1991, Critical Theory of Technology, New York: Oxford University Press（＝１９９５、藤本正文訳『技術――クリティカル・セオリー』法政大学出版局）
・藤浪康史、２０１６「座談会――オリンピックにおける文化と芸術を考える」『現代スポーツ評論』35：16－32
・ガブリエル・マルクス／マイケル・ハート／ポール・メイソン、斎藤幸平編、２０１９『資本主義の終わりか、人間の終焉か？ 未来への大分岐』集英社
・ホーキング青山、２０１７『考える障害者』新潮社
・Huffpost、２０１６「リオ五輪で50人以上がカミングアウトしたのはなぜ？ ＬＧＢＴの権利向上を目指すスポーツ界」（２０１８年５月29日取得、https://www.huffingtonpost.jp/2016/11/20/olympic-and-LGBT-athletes-1_n_13117396.html）
・柄谷行人、１９８９『言葉と悲劇』講談社
・――――、２０１７『柄谷行人講演集成１９８５－１９８８ 言葉と悲劇』筑摩書房
・木村敏、１９９４『心の病理を考える』岩波書店
・湖中真哉、２００６『牧畜二重経済の人類学――ケニア・サンブルの民族誌的研究』世界思想社
・Lévi-strauss, Claude, 1958, Anthropologie Structuale, Paris: Plon（＝１９７２、荒川幾男ほか訳『構造人類学』みすず書房）
・Moragas Spà, Miquel de, John MacAloon and Montserrat Llinés eds., 1995, Olympic Ceremonies: Historical Continuity and Cultural Exchange, Barcelona: Punt groc Associats SL, 347.
・松田素二、１９９９『抵抗する都市――ナイロビ 移民の世界から』岩波書店
・松森果林、２０１５「女性の聴覚障がい者が感じる日常生活のバリアと課題」『Monthly Book Medical Rehabilitation』１８７：63－68
・三浦展編著、２００６『脱ファスト風土宣言――商店街を救え！』洋泉社
・日本財団、２０１７「日本財団自殺意識調査２０１６（結果概要）」（２０１９年12月２日取得、https://www.nippon-foundation.or.jp/media/archives/2018/news/pr/2016/img/102/2.pdf）

・小田亮、2009「『二重社会』という視点とネオリベラリズム——生存のための日常的実践」『文化人類学』74（2）：272–292
・———、2014「アクチュアル人類学宣言！」『社会人類学年報』40：1–29
・———、2018「コモンとしての景観／単独性としての風景——景観人類学のために」『人文学報（社会人類学分野11）』514（2）：1–21
・Payne, Michael, 2005, Olympic Turnaround: How the Olympic Games Stepped Back from the Brink of Extinction to Become the World's Best Known Brand - and a Multi Billion Dollar Global Franchise, Twyford : London Business Press（＝2008、保科京子・本間恵子訳『オリンピックはなぜ、世界最大のイベントに成長したのか』グランドライン）
・Ramiro, David, 2017, "Paralímpicos. Los Juegos del cambio," Luis Villarejo coord., Barcelona 92 : 25años del gran cambio en el deporte español, Madrid: LID Editorial, 256.
・白井宏昌、2016「集中か分散か？——オリンピック開催による都市空間再編に関する論考」『現代スポーツ評論』35：105–118
・組織委員会（公益財団法人東京オリンピック・パラリンピック競技大会組織委員会）、2017「東京2020大会開会式・閉会式に関する基本コンセプト最終報告」（2019年12月2日取得、https://tokyo2020.org/jp/games/ceremony/concept/data/171220consept-report-jp.pdf)
・鷲田清一・山極寿一、2017『都市と野生の思考』集英社インターナショナル
・渡辺公三、2009「森と器——治療者はどのようにして治療者となるか（クバ王国の事例から）」『身体・歴史・人類学——アフリカのからだ』言叢社、319–348

終章 オリンピック、スポーツそして未来

井上 洋一

はじめに

「スポーツが私たちからだんだん遠くのものになっています」。オリンピックについての公開講座を終えたあと、高齢の方からかけられた言葉が耳から離れない。

東京2020オリンピック・パラリンピック大会の開催をめぐっては、不正招致活動の疑い、ボランティア参加者の搾取論、復興五輪スローガンの曖昧さなどの数多くの疑問があり、これらの疑問や社会の重要な課題を置き去りにして、本当にオリンピック大会を開催して良いのかという一定の強い反対論もあるなか、2020年、オリンピックイヤーが幕を開けた。テレビ番組や新聞をはじめメディアは、一斉にオリンピック種目の競技結果や選考レースだけではなく、アスリートの紹介、過去の歴史、聖火の各県ルートなどを取り上げ、東京2020大会は一気にクローズアップされはじめた。そして3月からは、聖火リレーがまた火付けとなって、国民がこぞって開催を待ち望むような盛り上がりが作られてゆくはずのシナリオであった。

ところが、新たな大問題が浮上した。1月末より、中国から発生したといわれる新型コロナウイルスの世界的感染の拡大は勢いが止まらず、パンデミックとなり、世界各国で多くの死者を出すにいたった。当初、予定通りの開催を模索したＩＯＣと東京２０２０オリンピック・パラリンピック大会組織委員会もこの世界的な蔓延状況によって、とう1年延期を決定する事態となった。曖昧だった復興五輪のスローガンは、今や新型コロナウイルス大感染からの復興にすり替えられそうな状態である。このような国際的な病理上の課題への対応と近年猛威を振るう地球規模からくる自然災害への対応は、オリンピック大会を開催するにあたっても、将来にわたって最も困難で乗り越えづらい課題のように思えてならない。

このような反対論や現実的困難な課題が取り上げられているなか、東京２０２０オリンピック・パラリンピック大会の名称を残しつつ２０２1年に開催されることとなった大会は、今後のオリンピックそのものの在り方を左右することとなろう。

本稿では、なぜ東京２０２０オリンピック・パラリンピック大会を開催するのかを問うために、あらためて、オリンピックをめぐる近年の法や政策の国内的動向や法的課題を確認し、そのうえでオリンピックを契機にして動いてきたスポーツ界の変化、そしてオリンピック、スポーツを通じた将来の社会への影響、可能性などを考えてゆくこととしたい。

オリンピック開催に至る動向――法政策的動向と競技力向上への傾斜

まず、東京２０２０オリンピック・パラリンピック大会開催につながった政策的な経緯を概観しておきたい。我が国には、これまでに十分なスポーツ政策というものが育ってこなかったという批判はあるが[2]、いくつかの答申や報告書、計画等でオリンピック開催への流れをみることができる。

さかのぼること１９８０年代、日本の国際競技力は、１９８６年アジア大会、１９８８年ソウルオリンピック大会で中国、韓国と比してメダル数で惨敗する。そしてこれらの前後の１９８８年、竹下登内閣時に私的諮問機関が置かれ、スポーツ振興について検討が始まった。それを受けて、同年に「スポーツ振興に関する報告書」、翌１９８９年に「21世紀に向けたスポーツ振興方策について」（答申）が出されている。このなかで、国際競技力の向上は国の重要な政策課題であると言及され、この報告書や答申で提言された項目がそののちに具体的に進められてゆくことになる。その前の１９７２年に出された保健体育審議会答申が、体育・スポーツのための条件整備を国や公共団体が積極的に援助するとした、いわゆる、みんなのスポーツを中心とした方向性を示していたのに対して、その風向きが変わったともいえ、80年代後半のこの時期の動きは、国として競技力向上分野への関与を新しく強めたものととらえることができる。

２０００年には、文部省（当時）よりスポーツ振興基本計画が告示され、その中ではメダル倍増計画が謳われた。さらに、スポーツ界の悲願でもあった国立スポーツ科学センターが２００１年に、またナショナルトレーニングセンターが２００８年に設立され、１９８９年の答申で提言された競技力向上施策を後押しすることになった。

このような流れができた２０１０年、文部科学省は、我が国の国際的な威信回復を目指して、「スポーツ立国戦略」を発表する。相対的な国際的地位の後退を取り戻すために、スポーツそしてオリンピックを利用しようと考えたのである。２０１６年のオリンピック大会招致は不成功に終わったものの、その後の招致活動を継続しようとするとき、この立国戦略では5つの重点項目が示された。[3] そのなかでライフステージに応じたスポーツ機会の創造とともに、トップアスリートの育成強化を掲げ、そして、競技力向上を重要戦略の一つの柱としてスポーツ政策を進める根拠ともなる立法、すなわちスポーツ基本法が制定されることとなった。

スポーツ基本法と基本計画

２０１１年6月に公布され、同年8月に施行されたスポーツ基本法は、１９６１年制定のスポーツ振興法を全部改定し、新たな21世紀のスポーツ政策の方向性を示すものとなった。その前文冒頭では、「スポーツは世界共通の人類の文化である」と世界的潮流を示したうえで、「スポーツによって健康で豊かな生活を営むことはすべての人の権利である」とした。この具体的な権利内容には不十分さが指摘されるが、人権としての位置づけがなされた点は重要である。そのほか立国戦略の流れを受けて、国の責務や地方公共団体の責務、スポーツ団体の努力[4]、関係者相互の連携、障害者スポーツの尊重、紛争解決等の項目が加わり、今後のスポーツ政策の方向性を示すものとなった。

スポーツ基本法の成立を受けた文部科学省は、翌２０１２年3月には、すぐにスポーツ基本計画を発表する。そこでは、まずスポーツをめぐる現状と今後の課題について、10年間を見通した基本方針を以下の7つの項目として示している。

①子どものスポーツ機会の充実
②ライフステージに応じたスポーツ活動の推進
③住民が主体的に参画する地域のスポーツ環境の整備
④国際競技力の向上に向けた人材の養成やスポーツ環境の整備
⑤オリンピック・パラリンピック等の国際競技大会の招致・開催等を通じた国際貢献・交流の推進
⑥スポーツ界の透明性、公平・公正性の向上
⑦スポーツ界の好循環の創出

これらの項目のうち、子どもの体力や成人のスポーツ実施率の向上そしてオリンピック、パラリンピックでのメダル数の目標値を示したことも特徴的であるが、スポーツ界の透明性、公平・公正性の向上が法的な側面として取り出されたことに注目したい。このことは、スポーツの倫理やスポーツ法学的な視点がようやく我が国でもクローズアップされてきた証でもある。なお、現在は、２０１７年４月より第２期スポーツ基本計画が進行中で、国民がスポーツで、「人生」が変わる、スポーツで「社会」を変える、スポーツで「世界」とつながる、そしてスポーツで「未来」を創る、という４つの指針を示し、具体的施策を展開している。

少し詳しくみてみると、第１の「スポーツで『人生』が変わる」では、スポーツ実施率の向上、新たなスタイルのスポーツの提案、子どものスポーツ機会の充実、スポーツ参画人口の拡大、アスリートのキャリア形成、スポーツを支える人材の確保と育成、女性の活躍促進などが具体的に示されている。また、第２の「スポーツで『社会』を変える」では、共生社会の実現、医療費の抑制、スポーツの成長産業化、地域活性化、健康寿命の延伸を目指し、具体的には学校施設やオープンスペースの有効活用、スポーツを通じた健康増進、障害者のスポーツ実施率の向上、スタジアム・アリーナ整備、障害者スポーツの観戦者増加、総合型地域スポーツクラブの質的充実、スポーツを通じた地域活性化、ビジネス手法の導入と収益性向上、大学スポーツの振興などが挙げられている。さらに、第３の「スポーツで『世界』とつながる」では、国際競技力の向上、スポーツを通じた国際交流、スポーツの価値、国際競技大会の招致を通じて、スポーツを通じた国際協力・貢献、オリンピック・パラリンピック教育、国際競技大会の成功、新国立競技場の整備、国際機関役員の増加、国際競技力強化を支援するシステム、次世代アスリートの戦略的な発掘・育成、ドーピング防止活動の推進、スポーツ・インテグリティの向上などを求めている。そして最後に、２０２０東京大会等がスポーツに関心が高まる絶好の機会となり、これらを束ねて、「スポーツで『未来』を創る」としている。

このようにスポーツ立国論から続くスポーツの社会的意味を総花的に詰め込んでいるなかで、大学スポーツも含んでスポーツをビジネス化して経済的利益を生み出す方向が模索されていることも指摘しておきたい。

これらの法や政策の経緯をみてみると、スポーツ基本法や基本計画にあらわれるように、大変広範なスポーツの価値をあげながら、生涯スポーツの方向性を示しつつも、国際競技力の向上にはかなり力点を置いてきたようにみることができる。この一連の政策的流れをまとめると、１９８０年代後半からの競技力向上政策へと傾斜が進み、国立の研究施設及びトレーニング施設が完成し、２０１０年前後からのスポーツ立国論の展開と、さらに２０１３年９月、東京２０２０オリンピック・パラリンピック大会の開催決定を通じて、今日の施策に至っていることがわかる。

ところが他方、東京２０２０オリンピック・パラリンピック大会への注目が集まるなかで、最近、競技団体やアスリートをめぐる不祥事が頻発し、世間から注目されてきた。とくに、そこではスポーツ界の非常識によって引き起こされる出来事から競技団体のガバナンスの脆弱さが指摘され、厳しい批判を浴びる状況となっている。

スポーツをとりまく変化　法的課題――ガバナンス、コンプライアンス、インテグリティへの注目

２０１８年は、スポーツ界の不祥事がメディアで多く取り上げられた。カヌー競技の合宿で起こったライバル選手への薬物混入事件からはじまり、女子レスリングをめぐるパワハラ告発、女子バドミントン実業団の元監督による私的流用の告発、日大アメリカンフットボール部の危険タックル、日本ボクシング協会での助成金不適切使用・不正判定疑惑・パワハラ、日大チア・リーディングパワハラ告発、日本体操協会コーチの暴力問題・幹部パワハラ疑惑の告発、バスケットボール日本代表選手の行動規範違反事例など多くの不祥事が連日メディアをにぎわすことになった。

とりわけ、大学の対抗試合のなかで起こった日大アメリカンフットボール部の危険タックル問題は、監督する立場の

大学指導者ばかりでなく、当事者を含め利害関係者が記者会見を開くなど、その展開の詳細がワイドショーで連日取り上げられた。このことは、従来のスポーツをめぐる不祥事や紛争とはその扱いが異なり、少々過熱している状況にもみられたが、このような変化は、その後に続いたボクシング協会の種々の問題、日本体操協会の暴力・パワハラ疑惑などと同様で、世間の注目を集めることとなった。なぜ、これほどまでにスポーツ界の問題が一気に噴出し、メディアが長時間を割いて取り上げたのだろうか。それには、やはりそれなりの理由があるだろう。

２０００年以降、日本スケート連盟、全日本テコンドー連盟、日本アイスホッケー連盟等の不正経理や役員人事をめぐる問題、さらには、２０１２年暮れに発覚した大阪桜宮高校バスケットボール部員自死事件、翌年の全日本女子柔道チームでのコーチらによる暴言・暴力などの暴力・人権侵害問題などがその後も一向に無くならないスポーツ界に対して、それだけ、社会からの視線が厳しくなってきた。これらにはＳＮＳの発達による可視化も輪をかけ、いままさにオリンピック開催を目前にして、スポーツ界への公平・公正そして安全を求める機運が高まっている証であろう[5]。

日大アメリカンフットボール部危険タックル問題を例とする一連のスポーツ界の問題点や不祥事が、メディアを通じてことさら強調されたことは、スポーツ基本計画の基本方針のひとつである「スポーツ界の透明性、公平・公正性の向上」が法的な側面として一般社会からクローズアップされたのであり、まさに東京２０２０大会開催が迫るわが国にとっては必然のことだった。このことを重要な転機として、２０１８年が我が国のスポーツ界のインテグリティ元年とでもいえるものになるかもしれない。後述するが、この流れが進んでゆくならば、東京２０２０オリンピック・パラリンピック大会を契機にして日本の健全なスポーツ界づくりの出発点となったと後世に語られることになり、まさにスポーツ界にとっての大切なレガシーのひとつとなりうる。この機会を逃さず、スポーツ界内のガバナンス体制の不十分さに対して、改善の取り組みが進むことを多くの者が望んでいる。

スポーツ界のガバナンスコード策定

そしてその一方で、このような不祥事に対する世間の注目は、当然ながら主務官庁等の対応の必要性を求めてゆくこととなる。危機感を持ったスポーツ庁は、まず2018年6月15日に「インテグリティ確保に関するメッセージ」を鈴木長官が発表した。そのメッセージでは、勝利至上主義、行き過ぎた上意下達、集団主義などの悪しき体質を指摘し、指導者のインテグリティ確保のための教育・研修の強化を訴えた。その後、超党派の議員連盟による「スポーツ・インテグリティの体制整備の在り方の検討に関するプロジェクトチーム」から緊急提言がまとめられ、さらにアドバイザリーボードの設置・提言を受けて、スポーツ議員連盟は11月30日に「スポーツ・インテグリティ確保のための提言」をまとめた。ここで、後述するガバナンスコードの策定とガバナンスコードの適合性審査を行う、いわゆる「円卓会議」を設置することが示された。

これらの比較的短時間での会議やその提言をもとに、スポーツ庁は2019年6月に「スポーツ団体ガバナンスコード〈中央競技団体向け〉」[6]と同年8月には「スポーツ団体ガバナンスコード〈一般スポーツ団体向け〉」を発表するに至った。

ガバナンスコードの意義と課題──ガバナンス強化の二面性

これまで暴力事件や各競技団体及び選手の不祥事が起こるたびに、のど元過ぎれば熱さ忘れるの繰り返しだったことを考えると、インテグリティの追求、コンプライアンスや適切なガバナンスの意識の高まりから、これらのガバナンスコードの策定などによる審査の制度が整えられることで、不祥事の発生に対する抑止力として一定の歯止めをかけることになるかもしれない。そして、これらのオリンピックを契機として求められるスポーツ界が抱える課題への対応は、法的にみるとコンプライアンスの強化として、不正や人権侵害を是正することでスポーツ界の浄化が確かに進むようにみえる。このことを統括団体から各競技団体、学校、民間クラブそしてアスリートや参加者個人までに広げ求めてゆくことは、まさにスポーツ・インテグリティの向上に繋がるだろう。しかしながら、いくつかの疑問や懸念も取り上げられている。[7]

それらは、具体的内容への疑問として理事の定年制、任期制限の困難さや利益相反の範囲、弱小団体の財源不足などが指摘されるとともに、根本的な重要課題でもある国家関与の軽重をどのように考えるかである。前述したように、１９８０年代後半ころからの競技力向上政策は、国立施設の完成、スポーツ立国論からそして現在の基本計画までに至っている。この２０２０年までの政策的経緯、そして不祥事などの頻発から、いま、主として議員連盟のなかからも国家の関与を強く求める論調も大きくなっている。とくに競技団体のガバナンスの強化が強調されてきたことは、不正行為や不祥事を減じ、スポーツの価値を維持するためではあるのだが、あらためて、誰が、どの組織が、どのレベルの管理、規制を主導してゆくのが相応しいかを突きつけることとなる。

すなわち、そこにはガバナンス強化の二面性が生まれることを見落としてはならない。文部科学省、スポーツ庁からの強制的な行政指導は、一見公金支出を伴うスポーツ政策には当然のことのようにみえるが、国がどの範囲まで立ち入るかは重要な課題である。国からの直接的関与は、モスクワ・オリンピックボイコット問題に代表されるように、スポーツと政治の過去の失敗を繰りかえす危険性もあり、慎重に制度設計すべきであろう。スポーツの文化性、アスリートの人権を尊重することを考えれば、たとえば、競技団体等が自ら自浄作用を発揮し、自律性を獲得してゆく制度が望ましく、そのことこそが構成メンバーの同意を得て進められるときに、良きガバナンスが発揮される。今後のガバナンスコードをめぐる判断は、団体、組織の自律的な内的改善を後押しする形で進めることが大切であろう。

これまで取り上げてきたように、東京2020オリンピック・パラリンピック大会を契機にしてスポーツ界の透明性、公平・公正性の向上に注目が集まっている。その一方で、高水準の競技スポーツそのものはあまりにも進化を続けてきた。

オリンピックとスポーツの関係——スポーツの現在

自由で自発的な活動から生まれたスポーツは、19世紀後半にルールの統一から始まり、制度化、組織化、専門化がなされてゆく。競技種目となったその多くは、その後の国際化とともに各種産業、科学技術の進展を背景に、さらにはメディアとの相互依存関係に後押しされ、大きく発展を遂げてきた。用具、シューズ、ウエアそして施設をはじめ、様々な技術革新はアスリートのパフォーマンス向上に大いに貢献してきた。さらに、情報データの細分化と分析はそれぞれの専門家を必要とする状況を生み、GPSの導入や審判機能の機械化などの周辺環境の変化はAI化の方向を向いているようにもみえる。そして一方で、トレーニング科学の発展によりアスリート自身もその身体を進化させてきた。

しかしながら、これら高度な機械化やテクノロジーの進展そしてアスリートの身体的な進化ともいえる状況、さらに商業化と巨大化が進むなかでは、競技スポーツは効率、生産性等の業績主義に偏りすぎてきたのではないだろうか。一部の高水準競技スポーツの世界選手権大会やオリンピック大会のようなビッグイベント、そしてトップアスリートばかりが過剰に評価されていないだろうか。人間を中心に据えて考えてみるとずいぶん堅苦しいスポーツの姿にもみえる。このことは、本来身近であるべきスポーツが市民から離れていっていることになりはしないだろうか。からだの自由、こころの解放という人々の身体的幸福をどのように保証していくのか。競技スポーツの急速な進歩、発展の裏側にも目を向ける必要があろう。

オリンピックスポーツと市民スポーツとの乖離

オリンピック競技の発展と市民スポーツとは、いまどのような関係にあるのだろう。さきの疑問について、その矛盾が東京２０２０オリンピック・パラリンピック大会のマラソン・競歩の開催地変更に現れた。そもそも開催地の変更は、酷暑が想定される8月の東京では選手にとって過酷すぎるということで、急遽場所をほかの都市に移すという例外的な決定である。このことは、選手を大切にするアスリート・ファーストの考えをＩＯＣが示したようにみえる一方で、同じスポーツのなかでオリピックが市民スポーツを侵食するという皮肉な結果を生んでいる。[8]

この酷暑を避けるという理由から急遽、マラソン・競歩種目を引き受けることになった札幌市では、１９８７年以来、同時期にマラソン大会を開催してきた。ところが、ビッグイベントを当然ながら同時期に開催することは困難であるとして、現在では2万人ほどの参加者がある市民にも開かれたマラソンを中止するという判断に至ったという。長年この大会を作り上げてきた者たちや参加を楽しみにしていた人々からすると大変残念なことであり、このことはオリンピック競技によって市民スポーツがあおりをくうという悪影響として記憶しておく必要があるだろう。国家的イベントの割り込みによって、市民スポーツとして歴史を作ってきた大会がなんだか価値の小さなもののように扱われる状況は、メガイベントの影で生じる矛盾として指摘しておきたい。これは、オリンピック大会が市民スポーツに与えるマイナス面として、スポーツの本質をゆがめているという批判の典型例となった。[9]

オリンピックとレガシー

思い返せば、2013年9月、オリンピック大会開催が決定したIOC総会以降、新国立競技場の建設費問題、エンブレムの盗作疑惑、いくつかの種目の会場変更、さらにマラソン・競歩の急な札幌開催変更、そして新型コロナウイルス感染拡大への対応など多くの課題が噴出してきた。それらに対して一定の対応はしてきたものの、各章でも論じられたように、復興オリンピックの位置づけの曖昧さ[10]やボランティアの搾取論、共生の意味そしてオリンピック大会開催そのものを阻む現実問題などに未だ十分な答えが示されないままの事柄も多くある。

本論ではこれまで、主として我が国のオリンピック大会開催に向けたスポーツ界の動向をみてきたが、このオリンピック大会そしてスポーツが社会に対して、何を問い、何を生み出すことになるのかを考えてみたい。

例えば、（財）東京オリンピック・パラリンピック競技大会組織委員会（TOCOG）は、〝スポーツには世界と未来を変える力がある。東京2020大会をきっかけに、東京、日本そして世界をより良くし、聖火リレーのように、次代を担う子供たちにその灯を手渡したい〟として、日本そして世界全体に向けて、「スポーツ・健康」、「街づくり・持続可能性」、「文化・教育」、「経済・テクノロジー」、「復興・オールジャパン・世界への発信」の5つの分野でポジティブなレガシーを残すとしている。[11]このうち、「スポーツ・健康」分野に限っても、①参加人口増大、②スポーツ産業の発展、③健康づくり推進、④国際交流、⑤競技力向上と環境整備、⑥ロールモデルアスリート、⑦インテグリティの保護、⑧障がい者スポーツのファン、⑨環境整備、⑩共生にむけたアプローチの10項目を掲げている。

オリンピック開催に向けて並べられたこれらレガシーとの関係は、今どの位置にあるのだろうか。進んできたハード面の環境整備以外に、好転する可能性のある項目は何があるだろう。そのひとつは、インテグリティの保護に関する事柄である。先に述べたように、我が国のスポーツ界にとっては、このオリンピック大会開催が契機となり、これまでは不十分だった部分に改善の兆しが生まれている。ガバナンス、コンプライアンス、インテグリティなどがキーワードとなり、スポーツ界の透明性、公平・公正が強く求められてきたことは一つの副産物といえる変化である。副産物とはいえ、このようにスポーツに関わる組織、制度や構成員の行動自体が合理的、民主的な手続きを経ながら、自律性を確保しつつ見直される機会となれば、スポーツ界に有形、無形の影響を与えてゆくこととなるだろう。

もうひとつ、このオリンピック競技への注目を糧にして予算が増加された競技力向上分野では、確かに代表アスリートレベルの底上げがずいぶん進んでいる。オリンピック大会が開催されれば、史上最高の活躍、結果が見られることはどうやら間違いはない。その結果には相応の評価がされるだろうが、その重要な片翼である市民スポーツへのアプローチはほとんど見えないままである。この身近な市民のスポーツ活動への自由なアクセスがより進んでゆくことを望みたい。

冒頭で述べた、「スポーツが私たちからだんだん遠くのものになっています」と感じる老人の感覚は、アスリートや競技スポーツが遠い存在となり、また先に述べた市民スポーツとの乖離、その価値の軽視などからきているのかもしれない。生涯スポーツは、かなり発展してきたとも評価されるが、高度に組織化された華やかなスポーツシーンの一方で、広場での子ども同士の自由で楽しいノック、家族や親子でキャッチボールやバドミントンができるような場は今あまり見られなくなっていないだろうか。そのような時空間（人間の生の表現としてのスポーツ空間）を私たちの身近なものにもっと引き寄せることができないだろうか、誰でもが自由に、平等にそれぞれの興味レベルにあった運動、スポーツに接近できる社会環境、そのような時空間を大切にできる質的な豊かさが、東京２０２０オリンピック・パラリンピック大会後のレガシーとなってほしい。せっかくの機会である。生涯スポーツの先進国では、スポーツが生活の中に根づいていると言われてきた。我が国でそれを阻んでいるのは、身体的幸福を追求するスポーツ文化の成熟度、スポーツ観の違いなのだろうか。たぶん土地や空間の物理的な狭さだけではない、日本人の労働と余暇に関するとらえ方の違い、つまり言い換えれば、社会全体が共有してきた日本型の働き方への考え方の違いではないか。先のレガシー分野5つの柱の一つ「経済・テクノロジー」の分野の細項目には、「働き方改革の推進」が盛り込まれている。そうだとすると、いままさに働き方改革とともにワークアンドライフのバランスが社会でも問われつつある時期に、発想の転換をすすめ、将来を見据えてよき変化を生むチャンスとならないだろうか。いささか希望的ではあるが、数年後いや十数年後に、そういえばあの頃からスポーツや趣味に対する接近の仕方が変わったといえるような変化を期待したい。

おわりに——オリンピズムの再考とスポーツが切り開く未来

巨大なオリンピック大会は、そのものの超モンスター化や地球温暖化による自然災害そして今回のウイルス災害などを考えると、いまや存続することの危うさを目の当たりにしている。今回の新型コロナウイルス感染の猛威により、現段階（2020年6月）では1年の開催延期となったものの、この決定がなされるまでの動向は、興味深いものとなった。[12] オリンピック開催のありように向けて、IOCをはじめ主催組織、WHO、各国のスポーツ団体、有名アスリートの発信そして政治家の発言などを含め、毎日のように各方面の反応があり、世界が現実とオリンピックの意味を再考する機会となった。当然ながら多くのステークホルダーがそれぞれのソロバンをはじき、そしてその上にオリンピズムの理念をかぶせあわせながら着地点を見出してきたのである。そこでは、普段は隠されているひとの心の奥底にある排他的差別意識をもたげさせるような部分が見えた一方で、その逆に理想的な国際的協調の精神が垣間見えたりした。

将来に向けて国際社会はオリンピックに何を求めているのか、ＩＯＣはどこを向いているのか、我が国は何を求めているのか、そして、日本のアスリート、競技団体さらに私たちは何を目指すべきなのかを問う機会になった。これらの困難と脆弱さが露呈している状況でも、なお、オリンピック開催を望み、支持する理由はどこにあるのだろうか。メガイベントとして多くのステークホルダーがビジネス的利益を求めること、そして開催都市はこれを機会に都市の再開発を目指すこと、国は国家的威信の復活と経済的効果を求めること、そしてアスリートの権利を守ること、これらをおいてなお、この21世紀の時代に私たちがオリンピズムに求めるものとは何か。開催を前にして、丁寧にそして深く検討を重ねておく必要があった。

周知のように、近代オリンピックの創始者クーベルタンは、近代スポーツの発展とそれを通した身体教育の重要性を説き、オリンピックの哲学とも呼ぶべきオリンピズムを提唱した。そのオリンピズムは教育中心主義、平等主義とともに国際協調をもとにした平和な社会の実現を通して人間そのものの進歩する姿を理想としている。これらオリンピックの精神である思想に加えて、ＩＯＣは近年さらにアクセシビリティ、サステナビリティ、インテグリティなどのいくつかの新たな視点を取り込みながら、オリンピックを通じて人類の調和のとれた発展を求めている。この方向性は、国連とも軌を一にし、環境保護や持続可能な社会の継続、人権の擁護など、国際的な課題に取り組んでいる。

さて、オリンピックやスポーツが切り開く社会の姿として、公平・公正（フェア）を基調に、多様性を認め、共生、共存、争いのない社会の実現を私たちは目指せるだろうか。オリンピズムが求めてきた人間の生き方の創造、理想的な国際協調社会の実現を目指して、現実的な課題に向き合うことが求められる。

残念ながら東京２０２０大会は、オリンピックの歴史上、新型コロナウイルスと闘い、乗り越えなくてはならない宿命を背負ってしまった。最終的に開催できるかは未定であるが、皮肉にも、新型のウイルスは、オリンピズムが求めてきた〝世界が国を越えて協力、連帯すること〟の必要性を再認識させ、そのことでこの東京２０２０オリンピック・パラリンピック大会は名を残すこととなった。

オリンピックは、理想を求め今後も輝きを保ち続けることができるか、それとも難題を前にして終焉へ向かう第一歩となるのか、この東京２０２０オリンピック・パラリンピック大会は、未来のオリンピックを左右する試金石となる。

注

1 現在は、オリンピック大会とパラリンピック大会は連続して開催され、用語もオリパラのように使用されることがあるが、本稿では、とくにオリンピックの用語は、近代オリンピック以降の総称として使用することとする。

2 菊 2018：218

3 我が国の国際的威信低下が叫ばれる中、スポーツもその対象として掲げられ、その後のスポーツ基本法の制定、基本計画、スポーツ庁設置という一連の流れとなった。5つの重点戦略は、①ライフステージに応じたスポーツ機会の創造、②世界で競い合うトップアスリートの育成・強化、③スポーツ界の連携・協働による「好循環」の創出、④スポーツ界における透明性や公平・公正性の向上、⑤社会全体でスポーツを支える基盤の整備、である。

4 スポーツ基本法第5条（スポーツ団体の努力）では、スポーツ団体は、スポーツの普及及び競技水準の向上に果たすべき重要な役割があるとしたうえで、スポーツを行う者の権利利益の保護、心身の健康の保持増進及び安全の確保とともに、運営の透明性の確保、自らの遵守すべき基準つくり、紛争の迅速かつ適切な解決に努めることが求められた。

5 このことはまさに、スポーツ法学が扱う中心課題への関心が高まった時期といえる。多くの不祥事を受けて、NHKの時事公論でも「日本スポーツ界の胎動」として、番組（2018・10・8放送）を作成し、告発の連鎖、閉鎖性、再発防止策、組織改善などについて言及している。

6 スポーツ庁「スポーツ団体ガバナンスコード〈中央競技団体向け〉」では、基本計画の策定、役員等の体制整備、組織運営の規定整備、コンプライアンス委員会の設置、コンプライアンス強化のための教育、法務及び会計等の体制構築、適正な情報公開、利益相反の適切な管理、通報制度の構築、懲罰制度の構築、選手、指導者等との間の紛争の迅速かつ適正な解決、危機管理及び不祥事対応体制の構築、地方組織等に対するガバナンスの確保、コンプライアンスの強化等に係る指導、助言及び支援の13原則を示した。

7 ガバナンスコードへの疑問は、定年制、10年理事、利益相反、弱小団体の負担、各NFの規模、財源不足、25％の外部理事、弁護士、税理士、学識経験者の登用、コンプライアンス委員会に1名以上の弁護士、税理士、学識経験者、通報制度の整備などの点が挙げられる。また、円卓会議の権限は、どうしてもスポーツ庁中心の力関係となりはしないかという懸念もある。三卓会議がうまく機能するかは、未定だが、過去の失敗を繰り返さないための現段階の妥協策であろう。

8　『日本経済新聞』(2020・1・30デジタル版)、このほかにも、例年同時期に開催される全国高校総体も北関東4県では開催できず、全国に分散開催するになり、それに伴う、場所の確保、費用の工面に苦労している(『朝日新聞』2020・2・3)。マラソンの札幌移転問題は、商業主義による競技支配とアスリート・ファーストのはざまで、オリンピックビジネスの裏側も考慮し、IOCは国際的な批判を避けるという意味で判断をして場所移転を決めた。(いずれも新型コロナウィルス感染拡大の影響で中止)

9　谷口源太郎(2019)は商業主義化した巨額に費用が発生する状況でのマイナス面で操縦不可能な状況としている。

10　ジュールズ・ボイコフは、福島のことを取り上げ、政治家の言動と見ぬふりをしている様子を批判的に論じている(Boykoff 2016=2018)。スポーツ立国論をもとにした安易なオリンピックを盾にした発言は、まさに、ボイコフのいう祝賀資本主義そのもので注意が必要である。

11　公益財団法人 東京オリンピック・パラリンピック競技大会組織委員会「アクション&レガシープラン2017」2017年7月

12　各ステークホルダーの反応により早期の決定をするべく国際的状況が変化し、IOCもそれに答えざるを得ないこととなった。そしてこのことは、オリンピック大会のまさにモンスターマシンとしてのメガ・イベントであることを再確認させた。また、種目別国際競技団体がオリンピック大会を尊重して2021年の大会時期を融通したことは、オリンピックを中心にしたスポーツ界内の協調姿勢ともみえた。しかしながら、一方でIOCと日本の政治的判断が重要視され、JOC等国内のスポーツ団体の意思が軽視されたことは我が国のスポーツ団体の自立性にとって今後に大きな課題を残した。

文献

・井上洋一、2014「日本のスポーツ政策——スポーツ基本法の成立と基本計画」『奈良体育学会研究年報』18:21-25
・菊幸一、2018「ポスト・オリンピックの憂鬱——日本のスポーツと社会の行方」小路田泰直・井上洋一・石坂友司編『〈ニッポン〉のオリンピック』青弓社、217-243
・Boykoff, Jules, 2016, Power Games: A Political History of the Olympics, London: Verso(=2018、中島由華訳『オリンピック秘史——120年の覇権と利権』早川書房)
・菊幸一・齋藤健司・真山達志・横山勝彦編、2011『スポーツ政策論』成文堂
・清水諭、2016「オリンピックにおける身体と教育」『現代スポーツ評論』35、創文企画、8-15
・諏訪伸夫・井上洋一・齋藤健司・出雲輝彦編、2008『スポーツ政策の現代的課題』日本評論社
・谷口源太郎、2019『オリンピックの終わりの始まり』コモンズ
・友添秀則、2019、「スポーツ・インテグリティを確保するために」『現代スポーツ評論』40、創文企画、8-15
・松本泰介、2019、「中央競技団体のコンプライアンス強化に関する日本の法政策の現状と課題」『現代スポーツ評論』40、

創文企画、59―70

あとがき

本書は奈良女子大学スポーツ健康科学コース主催で行われた「オリンピック・公開シンポジウム」における、第5回（2017年）から第7回（2019年）までの討議で生まれた論集である。

このシンポジウムの着想は東京オリンピック・パラリンピック（オリパラ）の招致が決まった2013年、大会組織委員会を通じて全国の大学に要請された大学連携協定の締結に遡る。大会気運の盛り上げが期待されていたこの協定に対し、大学として我々がしなければならないのは、オリンピックを学問的に考究する場を用意することであった。以後、特にオリンピックを中心的題材に据え、その時々に社会的問題となっていたテーマについて、領域横断的に議論を続けてきた。スポーツに偏りがちな議論を社会学や人類学、神経科学の専門家などを招きながら、多角的に論じたのが本書の特徴である。第4回までのシンポジウムは『〈ニッポン〉のオリンピック』（青弓社）として刊行しているので、合わせて読んでいただければ幸いである。

2020年7月に開催されるはずだった東京大会を迎えるにあたって、編者らは長年をかけて、さまざまな論点を提示してきた。本書の二つの軸となっている、震災復興をはじめとするオリンピックに託された物語と、スポーツや日本社会における変化である。延期された大会が来年開催されるかどうかはまったくわからないが、延期が決定されていく過程でオリンピックがあげた断末魔のような叫びを、我々は聞き逃すべきではない。大会の延期によって、多くの人たちが漠然と期待していたこの大会は何を理念として掲げ、開催されようとしていたのかについて、そしてそれがどのような変化をもたらそうとしていたのかについて、今一度考える時間を与えられたように思う。

2020年以降の新型コロナウイルスとの対峙は、社会的風景のみならず、我々のスポーツ、ひいてはオリパラに対する見方を根本から変えてしまったように思える。しかしながら、今後どのような姿になるにせよ、これまで長年付き合ってきたオリパラと日本社会の関係性は検証していかなければならない。また、震災復興のように、目前から消えようとしているテーマについても考究をやめてはならない。本書がそのような課題に有効な問いを発し得ているかどうかは、読者の皆さんのご批評を賜りたい。

末尾になってしまったが、本書を世に送り出してくれた「かもがわ出版」の皆川朋枝さんとは、編者の石坂が2015年に刊行した『オリンピックが生み出す愛国心』以来の仕事となった。オリパラの開催が迫る中、批判的言説が敬遠されつつある社会の中で、本書を刊行することの意義を受け止めてくださる出版社と編集者の存在は、大変ありがたく、心強いものだった。社会のロックダウンという未曾有の経験の中で、出版時期を考え直す一幕もあったが、当初の主張を曲げることなく、大会開催が予定されていた2020年の夏に向けて本書を刊行できたのは、皆川さんのお力添えによるものである。遅れがちであった全体スケジュールをコントロールいただき、適切な助言をいただけたことで、なんとかゴールにたどり着くことができた。この場をお借りしてお礼申し上げたい。

また、本来批評をいただかなくてはならない我々共著者に、編者が感謝を述べるのは変な話ではあるのだが、3月以降オンライン授業への対応が過酷を極める大学にあって、原稿をそろえてくれた共著者に感謝したい。新型コロナウイルスの影響で、スポーツそのものが消えつつある社会で、この時期にオリンピックについて問うことが、研究者としての重要な役割であることを各論考で示していただいたと思っている。

最後に、シンポジウムを7年にわたり継続することができたのは、学問としてオリンピックを考究することが大学の本来的な役割であることを公言して、全面的にバックアップしてくださった奈良女子大学の今岡春樹学長、小路田泰直副学長、そして資金面でも支援してくださった、コースの同僚でもある藤原素子副学長のおかげである。また、陰ながら支援をいただいたスポーツ健康科学コースの教員、学生の皆さんの力と、シンポジウムに参加してくださった多くの方々によって本書は生み出されたと言える。この場を借りてお礼申し上げたい。

オリパラ開催の是非に終わるのではなく、オリパラが社会に突きつけた問いに答えを出す作業に本書が役立つのであれば、望外の喜びである。

石坂友司・井上洋一

【編著者】

石坂　友司（いしざか・ゆうじ）

北海道出身。筑波大学体育専門学群を卒業後、筑波大学大学院体育科学研究科に進学。博士（体育科学）。奈良女子大学研究院生活環境科学系准教授。専門はスポーツ社会学、歴史社会学。

著書に『現代オリンピックの発展と危機 1940-2020』（人文書院）、共編著に『一九六四年東京オリンピックは何を生んだのか』（青弓社）、『〈ニッポン〉のオリンピック』（青弓社）などがある。

井上　洋一（いのうえ・よういち）

高知県出身。筑波大学第1学群社会学類（法学）を卒業後、筑波大学大学院修士課程体育研究科に進学、その後同大学院博士課程体育科学研究科中途退学。奈良女子大学研究院生活環境科学系教授。専門はスポーツ法学。

著書に『標準スポーツ法学テキスト』（エイデル出版）、『スポーツの歴史と文化』（道和書院）、『〈ニッポン〉のオリンピック』（青弓社）などがある（いずれも共著）。


【執筆者（執筆順）】

山下　祐介（やました・ゆうすけ）

兵庫県立長田高校。九州大学文学部、九州大学大学院文学研究科をへて、九州大学助手、弘前大学准教授など。

東京都立大学教授。専門は都市社会学・農村社会学・地域社会学・環境社会学。

著書に『限界集落の真実』（ちくま新書）、『東北発の震災論』（ちくま新書）、『「復興」が奪う地域の未来』（岩波書店）、共著に『人間なき復興　原発避難と国民の「不理解」をめぐって』（ちくま文庫）などがある。

内山田　康（うちやまだ・やすし）

神奈川県出身。ICU 人文科学科西洋哲学専攻卒業。東京神学大学中退。アフリカで3年間の国際機関と NGO での救援活動の後、スウォンジー大学（ウェールズ大学）開発研究修士課程修了。M.Sc. (Econ)。イースト・アングリア大学開発研究博士課程中退。LSE（ロンドン大学）人類学博士課程修了。Ph.D.。エディンバラ大学講師をへて筑波大学教授。専門は人類学。

著書に『原子力の人類学』（青土社）など。

仁平　典宏（にへい・のりひろ）

茨城県出身。東京大学大学院教育学研究科博士課程修了。博士（教育学）。現在、東京大学大学院教育学研究科准教授。専門は社会学。

著書に『「ボランティア」の誕生と終焉―〈贈与のパラドックス〉の知識社会学』（名古屋大学出版会）、『共生社会の再構築Ⅱ―デモクラシーと境界線の再定位』（共編、法律文化社）、『平成史【完全版】』（共著、河出書房新社）などがある。

美馬　達哉（みま・たつや）

大阪府出身。京都大学医学部を卒業後、同医学研究科修了、博士（医学）取得。脳神経内科医師、立命館大学先端総合学術研究科教授。専門は医療社会学、神経科学。

著書に『感染症社会』（近刊、人文書院）、『リスク化される身体』（青土社）、『脳のエシックス』（人文書院）などがある。

新倉　貴仁（にいくら・たかひと）

東京都出身。東京大学文学部を卒業後、一般企業勤務を経て、東京大学大学院情報学環・学際情報学府に進学。博士（社会情報学）。成城大学准教授。専門は、文化社会学、メディア論。

著書に『「能率」の共同体』（岩波書店）、編著書に『山の手「成城」の社会史』（青弓社）がある。

中田　大貴（なかた・ひろき）

北海道出身。筑波大学体育専門学群を卒業後、筑波大学大学院人間総合科学研究科に進学。その後、総合研究大学院大学生命科学研究科修了。博士（理学）。奈良女子大学准教授。専門はスポーツ心理学、認知神経科学。

著書に『Sports Performance』（Springer）、『生理心理学と精神生理学 第II巻』（北大路書房）がある。

浜田　雄介（はまだ・ゆうすけ）

広島県出身。広島市立大学国際学部を卒業後、広島市立大学大学院国際学研究科に進学。博士（学術）。京都産業大学現代社会学部講師。専門はスポーツ社会学。

共著に『スポーツクラブの社会学』（青弓社）、『スポーツの「あたりまえ」を疑え！』（晃洋書房）がある。

西山　哲郎（にしやま・てつお）

大阪府出身。 大阪大学人間科学部を卒業後、 大阪大学大学院人間科学研究科に進学。 博士 （人間科学） 大阪大学。 関西大学教授。 専門は文化社会学。
著書に 『近代スポーツ文化とはなにか』 （世界思想社）、 編著に 『科学化する日常の社会学』 （世界思想社）、『身体化するメディア／メディア化する身体』 （風塵社） などがある。

岩瀬　裕子（いわせ・ゆうこ）

千葉県出身。 早稲田大学人間科学部を卒業後、（株） 宮城テレビ放送勤務。 スペイン留学後、 仙台大学スポーツ情報マスメディア研究所研究員。 早稲田大学大学院人間科学研究科、 首都大学東京大学院人文科学研究科に進学し、 国立民族学博物館館外研究員、 日本財団パラリンピックサポートセンターパラリンピック研究会研究員を歴任。 博士 （社会人類学）。 東京都立大学博士研究員。 東洋大学非常勤講師。

スペイン・カタルーニャ州の中間集団研究を通して、 自治、 身体と共同性について調査。 主な業績に 「参加と競争のはざまにおけるテクノロジーをめぐって一スペイン・カタルーニャ州の人間の塔を事例に」『国立民族学博物館研究報告』や共著に『スポーツの世界史』 （一色出版）、『よくわかるスポーツ人類学』 （ミネルヴァ書房） などがある。

未完のオリンピック
変わるスポーツと変わらない日本社会

2020年7月10日　初版発行

発行者—竹村 正治
発行所—株式会社かもがわ出版
〒602-8119　京都市上京区出水通堀川西入亀屋町 321
営業　TEL：075-432-2868　FAX：075-432-2869
振替　01010-5-12436
編集　TEL：075-432-2934　FAX：075-417-2114

印刷—シナノ書籍印刷株式会社

ISBN　978-4-7803-1105-1　C0036